合格トレーニング

よくわかる簿記シリーズ

TRAINING

日商簿記1級

工業簿記・原価計算

Ⅰ

はしがき

本書は，日本商工会議所主催の簿記検定試験の出題区分に対応した受験対策用問題集です。「合格力をつけること」を本書の最大の目的として，ＴＡＣ簿記検定講座で培ってきた長年のノウハウをここに集約しました。

本書は，特に次のような特徴をもっています。

1．合格テキストに準拠

本書は，テキストで学習した論点のアウトプット用トレーニング教材として最適です。本書は『合格テキスト』の各テーマに準拠した問題集ですので，ぜひ『合格テキスト』と併せてご使用ください。

2．各問題に重要度を明示

各問題には，各論点の出題頻度などにもとづいて重要度を★マークで表示しましたので学習計画に応じて重要度の高い問題を選びながら学習を進めていくことができます。

★★★ … 必ず解いてほしい重要問題
★★☆ … 重要問題を解いた後に可能なかぎり解いてほしい問題
★☆☆ … 時間に余裕があれば解いてほしい問題

3．詳しい解説つき

単に解答だけでなく「解答への道」として詳しい解説を付し，解いた問題を確認するうえでネックとなる疑問点の確認ができるようにしてあります。また『合格テキスト』と併用することで，より理解が深まります。

4．解答用紙ダウンロードサービスつき

繰り返し演習し，知識の定着をはかるために，解答用紙のダウンロードサービスをご利用いただけます。ＴＡＣ出版書籍販売サイト・サイバーブックストア（URL　https://bookstore.tac-school.co.jp/）にアクセスしてください。

本書はこうした特徴をもっていますので，読者の皆さんが検定試験に合格できる実力を必ず身につけられるものと確信しています。

なお，昨今の会計基準および関係法令の改定・改正にともない，日商簿記検定の出題区分も随時変更されています。本書はＴＡＣ簿記検定講座と連動することで，それらにいちはやく対応し，つねに最新の情報を提供しています。

現在，日本の企業は国際競争の真っ只中にあり，いずれの企業も実力のある人材，とりわけ簿記会計の知識を身につけた有用な人材を求めています。読者の皆さんが本書を活用することで，簿記検定試験に合格し，将来の日本を担う人材として成長されることを心から願っています。

2023年10月

ＴＡＣ簿記検定講座

Ver. 8.0 刊行について

本書は，『合格トレーニング　日商簿記１級　工原Ｉ』Ver. 7.0について，最近の試験傾向に対応するために改訂を行ったものです。

問題編　CONTENTS

問題編

合格トレーニング

日商簿記1級 工業簿記 原価計算 I

Theme 01 総　論

理解度チェック

問題1-1 ★★★

以下の図の（　　）の中に適当な用語を記入しなさい。

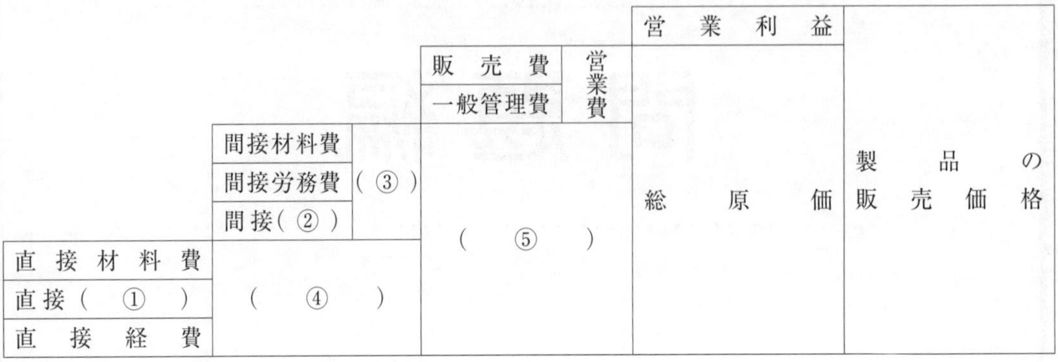

理解度チェック

問題1-2 ★★★

次に示す費目は，【問題１－１】の図のどれに該当するかを答えなさい。

⑴　工場従業員の募集費

⑵　工員の退職給付費用

⑶　新技術の基礎研究費

⑷　新製品発表会案内の印刷代

⑸　工場の運動会の運営費

⑹　工員の健康保険料の会社負担分

⑺　工員用社宅など福利施設負担額

⑻　工場機械の修繕費

⑼　製造工程で仕掛品を移動させるのに使用する木箱

⑽　製品の製造に使用する工具の購入代金

理解度チェック

問題1-3 ★★★

下記の項目について，原価計算制度上，非原価とされる項目には0，原価に算入され，しかも製造原価となる項目には1，販売費となる項目には2，一般管理費となる項目には3を，それぞれの項目の〔　　〕の中に記入しなさい。

〔　　〕工場の運転資金として必要な銀行借入金に対する支払利息
〔　　〕工場の運動会において，授与する賞品の購入費用
〔　　〕製品にそのまま取り付ける部品の消費額
〔　　〕工場を建設する土地の購入代金
〔　　〕会社の役員に対して支払われる賞与金（引当金計上額）
〔　　〕本社備品の減価償却費
〔　　〕工員のための華道・茶道講師料
〔　　〕工場事務職員のパソコン研修費用
〔　　〕火災による製品の廃棄損
〔　　〕製品出荷運送費

理解度チェック

問題1-4 ★★★

下記の項目を，材料費，労務費，経費のいずれかに分類しなさい。また，それぞれが直接費になるか間接費になるかもあわせて答えなさい。

〈例〉製品の外形となる素材費 ——→ 〈解答〉直接材料費

(1)　工場で使用する耐用年数1年未満または金額が相当額未満の測定器具の購入額
(2)　製品にそのまま取り付ける部品の消費額
(3)　補修用鋼材の消費額
(4)　工員の社会保険料などの会社負担額
(5)　工場の事務職員の給料
(6)　工員に対する賞与・手当の支給額
(7)　社宅，社員食堂などの施設に対する会社負担額
(8)　材料の正常な棚卸減耗費
(9)　工場建物の固定資産税
(10)　下請に材料のメッキ加工を委託した場合の加工賃

Theme

02 原価記録と財務諸表

理解度チェック

問題2-1 ★★★

次の当社の年間資料にもとづいて，(1)各勘定へ記入して締め切るとともに，(2)製造原価明細書および(3)損益計算書（売上総利益まで）の作成を行いなさい。

（資　料）

1．総勘定元帳の勘定残高

	期首有高	期末有高
(1) 製　　品	100,000円	150,000円
(2) 仕 掛 品	50,000円	43,000円
(3) 材　　料	40,000円	50,000円

材料の消費額のうち，80％は直接材料として消費した。また，材料の期末実地棚卸高は45,000円であり，差額はすべて異常な原因により発生したものと考えられる。

2．材料の当期購入額（掛買い）　2,810,000円

3．労務費に関する当期資料

(1) 当期賃金支給総額　800,000円

(2) 期首賃金未払額　45,000円

(3) 期末賃金未払額　55,000円

賃金の消費額のうち，60％は直接賃金として消費した。

4．経費に関する当期資料

(1) 工場の固定資産の減価償却費　180,000円

(2) 工場倉庫の賃借料　120,000円

(3) 工場建物の保険料　50,000円

(4) 工場機械の修繕費　35,000円

(5) 工員のための社宅などの維持費　78,000円

(6) 工場の電力料，ガス代，水道料　210,000円

(7) 工場の固定資産税　150,000円

経費はすべて間接費とする。

5．製造間接費は実際配賦によっている。

6．当期売上高　5,000,000円

理解度チェック

問題2-2 ★★★

次に示す当社の年間の資料にもとづき，仕掛品勘定および損益計算書を作成しなさい。ただし，製造間接費の予定配賦から生ずる原価差異は当年度の売上原価に賦課するものとする。また，仕掛品勘定は締め切ること。

（資　料）

1．	直接工賃金当期支給額	102,000円
2．	直接材料当期仕入高	330,000円
3．	製造間接費当期実際発生額	63,000円
4．	売上高	800,000円
5．	販売費及び一般管理費	160,000円
6．	直接材料期首有高	18,000円
7．	直接材料期末有高	23,000円
8．	製造間接費予定配賦額	70,000円
9．	仕掛品期首有高	6,000円
10.	仕掛品期末有高	9,000円
11.	製品期首有高	20,000円
12.	製品期末有高	26,000円
13.	営業外収益	30,000円
14.	営業外費用	25,000円
15.	直接工賃金期首未払高	18,000円
16.	直接工賃金期末未払高	22,000円

理解度チェック

問題2-3　★★★

次に示す当社の期末における総勘定元帳の記入にもとづき，損益計算書および製造原価明細書を完成させなさい。

（単位：円）

材　　料

前期繰越	1,100	諸口	22,000
買掛金	23,200	次期繰越	2,300
	24,300		24,300

賃金・手当

諸口	20,000	前期繰越	4,500
次期繰越	2,500	諸口	17,500
		賃率差異	500
	22,500		22,500

外注加工賃

現金	1,000	仕掛品	1,000

製造間接費

材料	3,000	?	?
賃金手当	?	製造間接費配賦差異	400
電力料	1,200		
減価償却費	1,500		
修繕費	400		
諸口	800		
	?		?

賃率差異

賃金・手当	500	売上原価	500

製造間接費配賦差異

製造間接費	400	売上原価	400

仕　掛　品

前期繰越	5,000	?	?
材料	?	次期繰越	4,000
賃金・手当	15,000		
?	1,000		
?	9,000		
	?		?

製　　品

前期繰越	?	売上原価	?
仕掛品	45,000	次期繰越	3,000
	?		?

売上原価

?	47,000	損益	?
?	?		
?	?		
	?		?

売　　上

損益	70,000	売掛金	70,000

Theme

03 個別原価計算

理解度チェック □□□

問題3-1 ★★★

当工場では，実際個別原価計算により製品の製造原価を算定している。下記に示す当月（6月）の原価資料にもとづき，⑴製造指図書別原価計算表を完成させるとともに，⑵仕掛品勘定，製品勘定の記入を行いなさい。

（資　料）

1．製造指図書別の直接材料消費量および直接作業時間は，次のとおりであった。

	No.105	No.201	No.202	No.203	合　計
直接材料消費量（kg）	100	400	300	350	1, 150
直接作業時間（時間）	100	300	250	200	850

2．直接材料の当月実際消費単価は1, 000円/kg，労務費の当月実際消費賃率は800円/時間であった。

3．製造間接費は直接作業時間を基準に，予定配賦率1, 200円/時間で配賦している。

4．No.105は5/20に製造着手したもので，5月中に製造指図書に集計された原価は，直接材料費50, 000円，直接労務費40, 000円，製造間接費60, 000円であった。その他の指図書はすべて当月に製造着手したものである。また，月初において完成済みの製品はなかった。

5．No.105とNo.201は当月中に完成し，得意先に引き渡した。No.202は当月完成済みであるが，引渡しは行われていない。またNo.203は当月末において未完成である。

理解度チェック □□□

問題3-2 ★★★

当工場では，実際個別原価計算を採用しており，8月の原価計算に関するデータは次のとおりである。下記資料にもとづき，8月の製造指図書別原価計算表を作成するとともに，仕掛品勘定および製品勘定の記入を行いなさい。

（資　料）

1．8月の原価計算に関する諸データ

製造指図書番号	No.200	No.201		No.202	No.203
日　　付	7/15 ～ 7/31	7/25 ～ 7/31	8/1 ～ 8/20	8/10 ～ 8/25	8/21 ～ 8/31
直接材料費	50, 000円	30, 000円	60, 000円	45, 000円	30, 000円
直接作業時間	60時間	30時間	70時間	100時間	50時間
直接労務費					
製造間接費					
合　　計					
備　　考	7/15 製造着手 7/31 完　成 8/10 販　売	7/25 製造着手 8/20 完　成 8/22 販　売		8/10 製造着手 8/25 完　成 8/31 在　庫	8/21 製造着手 8/31 仕掛中

2．直接工の予定平均賃率は，1時間あたり800円，製造間接費予定配賦率は，直接作業1時間あたり500円である。この予定配賦率は，年間製造間接費予算にもとづいて算定されている。

Theme

04 材料費会計

理解度チェック

問題4-1 ★★★

当社では，甲材料，乙材料，丙材料の３種類を用いて製品を製造している。以下の資料にもとづいて，各材料の単位あたり購入原価を求めなさい。

（資　料）

材料の購入原価は，購入代価に引取費用を加えて計算している。それらの当月実績は次のとおりであった。

① 送状価額：甲　1,200,000円（1,000kg）

　　　　　　乙　1,800,000円（2,000kg）

　　　　　　丙　3,000,000円（2,000kg）

② 引取運賃　600,000円

③ その他の引取費用　360,000円

④ 引取運賃は，購入数量にもとづいて各材料に実際配賦する。その他の引取費用は，送状価額にもとづいて各材料に実際配賦する。

理解度チェック

問題4-2 ★★★

当社は，甲社からＡ材料を向こう１年間にわたり購入する契約を締結している。Ａ材料の購入原価は，購入代価に材料副費を加えて計算している。

(1) Ａ材料関係の予算データ

① 年間予定購入代価総額　10,000,000円

② 年間材料副費予算額

引取運賃	35,000円
荷役費	100,000円
保険料	75,000円
購入事務費	90,000円
合　計	300,000円

③ 年間予定購入回数　10回

④ 年間予定購入数量　2,000kg

(2) 当月の材料購入取引の資料（一部）

本日，甲社から納入されたＡ材料は次のとおりであった。

購入数量　120kg

送状価額（購入代価）　540,000円（4,500円/kg）

〔設問１〕

総括予定配賦率を用いて材料副費を購入原価に算入した場合の，Ａ材料購入原価を求めなさい。ただし，材料副費は，購入代価を基準にＡ材料に配賦する。

〔設問２〕

費目別予定配賦率を用いて材料副費を購入原価に算入した場合の，Ａ材料購入原価を求めなさい。ただし，材料副費の配賦基準は次のとおりとする。

引 取 運 賃…購入代価
荷　役　費…購入数量
保　険　料…購入代価
購入事務費…購入回数

理解度チェック □□□

問題4-3 ★★★

以下の資料にもとづいて，材料勘定および材料副費勘定に記入し，締め切りなさい。

（資　料）

当月の甲材料（直接材料）の購入数量は2,000kg，購入代価総額は640,000円（掛買い）であり，うち1,200kgを消費した。当社では，材料の購入原価は実際購入代価に引取費用の予定配賦額（予定配賦率は購入代価の５％）を加算して計算している。また，材料の消費価格は購入原価をもとに計算している。なお，当月の引取費用の実際発生額は34,500円であった。甲材料の月初棚卸高はなかったものとする。

理解度チェック □□□

問題4-4 ★★★

当社では，Ａ材料（直接材料）の購入原価は，購入代価に引取費用の実際額を加算して計算している。以下の資料にもとづき，材料勘定および材料副費関係諸勘定に記入し，締め切りなさい。

（資　料）

① 材料の当月購入代価　1,000,000円（1,000kg）
② 材料副費の実際発生額
　　引取費用　60,000円
　　材料取扱・保管費　49,200円
③ 材料の消費量　800kg
④ 材料の月末棚卸高　200kg
⑤ 月初材料の在庫はなかった。

〔設問１〕

材料取扱・保管費は購入原価に算入せず，材料出庫額に対して５％を予定配賦するものとした場合。ただし，月末材料に対しても３％の予定配賦を行うこと。

〔設問２〕

材料取扱・保管費は購入原価に算入せず，その実際発生額を間接経費として処理するものとした場合。

理解度チェック □□□

問題4-5 ★★★

下記の資料にもとづき，材料の購入時に予定価格で受入記帳をしている場合を前提として，解答用紙の諸勘定を完成させなさい。

（資　料）当月における直接材料の購入・払出に関するデータ

月初有高	当月購入高	当月払出高
40kg	600kg（実際購入原価@480円）	580kg

（注１）当社では材料の購入はすべて掛けにより行っている。なお，材料の予定購入原価は@450円である。

（注２）当月において，棚卸減耗はいっさい生じなかった。

理解度チェック □□□

問題4-6 ★★★

下記の資料にもとづき，⑴解答用紙の諸勘定を記入し，⑵製造指図書別原価計算表（一部）を完成させなさい。

（資　料）

1．当工場では，直接材料費は予定単価@400円を用いて計算している。

2．直接材料は掛けで仕入れ，材料勘定には上記の予定単価で借記される。10月の直接材料掛仕入額（実際購入単価×実際購入量）は830,000円で，実際購入単価は@415円であった。

3．材料勘定の月初材料棚卸高は80,000円であった。

4．10月の製造指図書別材料消費量は以下のとおりであった。

	No.100	No.101	No.102	No.103	No.104	合　計
直接材料消費量	400kg	450kg	270kg	380kg	300kg	1,800kg

5．当月において棚卸減耗は生じていない。

理解度チェック □□□

問題4-7 ★★★

下記の資料にもとづき，材料の購入時には実際購入原価で受入記帳をし，消費時に予定消費価格を用いている場合を前提として，解答用紙の諸勘定の記入を完成させなさい。

（資　料）

当月における主要材料の購入・払出に関するデータ

月初有高	当月購入高	当月払出高
@565円×40kg	@520円×460kg	@？円×450kg

（注１）当社では材料の購入はすべて掛けにより行っている。なお，材料の予定消費価格は@515円である。

（注２）当社では，材料の実際消費価格の計算は，先入先出法を採用している。

（注３）材料の棚卸減耗は生じていない。

理解度チェック □□□

問題4-8 ★★★

以下の資料を参照して，解答用紙の材料勘定，材料消費価格差異勘定を完成させなさい。

（資　料）

1．当工場では，甲材料を主要材料，乙材料を補助材料として使用している。主要材料についてのみ予定消費価格1,000円/kgにより計算している。

2．各材料の月初有高，当月購入高に関する資料は次のとおりであった。

	月初有高		当月購入高（掛買い）	
	数　量	実際価格	数　量	実際価格
甲材料	400kg	@1,020円	1,600kg	@1,050円
乙材料	300kg	@　400円	700kg	@　410円

3．材料の実際消費価格の計算は主要材料は平均法，補助材料は先入先出法による。

4．甲材料の実際消費量は継続記録法により把握しており，当月の実際消費量は1,800kgである。また，乙材料の実際消費量は棚卸計算法により把握しており，月末実地棚卸数量は250kgであった。

5．甲材料の棚卸減耗は生じていない。

6．上記のほか，当月において工場消耗品80,000円を買い入れている（現金払い）。

理解度チェック □□□

問題4-9 ★★☆

当社は，実際個別原価計算により各製品の原価を計算している。以下の資料を参照して，下記の設問に答えなさい。

（資　料）

1．当社は材料の消費額を計算するにあたり，予定価格500円/kgを使用している。また当月の指図書別消費量は以下のとおりである。

指図書番号	No.100	No.101	No.102	No.103	No.104	合計
直接材料消費量	100kg	320kg	210kg	190kg	80kg	900kg

2．当月の材料取引は下記のとおりであった。材料の消費価格の計算は先入先出法による。なお，棚卸減耗はなかった。

摘　要	当月購入高	当月払出高
前月繰越	200kg（@510円）	——
№100に出庫	——	100kg
購入	300kg（@490円）	——
№101に出庫	——	320kg
購入	400kg（@515円）	——
№102に出庫	——	210kg
№103に出庫	——	190kg
購入	150kg（@505円）	——
№104に出庫	——	80kg
次月繰越	——	150kg
	1,050kg	1,050kg

〔設問１〕

解答用紙の製造指図書別原価計算表（直接材料費のみ）を作成しなさい。

〔設問２〕

月末材料棚卸高と当月の材料消費価格差異の金額を求めなさい。

理解度チェック

問題4-10 ★★★

下記の資料にもとづいて，各問に答えなさい。

（資　料）

1．原料Ｓの受払記録（単価@は，前月繰越分は１kg当たりの購入原価，当月仕入分は１kg当たりの購入代価）

12月１日	前月繰越	200kg	@300円
３日	掛 仕 入	6, 000kg	@280円
10日	掛 仕 入	2, 000kg	@300円
13日	掛 仕 入	1, 600kg	@300円
18日	掛 仕 入	6, 000kg	@290円

12月４日	製品Ｘ向け出庫	3, 000kg
６日	製品Ｙ向け出庫	3, 000kg
11日	製品Ｘ向け出庫	1, 500kg
17日	製品Ｘ向け出庫	1, 500kg
19日	製品Ｙ向け出庫	3, 000kg
23日	製品Ｘ向け出庫	3, 500kg

（注）原料の払出単価の計算は先入先出法による。

2．原料Ｓの購入原価は，購入のつど，購入代価に引取費用を加えて計算している。引取費用は，5, 000kgまでは8, 000円，5, 000kgを超えると12, 000円である。

〔問１〕当月における原料の購入原価総額を答えなさい。

〔問２〕当月における原料の実際消費高を答えなさい。なお，製品別の消費高も解答すること。

理解度チェック

問題4-11 ★★★

下記の資料を参照して，棚卸減耗費に関する仕訳を示しなさい。

（資　料）

1．材料の期末棚卸高のデータ

帳簿棚卸数量　　500kg　　実地棚卸数量　　470kg

原　　　価　@200円

2．帳簿棚卸数量と実地棚卸数量との差額のうち20kgは正常な範囲のものであると認められる。

理解度チェック

問題4-12 ★★★

下記の資料にもとづいて，材料勘定の記入を行いなさい。

（資　料）

1．当工場では，直接材料費は実際庫出《くらだし》単価（平均法）によって計算している。

2．直接材料（素材）は切削部へ出庫され，機械加工される。10月末の直接材料の帳簿残高は50kgであったが，実際残高は45kgであった。これは正常な差異である。

3．10月の指図書別直接材料消費量は次のとおりであった。

	№101	№102	№103	№104	合　計
直接材料消費量	100kg	150kg	120kg	130kg	500kg

4．直接材料の月初有高は50kg（@125円）であり，10月の購入高は500kg（@130.5円）であった。

理解度チェック

問題4-13 ★★★

T社では，主要材料Aに関して予定消費価格を用いて消費額を計算している。そこで以下の資料にもとづいて，材料勘定および材料消費価格差異勘定の記入を完成させなさい。

（資　料）

当月の主要材料Aに関するデータ

月　初　有　高：　554,000円

当　月　仕　入　高：6,230,000円（すべて掛仕入）

月末帳簿棚卸高：　315,000円

棚　卸　減　耗　費：　16,000円（すべて正常）

材料消費価格差異：　62,000円（貸方差異）

（注）主要材料Aはすべて直接材料として消費した。また月末材料には評価損益は発生していない。

理解度チェック

問題4-14 ★★★

当工場では主要材料Aを使用して製品の製造を行っている。以下の資料にもとづいて，材料勘定の記入を完成させなさい。

（資　料）

1．当工場では，主要材料Aについて予定消費価格800円/kgにより計算している。また当月の出庫データは次のとおりであった。

	No. 101	No. 102	No. 103	No. 104	修　繕	合　計
材料出庫量（kg）	2,000kg	2,500kg	2,200kg	1,400kg	200kg	8,300kg

2．主要材料Aの月初有高は2,000kg（実際価格820円/kg），当月購入高8,000kg（実際価格805円/kg）であった。なお，材料はすべて掛けにて購入している。

3．主要材料Aの実際消費価格の計算は先入先出法による。また，月末実地棚卸数量は1,650kgであり，帳簿棚卸数量との差のうち40kgは正常な範囲内のものと判定された。

4．当工場では正常な棚卸減耗については棚卸減耗費勘定を用いていない。

Theme 05 労務費会計

理解度チェック

問題5-1 ★★★

次の取引について仕訳をするとともに，賃金勘定への記入を行い締め切りなさい。ただし，仕訳には以下の中から最も適当なものを選んで解答すること。

使用できる勘定科目：現金，賃金，仕掛品，製造間接費，預り金，未払賃金

(1) 前月賃金未払額　200,000円

(2) 当月賃金支給総額

当月賃金支給総額			1,190,000円
控除額	源泉所得税	50,000円	
	健康保険料	60,000円	110,000円
差引：現金支給額			1,080,000円

(3) 当月賃金消費額

直接労務費　860,000円　間接労務費　280,000円

(4) 当月賃金未払額　150,000円

理解度チェック

問題5-2 ★★★

次の資料にもとづき，解答用紙の賃金・手当勘定および賃率差異勘定の空欄部分を記入しなさい。

（資　料）

(1) 直接工の労務費は予定平均賃率で計算する。

年間予定賃金・手当総額	24,000,000円
年間予定総就業時間	24,000時間

(2) 直接工作業時間票等の要約（7/1より7/31まで）

直接作業時間	1,500時間
間接作業時間	250時間
手待時間	50時間
合計	1,800時間

(3) 直接工出勤票の要約（7/1より7/31まで）

7/1より7/20まで	1,250時間
7/21より7/31まで	550時間
合計	1,800時間

(4) 直接工給与計算票の要約（6/21より7/20まで）

賃金・手当支給総額		1,880,000円
控除額		
所得税・住民税	180,000円	
社会保険料	120,000円	300,000円
差引：現金支給額		1,580,000円

(5) 6月末の未払賃金・手当は600,000円である。

(6) 7月末の未払賃金・手当は予定平均賃率で計算し，未払賃金・手当勘定に計上する。

理解度チェック □□□

問題5-3 ★★★

次の資料にもとづき，各設問に答えなさい。なお，当社では未払賃金勘定を使用している。

（資　料）

1．当工場では，直接工（切削工と組立工）および間接工を有しており，直接工の労務費については，職種別予定平均賃率を用いて計算している。

	切　削　工	組　立　工
職種別予定平均賃率	500円/時間	600円/時間

2．前月未払賃金　　直接工分：420,000円　　間接工分：130,000円

3．当月の賃金支給総額　　2,700,000円（うち間接工分 750,000円）

控　除　額		
社 会 保 険 料	200,000円	
源 泉 所 得 税	150,000円	
住　　民　　税	80,000円	430,000円
差引：現金支給額		2,270,000円

4．当月未払賃金　　直接工分：450,000円　　間接工分：150,000円

5．当月中の直接工の作業状況

	直接作業時間	間接作業時間	手 待 時 間	合　計
切　削　工	1,400時間	500時間	50時間	1,950時間
組　立　工	1,250時間	200時間	150時間	1,600時間

〔設問１〕

(1) 直接労務費を求めなさい。

(2) 間接労務費を求めなさい。

(3) 賃率差異を求めなさい。なお，解答用紙の（　　）内には差異の有利，不利の別を示すこと。

〔設問２〕

賃金勘定の記入を示し，締め切りなさい。

理解度チェック □□□

問題5-4 ★★★

次の資料を参照して，直接工の消費賃金の計算を行い，直接労務費と間接労務費を求めなさい。

（資　料）

1．当社では，直接工の労務費の算定にあたり，予定平均賃率500円/時間を使用している。また直接工の定時間外作業手当は，この予定平均賃率に40%を乗じて計算し，原価計算上は製造間接費として処理する。

2．直接工の作業時間票の内訳（9/1から9/30まで）

直接作業時間	2,500時間
間接作業時間	500時間
合　計	3,000時間

3．直接工の出勤票の内訳（9/1から9/30まで）

定時間内時間	2,800時間
定時間外時間	200時間
合　計	3,000時間

理解度チェック

問題5-5 ★★★

次の資料を参照して，直接工の賃金計算を行い，(A)製造指図書別製造原価要約表（一部）と，(B)賃金・手当勘定を完成しなさい。

（資　料）

1．本年度の部門別予定平均賃率は，下記の部門別年間予算データにもとづき計算されている。

	賃金・手当予算	予定総就業時間	予定直接作業時間
切　削　部	24,000千円	20,000時間	15,200時間
組　立　部	36,000千円	24,000時間	20,000時間

2．製造指図書別の直接作業時間の内訳

	№101	№102	№103	№104	№105	合　計
切　削　部	150時間	300時間	450時間	200時間	100時間	1,200時間
組　立　部	200時間	450時間	650時間	350時間	――時間	1,650時間

3．直接工作業時間票の要約（10/1～10/31）

	切　削　部	組　立　部
直接作業時間	1,200時間	1,650時間
間接作業時間	200時間	350時間
合　計	1,400時間	2,000時間

4．直接工出勤票の要約（10/1～10/31）

	切　削　部	組　立　部
定時間内作業		
10/1～10/20	1,000時間	1,300時間
10/21～10/31	400時間	600時間
定時間外作業		
10/29，10/30	――	100時間
合　計	1,400時間	2,000時間

なお，定時間外作業手当は，その時間数に部門別予定平均賃率の40％を乗じて計算し，原価計算上はその部門の製造間接費として処理する。

5．直接工給与計算票の要約（9/21～10/20）

	切　削　部	組　立　部	合　計
賃金・手当支給総額	1,650千円	2,660千円	4,310千円

6．9月末未払賃金・手当総額は1,200千円であり，10月末未払賃金・手当は部門別予定平均賃率で計算すること。

理解度チェック

問題5-6　★★★

下記に示す当月の資料にもとづいて，賃金・手当勘定の記入を行いなさい。

（資　料）

1．直接工の労務費は予定平均賃率で計算する。

年間予定賃金・手当総額　　16,500,000円

年間予定総就業時間　　15,000時間

2．製造指図書別の直接作業時間（5/1より5/31まで）

	#101	#102	#103	#104	#105	合　計
直接作業時間（時間）	120	300	390	280	110	1,200

3．直接工作業時間票等の要約（5/1より5/31まで）

直接作業時間	1,200時間
間接作業時間	300時間
手待時間	30時間
合　計	1,530時間

4．直接工出勤票の要約（5/1より5/31まで）

定時間内作業	
5/1より5/20まで	1,110時間
5/21より5/31まで	370時間
定時間外作業	
5/29，5/30	50時間
合　計	1,530時間

5．平均支払賃率　1時間あたり1,000円

（注）定時間外作業手当については，その時間数に平均支払賃率の40%を掛けて計算する。

6．給与計算票の要約（4/21より5/20まで）

賃金・手当支給総額		2,100,000円（うち間接工分 400,000円）
控除額		
所得税・住民税	130,000円	
社会保険料	150,000円	280,000円
差引：現金支給額		1,820,000円

7．4月末の未払賃金・手当は530,000円（うち間接工分 110,000円）である。

8．5月末未払賃金・手当のうち，直接工分は平均支払賃率で計算する。間接工分は120,000円である。未払賃金・手当は未払賃金・手当勘定に計上する。

理解度チェック

問題5-7 ★★★

次の資料にもとづき，各設問に答えなさい。

（資　料）

1．当社の直接工の消費賃金は，予定消費賃率に実際作業時間を乗じて計算している。当月の出勤時間の内訳は，次のとおりである。

加工時間	11,800時間	段取時間	100時間	休憩時間	250時間
間接作業時間	200時間	手待時間	50時間		

2．当月における直接工および間接工に対する賃金・手当の支給総額は，次のとおりである。

直　接　工	14,400千円
間　接　工	5,800千円
合　計	20,200千円

3．直接工および間接工に対する前月および当月の未払賃金等は，次のとおりである。

	直接工	間接工
前月未払	1,880千円	890千円
当月未払	2,035千円	820千円

4．当月に賃率差異25千円（貸方差異）が生じた。

5．その他の労務費の当月発生額は次のとおりである。

工場事務職員給料の要支払額	1,200千円
退職給付費用	400千円
法定福利費の実際支払額	2,300千円

〔設問1〕

当月の予定消費賃率を求めなさい。

〔設問2〕

当月の直接労務費と間接労務費を求めなさい。

Theme 06 経費会計

理解度チェック

問題6-1 ★★★

次の当工場における10月の資料にもとづいて，間接経費の消費額を求めなさい。

1．支払経費に関する資料

事務用消耗品費	当月購入額 65,000円		
旅費交通費	前月未払額 35,000円	当月支払額 200,000円	当月未払額 65,000円
保　管　料	前月前払額 45,000円	当月支払額 260,000円	当月前払額 50,000円

2．測定経費に関する資料

(1) 電　力　料　　当月支払額 150,000円　当月測定額 170,000円

(2) ガス代は毎月20日の検針にもとづいて支払っている。

当月支払額 68,000円

当月消費量 620㎥　　基本料金 20,000円/月　　従量料金 90円/㎥

3．月割経費に関する資料

減価償却費	年　　額	1,800,000円
修繕引当金繰入額	年間見積額	960,000円，当月修繕料支払額 120,000円
保　険　料	6か月分	720,000円

4．発生経費に関する資料

材料の帳簿棚卸高は1,400,000円，実地棚卸高は1,390,000円であった。なお，棚卸減耗は正常なものである。

理解度チェック

問題6-2 ★★☆

次の一連の取引を仕訳しなさい。ただし，勘定科目は下記の中から選ぶこと。

材料，仕掛品，製造間接費，棚卸減耗費，棚卸減耗引当金，原価差異

1．材料の棚卸減耗費を年間60,000円と見積り，当月に，その月割額を間接経費として処理した。

2．期末に材料の実地棚卸を行ったところ，棚卸減耗費の実際発生額は57,000円であった。

理解度チェック

問題6-3　★★★

以下の取引について，仕訳と関係勘定への記入を行いなさい。ただし，使用できる勘定は次の中から選択しなさい。

使用できる勘定：材料，部品，仕掛品，製造間接費，外注加工賃，買掛金，未払金

（取　引）

1．主材料100個を下請業者に無償で支給（材料の原価@1,200円）し，そのメッキ加工を依頼した。

2．メッキ加工された主材料が下請業者より納入され，そのすべてをただちに工場現場に引き渡した。

なお１個あたりの加工賃は@600円であった（未払い）。

理解度チェック

問題6-4　★★☆

以下の取引について，仕訳と関係勘定への記入を行いなさい。ただし，使用できる勘定は次の中から選択しなさい。

使用できる勘定：材料，部品，仕掛品，製造間接費，外注加工賃，買掛金，未払金

（取　引）

1．主材料100個を下請業者に無償で支給（材料の原価@1,200円）し，そのメッキ加工を依頼した。

2．メッキ加工された主材料が下請業者より納入され，いったんそのすべてを部品として倉庫に搬入した。なお，１個あたりの加工賃は@600円であった（未払い）。

3．上記部品のうち，50個を庫出した。

理解度チェック

問題6-5　★☆☆

以下の取引について，メッキ加工外注関係の諸勘定への記入を行いなさい。ただし，使用できる勘定は次の中から選択しなさい。

使用できる勘定：材料，仕掛品，製造間接費，外注加工賃，買掛金，未払金

（取　引）

1．主材料100個を下請業者に無償で支給（材料の原価@1,200円）し，そのメッキ加工を依頼した。

2．メッキ加工された主材料が下請業者より納入され，受入検査後，合格品98個はただちに工場現場に引き渡した。不合格品の２個は当工場で廃棄し，処分価格はない。

不合格品が生じた場合の損失については，支給材料分については当工場が負担し製造間接費に計上する。加工賃分については下請業者が負担することになっている。

なお１個あたりの加工賃は@600円であった（未払い）。

理解度チェック □□□

問題6-6 ★★★

次の資料にもとづき，当月における製造間接費を算定しなさい。

1．材料に関する資料

⑴ 直接材料であるX材料の月末帳簿棚卸高は750,000円であり，実地棚卸高は745,000円である。両者の差額は正常なものである。

⑵ 補助材料であるY材料の月初棚卸高20,000円，当月購入高350,000円，月末棚卸高50,000円

⑶ 当月の消耗工具器具備品の実際購入額は23,500円であった。

2．賃金に関する資料

当工場では，直接工に対する賃金は予定平均賃率850円/時間で計算している。当月の直接工の直接作業時間は1,080時間，間接作業時間は620時間，手待時間は40時間であった。また間接工の当月作業時間は1,400時間であり，当月の実際支払賃金は715,000円，当月未払賃金は247,000円，前月未払賃金は252,000円であった。

3．経費に関する資料

⑴ 外注加工賃の当月支払額は120,000円であり，当月未払額は30,000円，前月未払額は40,000円であった。なお，当社では受入加工品はただちに工場現場へ引き渡している。

⑵ 火災保険料の向こう半年分360,000円を現金で支払った。

⑶ 建物減価償却費は1年分で6,540,000円の計上を予定している。

⑷ 電力料の当月支払額は25,000円であるが，工場のメーターによる測定値にもとづいて計算した金額は27,500円である。

⑸ 工場長の出張旅費27,000円を現金で支払った。

Theme

07 製造間接費会計

理解度チェック

問題7-1 ★★☆

次の資料にもとづいて，直接作業時間基準により製造間接費の実際配賦率を計算し，原価計算表を完成させなさい。

（資　料）

直接材料費　1, 500, 000円
（No.100：400, 000円　No.101：750, 000円　No.102：350, 000円）

直接労務費　2, 000, 000円
（No.100：800, 000円　No.101：700, 000円　No.102：500, 000円）

製造間接費　2, 400, 000円

直接作業時間　1, 000時間（No.100：400時間　No.101：350時間　No.102：250時間）

理解度チェック

問題7-2 ★★★

次の取引について仕訳をするとともに，製造間接費勘定を完成させなさい。ただし，使用する勘定科目は以下の中から選ぶこと。

使用できる勘定科目：材料，賃金，経費，仕掛品，製造間接費，製造間接費配賦差異

（取　引）

(1)　製造間接費の予定配賦率は800円/機械運転時間であり，各指図書に配賦した。
当月の指図書別実際機械運転時間：No.200；1, 700時間　No.201；1, 300時間

(2)　当月の製造間接費実際発生額は次のとおりであった。
材　料 800, 000円　　賃　金 900, 000円　　経　費 850, 000円

(3)　製造間接費の予定配賦額と実際発生額との差額を，製造間接費配賦差異勘定に振り替えた。

理解度チェック

問題7-3 ★★★

当社では，実際原価計算を実施しており，製造間接費については従来より実際配賦を行ってきたが，新たに機械運転時間を基準にした予定配賦の導入を計画している。そこで，予定配賦率算定に関する下記の資料にもとづき，各問に答えなさい。

（資　料）

1．当社の保有する生産設備は主要機械10台であり，1日3交替制により24時間これらの機械を稼働させている。
2．年間の作業日数は240日である。
3．機械はメンテナンスなどで年間2, 000時間だけ休止する。
4．製品1個の加工に要する機械運転時間は4時間である。
5．過去5年間における製造販売実績より，年間の平均操業度は，実際的生産能力の80％相当と見込まれる。
6．次年度に予想される製品販売数量は12, 000個である。

〔問1〕

①理論的生産能力，②実際的生産能力，③平均操業度，④期待実際操業度を求めなさい。

〔問2〕

基準操業度を①実際的生産能力，②期待実際操業度とした場合における予定配賦率を算定しなさい。ただし，変動費率は300円/時間，固定製造間接費年間予算額は33,360,000円とする。

理解度チェック □□□

問題7-4 ★★★

次の資料により，⑴予定配賦率を算定し，⑵予定配賦額の計算，製造間接費総差異の把握とその分析を行い，その計算結果を解答用紙の勘定に記入しなさい。

（資　料）

⑴　年間予算データ

①　年間基準操業度　　　30,000機械運転時間

②　公式法変動予算による年間の製造間接費予算

　　年間固定費　　6,000,000円　　　変動費率　　150円/時間

⑵　当月実際データ

①　実際機械運転時間　　　2,400機械運転時間

②　製造間接費実際発生額　　　　850,000円

理解度チェック □□□

問題7-5 ★★★

当社は受注製品の生産・販売を行っており，原価計算方式として実際単純個別原価計算を採用している。そこで，次に示す資料にもとづいて，各設問に答えなさい。

（資　料）

1．製造間接費は，直接作業時間を基準とした予定配賦率を使用して各製造指図書に配賦している。

2．当月における製造指図書別直接作業時間の内訳は，以下のとおりである。

	No.401	No.402	No.403	No.404	合　計
直接作業時間	500時間	400時間	300時間	600時間	1,800時間

3．当年度における基準操業度は24,000時間であり，製造間接費予算として公式法変動予算を採用している。なお，費目別の当年度予算額および当月製造間接費実際発生額は，以下のとおりである。

	公式法変動予算（年額）		当月実際発生額	
	固　定　費	変動費率	固　定　費	変　動　費
補助材料費	480,000円	40円/時間	40,000円	72,000円
工場消耗品費	600,000円	10円/時間	50,000円	34,000円
間接労務費	480,000円	75円/時間	39,000円	135,000円
減価償却費	1,200,000円	——	100,000円	——
賃　借　料	240,000円	——	20,000円	——
合　計	3,000,000円	125円/時間	249,000円	241,000円

〔設問１〕

製造間接費の予定配賦率，予定配賦額を計算し，配賦差異を変動費，固定費それぞれの予算差異と操業度差異に分析しなさい。なお，差異の金額には，有利差異または不利差異を明示すること。

〔設問２〕

〔設問１〕で解答した予算差異を発生原因別に分析した，解答用紙の文章中の［　　］内に，下掲の〈考えられる発生原因〉の中から当てはまると思われる原因の番号を選んで，記入しなさい。ただし，予算の設定に誤りはなかったものとする。

〈考えられる発生原因〉

① 補助材料を浪費した。　② 補助材料を節約した。　③ 工場消耗品を浪費した。
④ 工場消耗品を節約した。　⑤ 賃金が値上がりした。　⑥ 賃金が削減された。
⑦ 設備投資が増えた。　⑧ 設備を削減した。　⑨ 賃借料が値上がりした。
⑩ 賃借料が値下がりした。　⑪ 原因は不明である。

理解度チェック

問題7-6 ★★★

次の資料にもとづいて，固定予算によった場合，①予定配賦率，②予定配賦額，③製造間接費配賦差異を計算し，さらに製造間接費配賦差異を，④予算差異と操業度差異に分析しなさい。なお，差異は借方または貸方を明示すること。

（資　料）

(1) 年間予算データ

①	年間基準操業度	30,000機械運転時間
②	固定予算による年間の製造間接費予算	10,500,000円

(2) 当月実際データ

①	実際機械運転時間	2,400機械運転時間
②	製造間接費実際発生額	850,000円

理解度チェック

問題7-7　★☆☆

次の資料にもとづいて，実査法変動予算によった場合の，①予定配賦率，②予定配賦額，③製造間接費配賦差異を計算し，さらに製造間接費配賦差異を，④予算差異と操業度差異に分析しなさい。なお，差異は借方または貸方を明示すること。

（資　料）

1．年間の予算データ

⑴　基準操業度　　24,000機械運転時間

⑵　製造間接費予算額（下記参照）

（単位：円）

操業度	19,200時 (80%)	21,600時 (90%)	24,000時 (100%)	26,400時 (110%)	28,800時 (120%)
製造間接費予算額					
工場消耗品費	160,000	180,000	200,000	220,000	240,000
間接工労務費	1,800,000	2,000,000	2,500,000	2,500,000	3,000,000
事務職員給料	1,400,000	1,800,000	1,800,000	1,800,000	2,000,000
従業員賞与手当	800,000	800,000	1,000,000	1,000,000	1,200,000
退職給付費用	300,000	300,000	350,000	400,000	400,000
機械減価償却費	2,500,000	2,500,000	2,500,000	2,500,000	2,500,000
修繕料	450,000	550,000	650,000	650,000	700,000
福利施設負担額	750,000	750,000	750,000	750,000	750,000
賃借料	550,000	550,000	550,000	550,000	550,000
電力料・ガス代・水道料	600,000	700,000	800,000	900,000	1,000,000
その他雑費	650,000	838,000	900,000	1,050,000	1,200,000
合計	9,960,000	10,968,000	12,000,000	12,320,000	13,540,000

2．当月の実績データ

⑴　実際機械運転時間　　　　1,960時間

⑵　製造間接費実際発生額　　1,026,000円

理解度チェック

問題7-8　★★☆

次の資料にもとづき，⒜製造指図書別原価計算表の作成，⒝原価計算関係諸勘定の記入をしなさい。

（資　料）

1．当社は個別受注生産を行っており，当月の製造指図書別の生産状況は次のとおりである。

＃200　前月に製造着手し，当月末までにすべて完成した。なお，前月末までに，製造指図書に集計された原価は840,000円である。

＃201　当月に製造着手し，当月末までにすべて完成した。

＃202　当月に製造着手し，当月末までにすべて完成した。

＃203　当月に製造着手し，当月末までに受注量20個のうち15個が完成したが，残りは仕掛中である。なお完成した15個の引渡しは行われていない。

2．材料費データ

材料は主要材料および補助材料として使用しており，当月の実際出庫高合計は2, 120kg，実際消費額は1, 072, 720円であった。なお，当社では直接材料費についてのみ予定出庫単価500円/kgにより計算している。したがって，間接材料費の計算からは材料消費価格差異は生じない。

3．労務費データ

当月の直接工の賃金・手当の支給総額および未払額は，次のとおりである。

当月支給総額	前月未払額	当月未払額
1, 388, 600円	327, 800円	345, 900円

なお，当社は直接工の賃金・手当の消費額は予定賃率により計算しており，予定賃率は600円/時間である。また，当月の直接工の作業時間合計は2, 280時間であった。

間接工の賃金・手当消費額は，実際支払額をもって計算しており，当月の間接工の賃金・手当実際支払額は224, 000円であった。

4．製造間接費データ

製造間接費については予定配賦を行っており，月間の製造間接費予算は2, 025, 000円（うち変動費900, 000円），月間の正常直接作業時間（基準操業度）は2, 250時間である。

また，製造間接費の当月実際発生額は，他の資料から判明するもの以外に1, 548, 720円ある。

5．製造指図書別の直接材料出庫量および直接作業時間

	＃200	＃201	＃202	＃203	合　計
直接材料出庫量	——	640kg	760kg	590kg	1, 990kg
直接作業時間	180時間	750時間	840時間	330時間	2, 100時間

理解度チェック

問題7-9　★★★

次のデータおよび条件にもとづき，実際個別原価計算を行い，計算結果を解答用紙の(A)製造指図書別製造原価要約表，(B)原価計算関係諸勘定における所定の場所に記入しなさい。ただし，前月繰越額は，解答用紙に印刷されている。

(1)　当工場では，直接材料費は予定出庫単価，直接労務費は予定平均賃率，製造間接費は予定配賦率（配賦基準は直接作業時間）によって計算している。また原価計算期間は暦日の１か月であるが，給与計算期間は，前月の21日から当月の20日までであって，給与は25日に支払われる。

(2)　直接材料は掛けで仕入れ，材料勘定には予定単価で借記される。10月の直接材料掛仕入額（実際購入単価×実際購入量）は7, 080千円で，その仕入額の材料勘定借記額は7, 000千円である。

(3)　10月の製造指図書別直接材料費（直接材料出庫額）と直接作業時間数は次のとおりであった。

	№101	№102	№103	№104	№105	№106	合　計
直接材料費（千円）	——	1, 080	1, 820	1, 540	1, 480	360	6, 280
直接作業時間（時）	600	1, 000	1, 600	1, 980	1, 600	620	7, 400

（注）№105と№106は10月末現在仕掛中で，その他は10月中に完成した。

(4)　本年度の予定平均賃率および予定配賦率は，次の年間予算データにもとづき計算されている。

賃金・手当予算	製造間接費予算	予定総就業時間	正常直接作業時間
107, 800千円	135, 000千円	98, 000時間	90, 000時間

(5) 直接工作業時間票の要約（10/ 1 ～ 10/31）

直接作業時間	7,400時間
間接作業時間	800時間
合　　計	8,200時間

(6) 直接工出勤票の要約（10/ 1 ～ 10/31）

定時間内作業	
10/ 1 ～10/20	5,400時間
10/21～10/31	2,600時間
定時間外作業	
10/28, 10/31	200時間
合　　計	8,200時間

なお定時間外作業手当は，その時間数に予定平均賃率の40%を乗じて計算し，原価計算上は，製造間接費として処理する。したがって，製造間接費予算の中には定時間外作業手当の予算額があらかじめ計上されている。

(7) 直接工給与計算票の要約（9/21 ～ 10/20）

賃金・手当支給総額　　8,460千円

(8) 直接工の9月末未払賃金・手当総額は2,460千円であり，10月末未払賃金・手当は，予定平均賃率で計算すること。なお，間接工については，実際賃率で計算されているので，間接工の労務費計算からは賃率差異は生じない。したがって，間接工賃金・手当の前月未払，当月未払に関するデータは省略する。

(9) 10月の製造間接費実際発生額は，次のとおりであった。

間接材料費	2,240千円
直接工間接賃金	?
定時間外作業手当	?
その他の間接労務費	4,680
間接経費	3,182
合　　計	?　千円

上記？の部分は，各自計算しなさい。直接工間接賃金は，予定平均賃率で計算すること。

理解度チェック □□□

問題7-10 ★★★

下記の当年度の資料から，全部実際正常原価計算による製造間接費勘定，仕掛品勘定および損益計算書を作成し，税引前当期純利益を計算しなさい。なお原価差異の会計処理は「原価計算基準」によること。

（資　料）

1．素材費　期首有高 180万円，当期購入代価 2,080万円，当期引取費用 60万円（うち 40万円は未払い），期末帳簿残高 320万円，期末実際残高 312万円。素材は，すべて直接材料として使用された。期末帳簿残高と実際残高との差額は正常な差額である。

2．工場補修用鋼材　期首有高 20万円，当期仕入高 320万円，期末有高 15万円

3．工場の修理工賃金　当期要支払高 220万円

4．工場固定資産税 40万円

5. 機械工および組立工賃金　前期未払高 280万円，当期賃金・手当支払総額 2,850万円（うち 源泉所得税，社会保険料など控除額 425万円），当期直接工直接作業賃金 2,570万円，当期直接工間接作業賃金 330万円，当期手待賃金 8万円，当期定時間外作業割増賃金 28万円，当期未払高 350万円，なお当期の消費賃金および期首，期末の未払高は，手当を含む予定平均賃率で計算されている。
6. 製造用切削油，機械油，電球，石鹸などの当期消費額 84万円
7. 製造間接費予算差異 12万円（貸方差異）
8. 製造関係の事務職員給料　当期要支払額 200万円
9. 本社企画部費 68万円
10. 製造用の耐用年数1年未満または取得価額30万円未満の工具，測定器具 145万円
11. 重役室費 77万円
12. 工員用社宅，託児所など福利施設負担額 112万円
13. 工場の机，椅子，黒板，自転車など 120万円
14. 広告費 60万円
15. 外注加工賃（材料は無償支給。納入加工品はただちに消費した）320万円
16. 工場技術職員の給料　当期要支払額 310万円
17. 製造間接費操業度差異 40万円（借方差異）
18. 当期における工場用土地の取得原価 5,000万円
19. 工場火災による当期仕損費 760万円
20. 製品期首有高 640万円，製品期末有高 480万円
21. 本社役員給料 420万円
22. 工員訓練費 86万円
23. 掛売集金費 52万円
24. 出荷運送費 50万円
25. 受取利息 36万円
26. 工場電力料・ガス代・水道料 132万円
27. 本社事務員給料 220万円
28. その他の販売費 46万円
29. その他の一般管理費 88万円
30. 受取配当金 19万円
31. 売上高 9,800万円
32. 販売員給料 230万円
33. 支払利息 74万円
34. 工場減価償却費 990万円（うち 長期休止設備の減価償却費 90万円）
35. 当社の株主に対する配当金 270万円
36. 売買目的有価証券の売却損 21万円
37. 当期における工場設備の取得原価 1,500万円
38. 仕掛品期首有高 480万円，仕掛品期末有高 360万円

理解度チェック

問題7-11　★★★

次の当社における当年度の資料から，全部実際個別原価計算を行い，製造間接費勘定，仕掛品勘定および損益計算書（経常利益まで）を作成しなさい。なお原価差異は当年度の売上原価に賦課すること。

（資　料）

1．製造指図書別の受注金額，直接材料費，直接作業時間数は次のとおりであった。

	№101	№102	№103	№104	№105	№106	合　計
受注金額（万円）	2,500	2,800	3,700	3,400	2,400	2,200	17,000
直接材料費（万円）	——	410	860	460	380	160	2,270
直接作業時間（時）	300	230	710	660	70	30	2,000

（注）№105と№106は，当年度末現在仕掛中で，その他は当年度中に完成し営業所に引き渡した。なお，営業所に引き渡した製品はただちに注文主へと販売される。したがって，当年度末に製品の在庫はない。

2．素材費　期首有高 150万円，当期購入代価 2,250万円，当期引取費用 50万円（うち 15万円は未払い），期末帳簿残高 180万円，期末実際残高 175万円。素材は，すべて直接材料として使用された。期末帳簿残高と実際残高との差額は正常な差額である。

3．工場補修用鋼材　期首有高 30万円，当期仕入高 140万円，期末有高 40万円

4．製造用切削油，機械油，電球，石鹸などの当期消費額 105万円

5．製造用の耐用年数１年未満または取得原価10万円未満のスパナ，測定器具など 130万円

6．工場の机，椅子，黒板，自転車など 75万円

7．工場で事務用に使用するコピー用紙，鉛筆，伝票，帳簿など 45万円

8．直接工賃金　前期未払高 180万円，当期賃金・手当支給総額 2,622万円（うち 源泉所得税，社会保険料などの控除額 210万円），当期直接工直接作業賃金 2,400万円，当期直接工間接作業賃金 228万円，当期手待賃金 12万円，当期定時間外作業割増賃金 16万円，当期未払高 260万円。なお，当期の消費賃金および期首，期末の未払高は，手当を含む予定平均賃率で計算されている。

9．工場修理工賃金　当期要支払額 140万円

10．工員募集費および工員訓練費 30万円

11．工場事務職員の給料　当期要支払額 340万円

12．工場従業員の当期の退職給付費用 270万円

13．工場従業員用社宅，託児所など福利施設負担額 55万円

14．工場従業員のための茶道，華道講師料 30万円

15．工場固定資産税 25万円

16．外注加工賃（材料は無償支給。納入加工品はただちに消費した）120万円（内訳　№103 70万円，№105 50万円）

17．工場電力料・ガス代・水道料 135万円

18．工場減価償却費 440万円（うち 長期休止設備の減価償却費 40万円）

19．その他の間接経費 53万円

20．製造間接費は予定配賦率（配賦基準は直接作業時間）により各製造指図書へ予定配賦を行っており，変動費率は0.5万円/時間，年間固定製造間接費予算額は1,260万円である。

21．当期の製造間接費予算差異 36万円（貸方差異），操業度差異 60万円（借方差異）

22．受取利息 24万円

23．支払利息 62万円

24．売買目的有価証券の売却損 15万円

25. 広告費 80万円
26. 営業所長の給料 320万円
27. 販売員給料 430万円
28. 製品出荷運送費 60万円
29. 掛売集金費 25万円
30. 本社企画部費 15万円
31. 新技術基礎研究費 120万円
32. 重役室費 48万円
33. 本社事務員給料 220万円
34. 受取配当金 26万円
35. 当期における工場用土地の取得原価 1,500万円
36. 当社の株主に対する配当金 30万円
37. その他の販売費 45万円
38. 本社役員給料 250万円
39. その他の一般管理費 60万円
40. 仕掛品期首有高 1,530万円（内訳　№101 790万円，№102 740万円）

Theme 08 原価の部門別計算（Ⅰ）

理解度チェック □□□

問題8-1　★★★

個別原価計算を実施している当社の次の取引を，指定された勘定科目を用いて仕訳しなさい。なお，当社は製造間接費について部門別計算を行い，各製造指図書には予定配賦を行っている。

指定勘定科目…	材料	賃金・手当	経費
	甲製造部門費	乙製造部門費	動力部門費
	修繕部門費	仕掛品	製造部門費配賦差異

(1)　甲・乙製造部門費を，直接作業時間を基準として各製造指図書に予定配賦した。

	予定配賦率	直接作業時間
甲製造部門費	@400円	2,600時間
乙製造部門費	@300円	3,400時間

(2)　製造間接費の実際発生額は，材料600,000円，賃金770,000円，経費700,000円であり，次のとおり各部門に配賦した。

	甲製造部門	乙製造部門	動力部門	修繕部門
材料	289,000円	264,000円	10,000円	37,000円
賃金	335,000円	381,000円	24,000円	30,000円
経費	366,000円	308,000円	20,000円	6,000円

(3)　上記補助部門費を次の配賦率により，甲・乙製造部門へ配賦した。

	甲製造部門へ	乙製造部門へ
動力部門費	60%	40%
修繕部門費	30%	70%

(4)　甲・乙製造部門で把握された差異を，製造部門費配賦差異勘定へ振り替えた。

理解度チェック

問題8-2 ★★★

次の資料にもとづいて，部門費配賦表を完成させなさい。

（資　料）

(1)　部門個別費

	甲部門	乙部門	動力部門	修繕部門	事務部門
間接材料費	300,000円	250,000円	600,000円	700,000円	―― 円
間接労務費	420,000円	190,000円	100,000円	500,000円	100,000円

(2)　部門共通費

間接労務費　540,000円　　建物減価償却費　720,000円　　電力料　900,000円

(3)　配賦基準

配賦基準	甲部門	乙部門	動力部門	修繕部門	事務部門
従業員数	63人	42人	5人	20人	5人
床面積	1,400㎡	1,000㎡	600㎡	300㎡	300㎡
電力消費量	125kwh	130kwh	225kwh	10kwh	10kwh

理解度チェック

問題8-3 ★★★

下記の資料を参照して，部門費配賦表を完成させ，各勘定に記入しなさい。ただし，補助部門費の製造部門への配賦は，直接配賦法によること。

（資　料）

補助部門費の配賦基準

配賦基準	合計	切削部	組立部	動力部	修繕部	事務部
動力消費量	2,000kwh	750kwh	750kwh	――	500kwh	――
修繕作業時間	300時間	120時間	80時間	100時間	――	――
従業員数	100人	20人	30人	20人	20人	10人

理解度チェック

問題8-4 ★★★

次の資料にもとづいて，相互配賦法による部門費配賦表を完成させなさい。ただし，本問において相互配賦法とは，簡便法としての相互配賦法であり，第1次配賦は純粋な相互配賦法によって行うが，第2次配賦は直接配賦法によって行うものである。

（資　料）

	合計	機械部	組立部	材料部	保全部	事務部
部門費	2,800,000円	600,000円	800,000円	600,000円	500,000円	300,000円
補助部門費配賦基準						
材料出庫量	1,000kg	500kg	300kg	――	200kg	――
保全時間	500時間	200時間	200時間	100時間	――	――
従業員数	120人	30人	40人	20人	10人	20人

理解度チェック □□□

問題8-5 ★★★

当社では，製造間接費について部門別計算を実施しており，製造部門として切削部門と組立部門を，補助部門として動力部門，修繕部門と事務部門を設けている。そこで，当月における次の資料を参照して部門費配賦表を作成し，各製造部門勘定の借方記入を行いなさい。

（資　料）

1．部門個別費実際発生額

切削部門	組立部門	動力部門	修繕部門	事務部門
300,000円	350,000円	200,000円	250,000円	150,000円

2．部門共通費実際配賦額

切削部門	組立部門	動力部門	修繕部門	事務部門
400,000円	250,000円	200,000円	50,000円	50,000円

3．補助部門費の配賦基準

	切削部門	組立部門	動力部門	修繕部門	事務部門
動力消費量	4,000kwh	4,000kwh	——	2,000kwh	——
修繕時間	150時間	225時間	125時間	——	——
従業員数	70人	60人	40人	30人	20人

（注）補助部門費の配賦方法は相互配賦法（連立方程式法）によること。

理解度チェック

問題8-6　★★★

当社には２つの製造部門と２つの補助部門（Ｘ補助部門とＹ補助部門）がある。当社の操業度は毎期ほぼ安定しており，そのとき，各補助部門のサービス供給量は次のとおりである。

	甲製造部	乙製造部	Ｘ補助部門	Ｙ補助部門	合　計
Ｘ補助部門	40,000単位	35,000単位	10,000単位	15,000単位	100,000単位
Ｙ補助部門	20,000単位	30,000単位	15,000単位	15,000単位	80,000単位

また，各部門の部門費は次のとおりである（単位：円）。

	甲製造部	乙製造部	Ｘ補助部門	Ｙ補助部門
部　門　費	21,000,000	17,600,000	9,000,000	8,500,000

そこで，以下の各問に答えなさい。

〔問１〕

当社では補助部門費の配賦に直接配賦法が採用されている。解答用紙の部門別配賦表を作成しなさい。また，そのとき，製造部門に配賦されるＹ補助部門サービスの単価を計算しなさい。なお，計算結果に端数が生じる場合は円未満で四捨五入する。ただし，単価を解答する場合には小数点以下第２位で四捨五入する。〔問２〕も同様に処理すること。

〔問２〕

当社が相互配賦法（連立方程式法）を用いて補助部門費の配賦を行うと仮定して，解答用紙の部門別配賦表を作成しなさい。また，そのとき，製造部門に配賦されるＹ補助部門サービスの単価を計算しなさい。ただし，各補助部門はサービスを自家消費している。そこで，⑴自家消費を考慮する場合と⑵自家消費を無視する場合の各場合について連立方程式を立て，それぞれについて配賦表を作成すること。

理解度チェック

問題8-7 ★★★

当社では，製造間接費について２つの製造部門と３つの補助部門（動力部，修繕部，工場事務部）からなる部門別計算を実施している。そこで，次の資料にもとづいて，階梯式配賦法による部門費配賦表を作成し，諸勘定に記入しなさい。

（資　料）

1．部門個別費実際発生額

第１製造部	第２製造部	動　力　部	修　繕　部	工場事務部
1,200,000円	1,000,000円	400,000円	300,000円	270,000円

2．部門共通費実際配賦額

第１製造部	第２製造部	動　力　部	修　繕　部	工場事務部
700,000円	895,000円	510,000円	440,000円	155,000円

3．第２次集計のための配賦基準数値

	第１製造部	第２製造部	動　力　部	修　繕　部	工場事務部
動力消費量	1,200kwh	1,800kwh	——	1,000kwh	——
修繕作業時間	200時間	300時間	125時間	——	——
従業員数	50人	45人	40人	35人	30人

理解度チェック

問題8-8 ★★☆

当社は，２つの製造部門（第１製作部と第２製作部）と２つの補助部門（A補助部とB補助部）を有しており，補助部門費の配賦方法には階梯式配賦法による実際配賦を採用している。このとき，補助部門の順位付けに関する当社の判断次第で，異なる配賦額が計算されることになる。次の資料にもとづいて，各問の各製造部に対する補助部費配賦額を求めなさい。

（資　料）

1．第１次集計費実際発生額

A 補助部	3,880万円
B 補助部	3,200万円

2．各補助部門サービスの実際消費割合

	第１製作部	第２製作部	A補助部	B補助部
A補助部門サービス	30%	50%	−	20%
B補助部門サービス	35%	35%	30%	−

〔問１〕補助部門の順位付けに際し，第１次集計費の多い方を上位とする場合

〔問２〕補助部門の順位付けに際し，補助部門相互の配賦額の多い方を上位とする場合

理解度チェック

問題8-9 ★★★

下記のデータおよび条件にもとづき，実際個別原価計算を行い，その計算結果を，(A)製造指図書別製造原価要約表，(B)原価計算関係勘定における所定の場所に記入しなさい。ただし，前月繰越額は解答用紙に印刷されている。

(1) 当工場では，直接材料費は実際庫出単価，直接労務費は部門別予定平均賃率，製造間接費は部門別予定配賦率（配賦基準は直接作業時間）によって計算している。また原価計算期間は暦日の1か月であるが，給与計算期間は，前月の21日から当月の20日までであって，給与は25日に支払われる。

(2) 直接材料（素材）は切削部へ出庫され，機械加工される。10月末の直接材料の帳簿残高は50千円であったが，実際残高は48千円であった。これは，正常な差異である。

(3) 10月の製造指図書別直接材料費（直接材料出庫額）と直接作業時間数は次のとおりであった。

	#100	#101	#102	#103	#104	#105	#106	合 計
直接材料費（千円）	——	500	400	300	500	250	320	2, 270
直接作業時間数：								
切 削 部（時間）	——	——	300	200	200	120	100	920
組 立 部（時間）	260	220	200	240	200	——	——	1, 120

（注）＃105と＃106は10月末現在仕掛中で，その他は10月中に完成した。

(4) 本年度の部門別予定平均賃率および部門別予定配賦率は，下記の部門別年間予算データにもとづき計算されている。

	賃金・手当予算	変動製造間接費予算	固定製造間接費予算	予定総就業時間	正常直接作業時間
切 削 部	12, 960千円	6, 000千円	7, 200千円	14, 400時間	12, 000時間
組 立 部	12, 600千円	6, 720千円	6, 720千円	18, 000時間	16, 800時間

(5) 直接工作業時間票の要約（10/1 ～ 10/31）

	切 削 部	組 立 部
直接作業時間	920時間	1, 120時間
間接作業時間	70時間	290時間
合 計	990時間	1, 410時間

(6) 直接工出勤票の要約（10/1 ～ 10/31）

	切 削 部	組 立 部
定時間内作業		
10/ 1 ～10/20	800時間	1, 280時間
10/21～10/31	190時間	105時間
定時間外作業		
10/25, 10/31	——	25時間
合 計	990時間	1, 410時間

なお定時間外作業手当は，その時間数に部門別予定平均賃率の40%を掛けて計算し，原価計算上は，その部門の製造間接費として処理する。したがって，部門別予定配賦率の中には定時間外作業手当の予算額があらかじめ計上されている。

(7) 直接工給与計算票の要約（9/21～10/20）

	切削部	組立部	合　計
賃金・給与支給総額	900千円	1,000千円	1,900千円

(8) 直接工の9月末未払賃金・手当総額は250千円であり，10月末未払賃金・手当は，部門別予定平均賃率で計算すること。なお間接工については，実際賃率で計算されているので，間接工の労務費計算からは賃率差異は生じない。したがって，間接工賃金・手当の前月未払，当月未払に関するデータは省略する。

(9) 10月の製造間接費実際発生額は，次のとおりであった。

	切　削　部	組　立　部	工場管理部
間接材料費	250千円	180千円	8千円
直接工間接賃金	?	?	——
定時間外作業手当	——	?	——
その他の間接労務費	228千円	197千円	12千円
棚卸減耗費	?	——	
その他の間接経費	509千円	311千円	10千円
部門費計	?	?	30千円
補助部門費配賦額	?	?	
製造部門費合計	?	?	
（従業員数	30人	20人	10人）

上記？の部分は，各自計算しなさい。直接工間接賃金は，部門別予定平均賃率で計算すること。また工場管理部費の製造部門に対する配賦は，実際配賦によっており，配賦基準は従業員数である。製造間接費の部門別実際発生額は，部門別製造間接費勘定の借方に示した「諸勘定」に記入しなさい。

(10) 製造間接費の部門別配賦差異を計算した後，配賦差異を予算差異と操業度差異に分析しなさい。予算差異は，変動予算による予算差異を計算すること。

Theme 09 原価の部門別計算(Ⅱ)

理解度チェック

問題9-1 ★★★

当社の動力部門は，その製造部門である切削部門と組立部門に動力を供給している。そこで，次に示す当月の資料にもとづき，直接配賦法により動力部門費の実際配賦を，(1)単一基準配賦法と(2)複数基準配賦法とで行いなさい。

（資　料）

1．製造部門の動力消費量（単位：kwh）

	切削部門	組立部門	合　計
(1) 月間消費能力	1,200	800	2,000
(2) 当月の実際消費量	750	550	1,300

（注）月間消費能力2,000kwhは，年間消費能力にもとづき設定されている。

2．動力部門の当月実績データ

動力月間供給量：	1,300kwh
動力部門費：	
変動費	468,000円
固定費	702,000円
合計	1,170,000円

理解度チェック

問題9-2 ★★★

当社の動力部門は，その製造部門である切削部門と組立部門に動力を供給している。そこで，次に示す当月の資料にもとづき，直接配賦法と単一基準配賦法により動力部門費の予定配賦を行いなさい。また，動力部門の差異分析をしなさい。

（資　料）

1．製造部門の動力消費量（単位：kwh）

	切削部門	組立部門	合　計
(1) 月間消費能力	1,200	800	2,000
(2) 月間予想総消費量	800	600	1,400
(3) 当月の実際消費量	750	550	1,300

（注）月間消費能力2,000kwhおよび月間予想総消費量1,400kwhは，年間消費能力および当年度の年間予想総消費量にもとづき設定されている。

2．動力部門月次変動予算および当月実績データ

	月次変動予算	当月実績
動力月間供給量：	1,400kwh	1,300kwh
動力部門費：		
変動費	462,000円	468,000円
固定費	700,000円	702,000円
合計	1,162,000円	1,170,000円

理解度チェック

問題9-3　★★★

　当社の動力部門は，その製造部門である切削部門と組立部門に動力を供給している。そこで，次に示す当月の資料にもとづき，直接配賦法と複数基準配賦法により動力部門費の予定配賦を行いなさい。この場合，動力部門の変動費は予定配賦し，固定費は予算額を配賦する。また，動力部門の差異分析をしなさい。

（資　料）

1．製造部門の動力消費量（単位：kwh）

	切削部門	組立部門	合　計
(1) 月間消費能力	1, 200	800	2, 000
(2) 月間予想総消費量	800	600	1, 400
(3) 当月の実際消費量	750	550	1, 300

（注）月間消費能力2, 000kwhおよび月間予想総消費量1, 400kwhは，年間消費能力および当年度の年間予想総消費量にもとづき設定されている。

2．動力部門月次変動予算および当月実績データ

	月次変動予算	当 月 実 績
動力月間供給量：	1, 400kwh	1, 300kwh
動 力 部 門 費：		
変　動　費	462, 000円	468, 000円
固　定　費	700, 000円	702, 000円
合　計	1, 162, 000円	1, 170, 000円

理解度チェック

問題9-4 ★★★

当社の動力部（補助部門）は，切削部と組立部に対して動力サービスを提供している。そこで，公式法変動予算を前提とし，次の資料にもとづき，各設問に答えなさい。

（資　料）

1．動力部の動力サービス提供量（単位：kwh）

	切削部	組立部	合　計
月間消費能力	560	440	1,000
当月の予定提供量	540	360	900
当月の実際提供量	500	300	800

2．動力部月次変動予算および当月実績

	月次変動予算	当 月 実 績
動力サービス月間提供量	900kwh	800kwh
動 力 部 費		
変　動　費	297,000円	304,000円
固　定　費	333,000円	336,000円
合　計	630,000円	640,000円

〔設問１〕動力部費の実際発生額を単一基準配賦法で配賦した場合，切削部と組立部に対する配賦額を求めなさい。

〔設問２〕動力部費の実際発生額を複数基準配賦法で配賦した場合，切削部と組立部に対する配賦額を求めなさい。

〔設問３〕動力部費の予定配賦額を単一基準配賦法で配賦した場合，切削部と組立部に対する配賦額と配賦差異を計算するとともに，配賦差異を分析しなさい。また，動力部の勘定記入を行いなさい。

〔設問４〕動力部費の予算許容額を複数基準配賦法で配賦した場合，切削部と組立部に対する配賦額と配賦差異を計算するとともに，配賦差異を分析しなさい。また，動力部の勘定記入を行いなさい。

理解度チェック □□□

問題9-5 ★★★

当社は，実際部門別個別原価計算を採用しており，補助部門である動力部は，製造部門である切削部と組立部に動力を供給している。

（資　料）

1．製造部門の動力消費量（単位：kwh）

	切削部	組立部	合　計
年間消費能力	42,000	37,800	79,800
当年度期首における年間予想総消費量	39,000	33,000	72,000
当月の実際消費量	3,290	2,695	5,985

2．動力部月次変動予算および当月実績

	月次変動予算	当月実績
動力月間消費(供給)量	6,000kwh(注)	5,985kwh
動力部費		
変動費	7,182,000円	7,205,940円
固定費	4,788,000円	4,668,300円
合計	11,970,000円	11,874,240円

（注）6,000kwhは，当年度の年間予想総消費量にもとづく月間正常消費（供給）量である。

〔問1〕

当月の動力部費を単一基準配賦法により実際配賦した場合の，両製造部に対する実際配賦額を求めなさい。

〔問2〕

当月の動力部費を単一基準配賦法により予定配賦した場合の，両製造部に対する予定配賦額を求めなさい。

〔問3〕

当月の動力部費を複数基準配賦法により，変動費は予定配賦し，固定費は予算額を配賦した場合の，両製造部に対する配賦額および配賦差異を計算し，さらに総差異を月次変動予算を利用して変動費と固定費ごとに差異分析し，それらを解答用紙の関係勘定に記入しなさい。

理解度チェック

問題9-6 ★★★

千葉工場の動力部は，その製造部門である切削部と組立部に動力を供給している。そこで，下記の条件にもとづき，各問に答えなさい。

1．製造部門の動力消費量（単位：kwh）

	切削部	組立部	合　計
(1)　年間消費能力	12, 960	8, 640	21, 600
(2)　20×0年度期首における年間予想総消費量	9, 720	6, 480	16, 200
(3)　20×0年10月の実際消費量	845	455	1, 300

2．動力部月次変動予算および20×0年10月実績

	月次変動予算	10月実績
動力月間生産(供給)量	1, 350kwh(注)	1, 300kwh
動 力 部 費		
変　動　費		
燃　料　費	2, 160, 000円	2, 210, 000円
固　定　費		
労　務　費	742, 500円	754, 000円
減価償却費	877, 500円	877, 500円
そ　の　他	810, 000円	838, 500円
合　　　計	4, 590, 000円	4, 680, 000円

（注）1, 350kwhは，20×0年度の年間予想総消費量にもとづく月間正常生産（供給）量である。

3．20×0年11月初めに開催された原価会議での議論

(1)　切削部長「当社では，補助部門費の配賦は，直接配賦法による実際配賦を行ってきた。しかし10月の動力部費を実際配賦すると，われわれ製造部門は，動力部の浪費まで負担させられることになるから，不当であると思う。」

(2)　原価計算課長「それなら実際配賦をやめて，直接配賦法による予定配賦をすればよいでしょう。そうすれば，動力部の勘定に変動費および固定費の予算差異が残り，製造部門に配賦されることはありません。」

(3)　動力部長「その方法では，操業度差異まで動力部の勘定に残ってしまう。動力部にとって操業度差異は管理不能であり，動力部の固定費は製造部門が負担すべきだ。」

(4)　原価計算課長「それでは，動力部の変動費は［　(a)　］配賦し，固定費は製造部門の動力［　(b)　］の割合で予算額を配賦する［　(c)　］配賦法によるのがよいと思います。」

〔問１〕

10月の動力部費を単一基準により実際配賦した場合の，10月の動力部費の１kwhあたり実際配賦率および切削部に対する実際配賦額を計算しなさい。

〔問２〕

10月の動力部費を単一基準により予定配賦した場合の，予定配賦額および総差異を計算し，さらに総差異を変動予算を使用して予算差異と操業度差異に分析し，それらを解答用紙の関係勘定に記入しなさい。

〔問３〕

上記３.(4)の(a)，(b)，(c)に適切な言葉を入れ，さらに３.(4)で原価計算課長が提案した方法にしたがって10月の動力部費を配賦した場合の，組立部に対する配賦額を計算しなさい。

理解度チェック □□□

問題9-7　★★★

T工場では全部実際原価計算を採用し，補助部門の配賦に必要なデータは，下記のとおりである。

1．月次予算データ

提供部門＼提供先	合　計	製造部門		補助部門		
		加工部	組立部	技術部	動力部	管理部
管　理　部						
従　業　員　数（在籍人数）	405	120	160	80	40	5
動　力　部						
動力消費能力（万kwh）	200	80	80	40	——	——
技　術　部						
作　業　時　間（時）	5,000	2,500	2,000	——	500	——

2．当月実績データ

提供部門＼提供先	合　計	製造部門		補助部門		
		加工部	組立部	技術部	動力部	管理部
管　理　部						
従　業　員　数（実際人数）	405	120	160	80	40	5
動　力　部						
動力実際消費量（万kwh）	150	75	45	30	——	——
技　術　部						
作　業　時　間（時）	3,750	1,725	1,575	——	450	——
実際一次集計費						
固定費（万円）	17,550	5,500	6,500	3,500	1,550	500
変動費（万円）	14,840	5,000	6,000	2,700	1,140	——
合　計（万円）	32,390	10,500	12,500	6,200	2,690	500

〔問1〕

上記当月のデータにもとづき，階梯式配賦法と複数基準配賦法により補助部門費の配賦を行って，実際製造部門費を計算しなさい。ただし，この工場では，実際固定費は予算の計画比率で，実際変動費は経済的資源の実際消費量の比率で配賦している。

〔問2〕

同じデータにもとづき，連立方程式の相互配賦法と複数基準配賦法により補助部門費の配賦を行って，⑴相互に配賦し終えた最終の補助部門費を計算したうえで，⑵実際部門費配賦表を完成しなさい。

〔問3〕

下記の文章における［　　］の中に，適切な言葉を入れなさい。

「T工場における補助部門費の配賦方法には問題がある。補助部門の実際固定費を他部門へ配賦すると，補助部門で発生した固定費の［　①　］差異を他部門へ配賦してしまうからである。それを防ぐためには，固定費の［　②　］額を計画比率で配賦すべきである。他方，補助部門の実際変動費を他部門へ配賦すると，補助部門で発生した変動費の［　③　］差異をも他部門に配賦してしまう。それを防ぐためには，変動費の［　④　］に実際消費量を掛けて他部門へ配賦するのがよい。」

理解度チェック

問題9-8 ★★★

当工場では，実際部門別個別原価計算を採用しており，補助部門費の配賦には複数基準配賦法を使用している。次の資料にもとづき，予算部門費配賦表および実際部門費配賦表を作成したうえで，製造間接費関係諸勘定の記入を完成し，あわせて各部門の差異分析を行いなさい。

（資　料）

1．当年度の月次予算データ（公式法変動予算）

	合　計	製造部門		補助部門
		切削部門	組立部門	動力部門
1次集計費予算				
変動費（円）	4, 200, 000	2, 136, 000	1, 602, 000	462, 000
固定費（円）	5, 700, 000	2, 580, 000	2, 420, 000	700, 000
合　計	9, 900, 000	4, 716, 000	4, 022, 000	1, 162, 000
正常直接作業時間	3, 000時間	3, 000時間	——	——
正常機械作業時間	1, 800時間	——	1, 800時間	——
動力消費能力	2, 000kwh	1, 200kwh	800kwh	——
正常動力消費量	1, 400kwh	800kwh	600kwh	——

上記の表において，補助部門の変動費は，変動費率に正常用役消費量を掛けて，また固定費は，用役消費能力の割合を基準にして関係部門に配賦する。かくして両製造部門に集計された製造間接費予算にもとづき，切削部門では直接作業時間，組立部門では機械作業時間を基準にして予定配賦率が計算される。

2．当月の実績データ

	合　計	製造部門		補助部門
		切削部門	組立部門	動力部門
実際1次集計費				
変動費（円）	4, 235, 000	2, 176, 500	1, 590, 500	468, 000
固定費（円）	5, 727, 000	2, 590, 000	2, 435, 000	702, 000
合　計	9, 962, 000	4, 766, 500	4, 025, 500	1, 170, 000
実際直接作業時間	2, 980時間	2, 980時間	——	——
実際機械作業時間	1, 750時間	——	1, 750時間	——
実際動力消費量	1, 300kwh	750kwh	550kwh	——

補助部門費の配賦は，変動費については，予定配賦率に関係部門の実際用役消費量を掛けて配賦する。固定費については，実際額でなく予算額を，その補助部門用役を消費する関係部門の用役消費能力の割合で配賦する。

理解度チェック □□□

問題9-9　★★★

当工場では受注生産を行っており，実際部門別個別原価計算を採用している。当工場では，２つの製造部門（切削部門と仕上部門）と１つの補助部門（動力部門）を有している。そこで，次の資料にもとづき，各設問に答えなさい。

（資　料）

1．切削部門費（動力部門費配賦前）の年間予算額および当月実際発生額

	年間予算額		当月実際発生額	
	固定費	変動費率	固定費	変動費
部門個別費	12,000,000円	500円/MH	980,000円	1,010,000円
部門共通費	2,400,000円	——	200,000円	——

基準操業度24,000MH　　実際操業度2,010MH　　（MH：機械作業時間）

2．動力部門費の年間予算額および当月実際発生額

	年間予算額		当月実際発生額	
	固定費	変動費率	固定費	変動費
部門個別費	10,800,000円	200円/kwh	901,000円	777,700円
部門共通費	1,200,000円	——	100,000円	——

基準操業度48,000kwh　　実際操業度3,850kwh　　（kwh：動力供給量）

3．動力部門の配賦基準に関するデータ

	切削部門	仕上部門	合　計
年間用役消費能力	24,000kwh	26,000kwh	50,000kwh
年間予定用役消費量	24,000kwh	24,000kwh	48,000kwh
当月実際用役消費量	2,050kwh	1,800kwh	3,850kwh

4．その他の計算条件

(1)　動力部門の変動費・固定費は，製造部門に配賦後も配賦基準にかかわらず，それぞれ変動費・固定費とする。

(2)　月間の基準操業度は，年間の値の12分の１とする。

(3)　製造部門費は，予定配賦率を用いて各製造指図書の製品に配賦する。

(4)　各部門費は公式法変動予算により管理している。

5．当月末になされた原価会議での議論

原 価 係「補助部門費の各製造部門への配賦方法のうち，最も望ましいのはどのような方法なのか教えていただけませんか。」

原価部長「それでは，まず，①補助部門費の実際発生額を単一基準配賦法によって配賦する方法から考えてみなさい。」

原 価 係「補助部門費の実際発生額を配賦してしまうと，補助部門における原価管理活動の良否の影響，すなわち補助部門の［　(ア)　］差異が特定の関係消費部門に対する実際発生額の中に混入してしまいます。したがって，②補助部門費の予定配賦額を単一基準配賦法で配賦する方法がよいと思います。」

原価部長「その方法だと，補助部門にとって管理不能な［　(イ)　］差異が，そのまま補助部門に残されてしまうよ。」

原 価 係「なるほど，それならば，補助部門費の予算許容額を複数基準配賦法によって配賦すれば，そのような欠点は生じないと思いますが…。」

原価部長「そのとおりだ。したがって，結論としては，③補助部門費の予算許容額を複数基準配賦法によって配賦する方法が，最も望ましい方法といえるのさ。」

原 価 係「よくわかりました。どうもありがとうございました。」

〔設問１〕

資料５の(ア)，(イ)に適切な差異の名称を入れなさい。

〔設問２〕

動力部門費の配賦を波線部①の方法によった場合

(1) 切削部門費の製品への予定配賦率および当月の予定配賦額を求めなさい。

(2) 切削部門，動力部門の当月の原価差異分析を行いなさい。なお，有利差異は正の数，不利差異は負の数で答えなさい。当該金額の発生がありえない箇所には「――」を記入すること。

〔設問３〕

動力部門費の配賦を波線部②の方法によった場合，〔設問２〕と同様のことを答えなさい。

〔設問４〕

動力部門費の配賦を波線部③の方法によった場合，〔設問２〕と同様のことを答えなさい。

理解度チェック

問題9-10 ★★★

㈱ぐんま工業では部門別計算を採用し，製造部門費について予定配賦を行っている。また，補助部門費は階梯式配賦法と複数基準配賦法にもとづいて予定配賦している。下記の（資料）をもとに，各問に答えなさい。

（資　料）

1．当年度の年間予算データ（公式法変動予算）

	合　計	製　造　部　門		補　助　部　門		
		切削部	組立部	動力部	用水部	事務部
予定機械作業時間（時）	24,000	24,000	――	――	――	――
予定直接作業時間（時）	21,600	――	21,600	――	――	――
事　務　部						
従業員数（人）	95	36	30	15	9	5
動　力　部						
動力消費能力（万kwh）	12,000	6,000	4,800	――	1,200	――
予定動力消費量（万kwh）	9,900	5,280	3,840	――	780	――
用　水　部						
用水消費能力（kl）	11,040	6,000	4,500	540	――	――
予定用水消費量（kl）	10,170	5,520	4,200	450	――	――
第１次集計費予算（千円）						
変　動　費	30,000	16,248	8,616	3,465	1,671	――
固　定　費	25,440	14,190	6,600	2,625	1,575	450
第１次集計費合計	55,440	30,438	15,216	6,090	3,246	450

（注）製造部門の基準操業度は，切削部が機械作業時間，組立部が直接作業時間である。また，当社における月次予算は年間予算の12分の１である。

2．当月の実績データ（従業員数に変化はない）

	合　計	製　造　部　門		補　助　部　門		
		切削部	組立部	動力部	用水部	事務部
実際機械作業時間（時）	1, 900	1, 900	——	——	——	——
実際直接作業時間（時）	1, 750	——	1, 750	——	——	——
動　力　部						
実際動力消費量（万kwh）	740	380	300	——	60	——
用　水　部						
実際用水消費量（kl）	830	450	340	40	——	——
実際第１次集計費（千円）						
変　動　費	2, 383	1, 280	714	252	137	——
固　定　費	2, 111. 3	1, 187. 5	540	210. 75	133. 05	40
第１次集計費合計	4, 494. 3	2, 467. 5	1, 254	462. 75	270. 05	40

〔問１〕

各製造部門における当月の予定配賦率を求めなさい。

〔問２〕

当月における動力部勘定と切削部勘定を記入しなさい。

〔問３〕

各部門の差異分析を行いなさい。

理解度チェック

問題9-11 ★★★

当工場では，切削部から仕上部を経て特殊工作機械を受注生産しており，補助部門としては事務部と電力部がある。月々の操業度はかなり変動するので，採用している原価計算は，製造間接費については製品へ予定配賦する，実際部門別個別原価計算である。部門別製造間接費に関するデータは，次のとおり。

1．公式法変動予算

	切　削　部		仕　上　部		電　力　部		事務部
	月間固定費	変動費率	月間固定費	変動費率	月間固定費	変動費率	月間固定費
(1)　自　部　門　費	5, 090万円	3, 400円/時	5, 060万円	1, 900円/時	650万円	90円/kwh	600万円
(2)　補助部門費配賦							
事　務　部　費	?	——	?	——	?	——	——
電　力　部　費	?	?	?	?	——	——	——
合　計　(1)+(2)	? 万円	? 円/時	? 万円	? 円/時	? 万円	90円/kwh	600万円
月間正常機械作業時間	12, 000時		——		——		
月間正常直接作業時間	——		18, 000時		——		——
月間正常電力消費（供給）量（kwh）	80, 000kwh		20, 000kwh		(100, 000kwh)		——
従　業　員　数	140人		80人		20人		10人

上記の表において，事務部費は各部門の従業員数を基準に関係部門へ配賦する。電力部は，正常な状態では，10万kwhの電力を８：２の割合で切削部と仕上部へ供給している。そこで電力部の固定

費は，月間正常電力消費量の割合を基準にして，また変動費は，1kwhあたりの予定配賦率に月間正常電力消費量を掛けて両部門に配賦する。こうして両部門に集計された製造間接費予算にもとづき，切削部では機械作業時間，仕上部では直接作業時間を基準にして予定配賦率が算定される。

2．当月製造指図書別作業時間データ

	№101	№102	№103	合　計
切削部（機械作業時間）	5,500時	4,500時	1,800時	11,800時
仕上部（直接作業時間）	7,000時	9,000時	1,700時	17,700時

（注）製造指図書№103は当月末現在仕掛中で，その他は当月中に完成した。

3．当月実際製造間接費データ

	切 削 部	仕 上 部	電 力 部	事 務 部
当月製造間接費				
固　定　費	5,000　万円	5,080　万円	650　万円	580　万円
変　動　費	4,100	3,400	910	——
合　計	9,100　万円	8,480　万円	1,560　万円	580　万円
当月実際電力消費量	81,000kwh	19,000kwh		

4．その他の計算条件

(1)　補助部門費の配賦は，予定配賦率を計算した場合と同様に，固定費については，実際額でなく予算額を，その補助部門用役を消費する関係部門の用役消費能力の割合，または正常消費量の割合で配賦する。変動費については，予定配賦率に関係部門の用役実際消費量を掛けて配賦する。その結果，補助部門勘定には，予算差異が明示されるが，操業度差異は現れない。

(2)　切削部と仕上部における製造間接費の配賦は，予定配賦による。

以上の資料と条件にもとづき，各問に答えなさい。

〔問1〕

公式法変動予算中の？を計算し，その計算結果にもとづき，切削部と仕上部の製造間接費予定配賦率（変動費率と固定費率の合計）を計算しなさい。

〔問2〕

解答用紙に示した当工場の原価計算関係勘定の未記入部分を記入し（数値の単位は万円），各勘定を締め切りなさい。

〔問3〕

「製造間接費—切削部」勘定で算出された総差異を，予算差異と操業度差異とに分析しなさい。

理解度チェック

問題9-12 ★★★

当工場では全部実際部門別個別原価計算を採用し，補助部門費の配賦には階梯式配賦法と複数基準配賦法（変動費と固定費を別個の基準で配賦する方法）を使用している。

1．当年度の月次予算データ

提供先／提供部門	合計	製造部門		補助部門		
		機械部	組立部	保全部	動力部	事務部
事務部						
従業員数（人）	510	200	250	30	20	10
動力部						
動力消費能力（万kwh）	300	160	90	50	——	——
保全部						
計画保全時間（時間）	12,500	6,000	4,000	——	2,500	——
1次集計費予算						
変動費（万円）	16,400	8,848	5,052	1,500	1,000	——
固定費（万円）	26,000	10,320	12,830	1,720	630	500
合計（万円）	42,400	19,168	17,882	3,220	1,630	500

（注）動力計画供給量は，動力消費能力に等しい。

2．当月の実績データ（従業員数に変化はない）

提供先／提供部門	合計	製造部門		補助部門		
		機械部	組立部	保全部	動力部	事務部
動力部						
動力実際供給量（万kwh）	240	150	75	15	——	——
保全部						
実際保全時間（時間）	11,250	5,850	3,150	——	2,250	——
実際1次集計費						
変動費（万円）	15,200	8,300	4,560	1,400	940	——
固定費（万円）	26,000	10,320	12,830	1,700	650	500
合計（万円）	41,200	18,620	17,390	3,100	1,590	500

〔問1〕

月次予算データにもとづき，月次予算部門別配賦表を完成しなさい。

〔問2〕

補助部門では，月次予算データにもとづき公式法の変動予算が設定されている。〔問1〕で作成した月次予算部門別配賦表により，動力部の月次変動予算を1次式で示しなさい。ただし，この変動予算は他の補助部門からの配賦額をも含むものとし，自部門での発生額と他部門からの配賦額との合計額で示せばよい。

〔問３〕

当月の補助部門費の配賦法に関する経理部長と原価計算課長との会話は，次のとおりであった。

経理部長「当社の実際月次損益計算では，実際補助部門費を階梯式配賦法と複数基準配賦法によって製造部門へ配賦してきたが，この方法では，補助部門での浪費までも製造部門へ配賦してしまうと製造部長から文句が出るので困っている。何かよい方法はないだろうか。」

原価計算課長「それならば，階梯式配賦法と複数基準配賦法を使用する際に，補助部門の変動費の配賦には，□□変動費率を使用しましょう。固定費の配賦に□□固定費率を使用すると，□□差異のみならず，□□□差異までも補助部門勘定に残ってしまいます。□□□差異は補助部門の責任者にとって管理不能なことが多く，計画用の情報としてはよいが，業績評価用には不適当なので，固定費については□□固定費率を使用せず，また実際発生額ではなく□□を配賦するのがよいと思います。」

上の会話における空欄に適切な言葉を補って理解したうえで，当月の補助部門費の配賦を原価計算課長の提案する方法によって配賦し，その計算結果を解答用紙の原価計算関係諸勘定に記入しなさい。

〔問４〕

動力部で発生した当月の総差異を，月次変動予算を利用し，変動費と固定費ごとに差異分析をしなさい。

理解度チェック

問題9-13 ★★★

当工場では，全部実際原価計算を採用し，製造部門費の製品への配賦は部門別正常配賦を行っている。また，補助部門費の配賦方法には，複数基準配賦法による相互配賦法（連立方程式法）を採用している。下記の資料にもとづいて各問に答えなさい。

（資　料）

1．当年度の月次予算データ

提供先／提供部門	合　計	製　造　部　門		補　助　部　門		
		第1製造部	第2製造部	動力部	修繕部	事務部
事務部：従業員数（人）	410	120	200	40	40	10
修繕部：計画修繕時間（時間）	10,000	5,000	3,000	2,000	——	——
動力部：動力消費能力（万kwh）	500	250	150	——	100	——
1次集計費予算						
変動費（万円）	8,000	2,100	2,060	1,800	2,040	——
固定費（万円）	6,000	1,745	1,255	960	1,440	600
合　計（万円）	14,000	3,845	3,315	2,760	3,480	600
月間基準操業度						
正常直接作業時間（時間）	25,000	25,000	——	——	——	——
正常機械稼働時間（時間）	20,000	——	20,000	——	——	——

（注）動力計画供給量は，動力消費能力に等しい。

2．11月の実績データ

提供先／提供部門	合　計	製　造　部　門		補　助　部　門		
		第1製造部	第2製造部	動力部	修繕部	事務部
事務部：従業員数（人）	410	120	200	40	40	10
修繕部：実際修繕時間（時間）	9,300	4,600	2,800	1,900	——	——
動力部：実際動力消費量（万kwh）	480	240	150	——	90	——
実際1次集計費						
変動費（万円）	7,877	2,246	1,980	1,745	1,906	——
固定費（万円）	6,060	1,745	1,285	960	1,450	620
合　計（万円）	13,937	3,991	3,265	2,705	3,356	620
実際直接作業時間（時間）	24,500	24,500	——	——	——	——
実際機械稼働時間（時間）	19,800	——	19,800	——	——	——

（注）補助部門費の配賦は，変動費については予定配賦率に関係部門の実際用役消費量を掛けて配賦する。固定費については，実際額ではなく予算額を，その補助部門用役を消費する関係部門の用役消費能力の割合で配賦する。

〔問1〕

予算部門費配賦表を完成させるとともに，製造部門費正常配賦率を算定しなさい。

〔問2〕

11月の補助部門費の配賦を行い，⑴解答用紙の原価計算関係諸勘定に記入するとともに，⑵第1製造部および動力部の差異分析を変動予算を使用して行いなさい。

Theme

10 個別原価計算における仕損

理解度チェック

問題10-1 ★★★

次の製造指図書に関する資料にもとづいて，各設問に答えなさい。正常仕損が生じた場合の処理は，直接経費として関係指図書に直課するものとする。なお，製造指図書№201以外の指図書は当月中に完成した。

（資　料）

製造指図書№101 … 製品A100個を製造中，最終検査によってその20個が仕損品であることが判明し，補修不能なため，代品製造のための新指図書（№101－1）を発行して代品20個を完成させた。なお，仕損品の評価額は総額5,000円であり，正常な仕損と判断された。

製造指図書№201 … 製品B100個を製造中，中間検査によってその一部に補修可能な仕損が生じていたので，その補修のため新指図書（№201－1）を発行して補修を完了させた。なお，当該仕損は正常な仕損と判断された。

製造指図書別原価計算表　（単位：円）

	№101	№201	№101－1	№201－1	合　計
前月繰越	10,000	——	——	——	10,000
直接材料費	20,000	10,000	4,000	2,000	36,000
直接労務費	35,000	8,000	7,000	1,000	51,000
製造間接費	45,000	12,000	9,000	1,000	67,000
小　計	110,000	30,000	20,000	4,000	164,000
仕損品評価額					
仕　損　費					
合　計					
備　考					

〔設問１〕

上記の製造指図書別原価計算表を各自記入し，仕損費勘定を設けていないことを前提として，解答用紙の仕掛品勘定を完成しなさい。

〔設問２〕

上記の製造指図書別原価計算表を各自記入し，仕損費勘定を設けていることを前提として，解答用紙の仕掛品勘定を完成しなさい。

理解度チェック

問題10-2 ★★★

次の製造指図書に関する資料にもとづいて，解答用紙の仕掛品勘定を完成しなさい。なお，製造指図書No.201は当月中に完成した。

（資　料）

製造指図書No.201 …　製品甲200個を製造中，組立部門における最終検査によってその10個が補修可能な仕損であることが判明し，補修のため新指図書（No.201－1）を発行し，補修を完了させた。当該仕損費は間接経費として処理する。

製造指図書No.301 …　製品乙100個を製造中，組立部門における最終検査によってその全部が仕損品であることが判明し，補修不能なため，代品製造のため新指図書（No.301－1）を発行した。なお，仕損品の評価額は総額80,000円であり，当該仕損は異常なものである。また，当月中に代品の製造は終了しなかった。

製造指図書別原価計算表　（単位：円）

	No.201	No.301	No.201－1	No.301－1	合　計
前月繰越	30,000	——	——	——	30,000
直接材料費	10,000	50,000	500	60,000	120,500
直接労務費					
切削部	20,000	80,000	1,000	65,000	166,000
組立部	50,000	70,000	2,500	40,000	162,500
製造間接費					
切削部	40,000	160,000	2,000	130,000	332,000
組立部	75,000	105,000	4,000	60,000	244,000
小計	225,000	465,000	10,000	355,000	1,055,000
仕損品評価額					
仕損費					
合計					
備考					

理解度チェック

問題10-3 ★★★

下記のデータおよび条件にもとづき実際個別原価計算を行い，(A)製造指図書別原価計算表，(B)原価計算関係諸勘定における所定の場所に記入しなさい。ただし，前月繰越額は解答用紙に印刷されている。

（資　料）

1．材料に関する資料

(1)　材料は，毎月予定単価で借記される。なお，当月において材料は，現金仕入が200kg，掛仕入が1,000kgあり，月初有高は100kg（24,000円）であった。

(2)　当月材料消費高

指図書番号	#10	#11	#12	#13	#14	#15	不明
材料消費量（kg）	300	300	200	200	50	70	30

(3)　なお，#10については作業屑が発生した。この作業屑は4,000円で売却できる見込みである。

2．賃金・手当に関する資料

⑴　当月直接工の作業時間

指図書番号	#10	#11	#12	#13	#14	#15	不明
作業時間（時間）	90	100	30	20	15	32	10

⑵　直接工の予定賃率は400円/時間である。

⑶　当月の現金支払（110,000円）以外の諸預り金は8,800円である。

⑷　未払賃金・手当はなかった。

⑸　賃率差異は生じなかった。

3．製造間接費に関する資料

⑴　製造間接費の予定配賦率は600円/直接作業時間である。なお，製造間接費予算額には正常仕損費の見積額は設定されていない。

⑵　製造間接費実際発生額は，上記の資料から判明するものを除き164,000円（未払い）である。

4．その他

⑴　#14は，#11の一部が仕損となったために発行された補修指図書である。

⑵　#15は，#12の全部が仕損品となったために発行された代品製造指図書である。
なお，当該仕損は異常な原因にもとづくものである。また，仕損品評価額はない。

⑶　当月中に#13を除くすべての指図書は完成済みである。

⑷　当社は仕損費勘定を使用していない。

理解度チェック □□□

問題10-4　★★★

下記の当月の資料にもとづいて実際部門別個別原価計算を行い，解答用紙の製造指図書別製造原価要約表を完成し，仕掛品勘定の記入を行いなさい。なお，前月繰越額等は，解答用紙に印刷されている。

（資　料）

1．当月の製造指図書別直接材料費と直接作業時間は次のとおりであった。

	№101	№101-2	№102	№102-2	№103	№103-2	合　計
直接材料費（円）	——	32,000	40,000	40,000	48,000	——	160,000
直接作業時間：							
組立部（時間）	80	40	60	70	50	——	300
仕上部（時間）	70	30	——	10	50	30	190

（注）№101，№103は当月中に完成した。

2．当年度の部門別予定平均賃率および部門別製造間接費予定配賦率

	予定平均賃率	予定配賦率
組 立 部	1,000円/時間	1,200円/時間
仕 上 部	1,100円/時間	1,800円/時間

（注）部門別製造間接費の配賦基準は直接作業時間である。

3．製造指図書№101の製造中に組立部で，その一部が仕損となり，補修により良品に回復できないため，新たに代品製造指図書№101-2を発行して，代品の製造を行った。なお，当該仕損は正常な仕損である。また，仕損品は総額8,000円で売却できる見込みである。

4．製造指図書№102の製造中に組立部で，その全部が仕損となり，補修により良品に回復できないため，新たに代品製造指図書№102-2を発行して，代品の製造を開始した。なお，当該仕損は異常な仕損である。また，仕損品は総額12,000円で売却できる見込みである。

5．製造指図書No.103の製造中に仕上部で仕損が生じたので，補修指図書No.103-2を発行して補修を行った。なお，当該仕損は正常な仕損である。

6．仕上部で発生する正常仕損は製造間接費（仕上部費）として処理する。したがって，仕上部の製造間接費予算にはあらかじめ仕損費の予定額が算入されているが，組立部の製造間接費予算には仕損費が算入されていない。

7．当月に作業屑が5kg発生した。この作業屑は，製造指図書No.103の製造中に発生したものであり，1kg当たり200円で売却できる見込みである。作業屑の評価額は製造指図書No.103の製造原価から控除する。

理解度チェック

問題10-5 ★★★

H工業では特殊機械の受注生産を行っており，実際部門別個別原価計算を行っている。次の資料にもとづいて設問に答えなさい。

（資　料）

1．当月における指図書別データ

	No.101	No.102	No.103	No.104	No.105	No.106
月初仕掛品棚卸高	600,000円	——	——	——	——	——
直接材料消費量	200kg	1,500kg	1,200kg	20kg	2,000kg	500kg
直接作業時間						
甲製造部門	120時間	1,200時間	1,000時間	50時間	1,500時間	350時間
乙製造部門	250時間	1,000時間	900時間	——	900時間	200時間
機械運転時間						
甲製造部門	200時間	1,000時間	800時間	100時間	950時間	250時間
乙製造部門	120時間	1,700時間	900時間	——	1,600時間	400時間

2．当社は，直接材料費は予定消費価格，直接労務費は部門別予定賃率，製造間接費は部門別予定配賦率にて計算を行っている。

①　予定消費価格　　400円/kg

②　予定賃率および予定配賦率算定のための資料は，次のとおりである。

	賃金・手当年間予算	製造間接費年間予算	予定総就業時間	正常直接作業時間	正常機械運転時間
甲製造部門	38,160千円	40,704千円	63,600時間	50,880時間	38,400時間
乙製造部門	25,200千円	40,320千円	50,400時間	40,320時間	57,600時間

（注）製造間接費は甲製造部門については直接作業時間，乙製造部門については機械運転時間を基準に各指図書に配賦する。なお，乙製造部門の製造間接費予算額には仕損費予算が含まれている。また，乙製造部門の製造間接費予算のうち固定費は23,040千円であり，月間予算は年間予算の12分の1である。

3．⑴　指図書No.104は，甲製造部門においてNo.101の一部に仕損（正常）が生じたために発行した補修指図書である。

⑵　指図書No.105は，乙製造部門において通常起こりえない作業上の事故によりNo.102の全部が仕損となったために発行した代品製造指図書である。なお，仕損品の処分価格は，指図書に集計された原価の10%と見積られる。

⑶　指図書№106は，乙製造部門において№103の一部が仕損（正常）となったために発行された代品製造指図書である。なお，仕損品の処分価格は40,000円と見積られる。

4．指図書№103は当月末において仕掛中であり，その他はすべて完成した。

5．当月の製造間接費実際発生額（仕損費は除く）は次のとおりである。

甲製造部門　3,400,000円　　　乙製造部門　2,300,000円

〔設　問〕

⑴指図書別原価計算表を完成させるとともに，⑵原価計算関係諸勘定の記入を行い，⑶製造間接費―乙製造部門の差異分析を行いなさい。

理解度チェック

問題10-6　★★★

当工場は２つの製造部門と２つの補助部門を持っている。補助部門費は複数基準配賦法と直接配賦法を用いて各製造部（第１製造部と第２製造部）に配賦している。第２製造部では個別原価計算を行っている。下記の（資料）にもとづいて，各問に答えなさい。

〔問１〕解答用紙の指図書別原価計算表を完成しなさい。

〔問２〕当月の操業度差異を計算しなさい。ただし，固定費率を用いて計算すること。

〔問３〕解答用紙の第２製造部の仕掛品勘定を完成しなさい。

（資　料）

Ⅰ．第２製造部に関する資料

⑴　当月の生産活動は，以下のとおりであった。特に言及のない指図書は作業が完了している。

(イ)　製造指図書＃10にもとづき製品を200個生産したが，その全部が仕損となった。そこで，代品製造指図書＃10－1を発行して代品を製造したが，月末現在，未完成である。この仕損には原価性がなく，１個あたり100円で売却できる。

(ロ)　製造指図書＃20にもとづき製品を300個生産したが，そのうち100個が仕損となった。そこで，補修可能であるため，補修指図書＃20－1を発行して補修を行った。この仕損は＃20に固有の原因で生じたもので，正常な仕損である。

(ハ)　製造指図書＃30にもとづき製品を500個生産したが，そのうち150個が仕損となった。そこで，代品製造指図書＃30－1を発行して代品を製造した。この仕損は＃30に固有の原因で生じたもので，１個あたり50円で売却でき，正常な仕損である。

⑵　第２製造部は主要設備２台からなり，１日２交代制で12時間操業している。年間作業可能日数は303日であるが，設備保全等のため不可避的な休業休止時間が各主要設備につき年間36時間ある。

⑶　直接工の消費賃率は作業時間あたり1,600円である。なお，直接作業時間は機械作業時間（機械運転時間）の合計に等しいものとする。

⑷　製造間接費は，主要設備別に設定した２つの原価部門（ＭＣ１とＭＣ２）に集計し，部門別配賦率を用いて機械作業時間基準で予定配賦している。予定配賦率は実際的生産能力にもとづいて設定している。

⑸　各原価部門の補助部門費配賦前の製造間接費予算（月額）は，次のとおりである。なお，製造間接費予算には仕損費予算は含まれていない。

ＭＣ１	変動費　1,545,000円，	固定費　1,335,000円，	合計　2,880,000円
ＭＣ２	変動費　1,945,000円，	固定費　1,610,000円，	合計　3,555,000円

(6) 各製造指図書に要した主要設備ごとの機械作業時間は以下のとおりである。

	#10	#10－1	#20	#20－1	#30	#30－1	合　計
MC 1	40時間	40時間	80時間	20時間	100時間	40時間	320時間
MC 2	20時間	40時間	100時間	40時間	60時間	20時間	280時間

Ⅱ．補助部門に関する資料

(1) 各補助部門費予算（月額）

A補助部	変動費　820, 000円,	固定費　630, 000円,	合計　1, 450, 000円
B補助部	変動費　850, 000円,	固定費　990, 000円,	合計　1, 840, 000円

(2) 各補助部門用役の当月消費予定量の割合（ただし，かっこ内の％は消費能力の割合）

	第1製造部	第2製造部		A補助部	B補助部
		MC 1	MC 2		
A補助部門用役	40%（40%）	20%（35%）	20%（15%）	——	20%（10%）
B補助部門用役	40%（35%）	20%（20%）	25%（35%）	15%（10%）	——

理解度チェック

問題10-7 ★★★

次の問いにある製造指図書#20と#30のそれぞれについて，解答用紙の各勘定に適切な金額を記入するとともに，正常仕損費を計算しなさい。なお，いずれも代品の製造は行っていない。

問1　製造指図書#20の製品量は20, 000個であったが，完成品検査で1, 500個が不合格となった。仕損は当該指図書に固有のものでなく発生量も正常であった。当該指図書に集計された直接労務費は300, 000円であった。製造間接費は直接材料費基準で予定配賦（配賦率250%）している。仕損品は材料として再利用可能（評価額1個25円）であり，材料倉庫に保管した。なお，当工場の製造間接費予算には正常仕損費予算が含まれている。

問2　製造指図書#30は，最新製品の製造指図書であり，特に良質の材料を使用し加工も非常に難しい。正常な状態で加工を行ったが，完成品1, 800個分の材料を投入し，完成品検査に合格したのは1, 250個であった。当該指図書に集計された直接材料費と直接労務費はそれぞれ370, 000円と280, 000円であった。製造間接費は直接労務費基準で予定配賦（配賦率250%）している。仕損品は材料として再利用可能（評価額1個60円）であり，材料倉庫に保管した。なお，当工場の製造間接費予算に仕損費予算は含まれていない。

よくわかる簿記シリーズ

合格《ごうかく》トレーニング　日商《にっしょう》簿《ぼ》記《き》１級工業《きゅうこうぎょう》簿《ぼ》記《き》・原《げん》価《か》計算《けいさん》Ⅰ　Ver. 8.0

2001年12月10日　初　版　第１刷発行
2023年11月26日　第８版　第１刷発行
2024年11月22日　　　　　第２刷発行

編著者　ＴＡＣ株式会社
（簿記検定講座）
発行者　多田敏男
発行所　ＴＡＣ株式会社　出版事業部
（ＴＡＣ出版）
〒101－8383
東京都千代田区神田三崎町3－2－18
電話 03（5276）9492（営業）
FAX 03（5276）9674
https://shuppan. tac-school. co. jp

組版　朝日メディアインターナショナル株式会社
印刷　株式会社ワコー
製本　株式会社常川製本

ISBN 978－4－300－10670－9
N.D.C. 336

会計業界の就職サポートは
安心のTAC
TACキャリアエージェントなら
BIG4・国内大手法人
就職支援実績多数！
税理士学習中の方
日商簿記学習中の方
会計士／USCPA学習中の方
会計業界で就業中の方で転職をお考えの方
会計業界でのお仕事に興味のある方
「残業なしで勉強時間を確保したい…」
「簿記３級から始められる仕事はあるの？」
といったご相談も大歓迎です！
スキマ時間に PC・スマホ・タブレットで
WEB面談実施中!
忙しくて時間の取れない方、遠方に
お住まいの方、ぜひご利用ください。
詳細はこちら!
https://tacnavi.com/
accountant/web-mendan/
完全予約制
ご相談は無料です。会計業界を知り尽くしたプロの
コンサルタントにご相談ください。
※相談時間は原則としてお一人様60分とさせていただきます。
【相談会場】
東京オフィス 03-3518-6775
大阪オフィス 06-6371-5851
名古屋オフィス
(登録会場) 0120-757-655
shoukai@
tac-school.co.jp
メールでご予約の際は、
件名に「相談希望のオフィス」
をご入力ください。
(例：相談希望 東京)
TAC 会計士・税理士専門の転職サポートサービス
キャリアエージェント

会計業界への就職・転職支援サービス

TPB

TACの100%出資子会社であるTACプロフェッションバンク（TPB）は、会計・税務分野に特化した転職エージェントです。
勉強された知識とご希望に合ったお仕事を一緒に探しませんか？ 相談だけでも大歓迎です！ どうぞお気軽にご利用ください。

人材コンサルタントが無料でサポート

Step1 相談受付
完全予約制です。
HPからご登録いただくか、
各オフィスまでお電話ください。

Step2 面　談
ご経験やご希望をお聞かせください。
あなたの将来について一緒に考えましょう。

Step3 情報提供
ご希望に適うお仕事があれば、その場でご紹介します。強制はいたしませんのでご安心ください。

正社員で働く

- 安定した収入を得たい
- キャリアプランについて相談したい
- 面接日程や入社時期などの調整をしてほしい
- 今就職すべきか、勉強を優先すべきか迷っている
- 職場の雰囲気など、求人票でわからない情報がほしい

TACキャリアエージェント
https://tacnavi.com/

派遣で働く（関東のみ）

- 勉強を優先して働きたい
- 将来のために実務経験を積んでおきたい
- まずは色々な職場や職種を経験したい
- 家庭との両立を第一に考えたい
- 就業環境を確認してから正社員で働きたい

TACの経理・会計派遣
https://tacnavi.com/haken/

※ご経験やご希望内容によってはご支援が難しい場合がございます。予めご了承ください。　※面談時間は原則お一人様30分とさせていただきます。

自分のペースでじっくりチョイス

正社員 アルバイトで働く

- 自分の好きなタイミングで就職活動をしたい
- どんな求人案件があるのか見たい
- 企業からのスカウトを待ちたい
- WEB上で応募管理をしたい

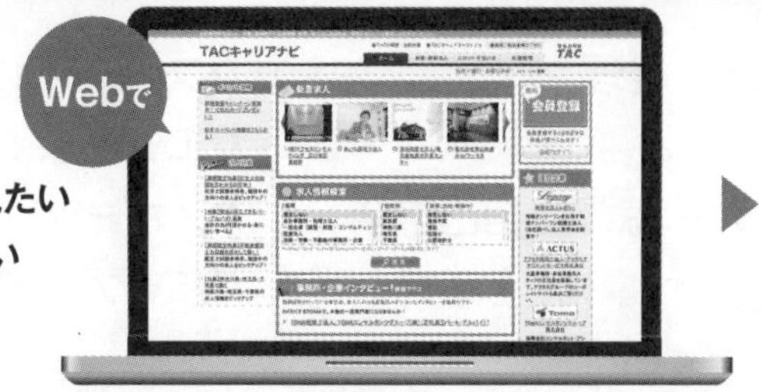

TACキャリアナビ
https://tacnavi.com/kyujin/

就職・転職・派遣就労の強制は一切いたしません。会計業界への就職・転職を希望される方への無料支援サービスです。どうぞお気軽にお問い合わせください。

TACプロフェッションバンク

■有料職業紹介事業 許可番号13-ユ-010678　■一般労働者派遣事業 許可番号（派）13-010932
■特定募集情報等提供事業 届出受理番号51-募-000541

東京オフィス
〒101-0051
東京都千代田区神田神保町1-103
東京パークタワー2F
TEL.03-3518-6775

大阪オフィス
〒530-0013
大阪府大阪市北区茶屋町6-20
吉田茶屋町ビル5F
TEL.06-6371-5851

名古屋 登録会場
〒453-0014
愛知県名古屋市中村区則武1-1-7
NEWNO名古屋駅西8F
TEL.0120-757-655

たいせつにしますプライバシー
10860572

TAC出版 書籍のご案内

TAC出版では、資格の学校TAC各講座の定評ある執筆陣による資格試験の参考書をはじめ、資格取得者の開業法や仕事術、実務書、ビジネス書、一般書などを発行しています！

TAC出版の書籍

＊一部書籍は、早稲田経営出版のブランドにて刊行しております。

資格・検定試験の受験対策書籍

- 日商簿記検定
- 建設業経理士
- 全経簿記上級
- 税　理　士
- 公認会計士
- 社会保険労務士
- 中小企業診断士
- 証券アナリスト
- ファイナンシャルプランナー(FP)
- 証券外務員
- 貸金業務取扱主任者
- 不動産鑑定士
- 宅地建物取引士
- 賃貸不動産経営管理士
- マンション管理士
- 管理業務主任者
- 司法書士
- 行政書士
- 司法試験
- 弁理士
- 公務員試験(大卒程度・高卒者)
- 情報処理試験
- 介護福祉士
- ケアマネジャー
- 電験三種　ほか

実務書・ビジネス書

- 会計実務、税法、税務、経理
- 総務、労務、人事
- ビジネススキル、マナー、就職、自己啓発
- 資格取得者の開業法、仕事術、営業術

一般書・エンタメ書

- ファッション
- エッセイ、レシピ
- スポーツ
- 旅行ガイド（おとな旅プレミアム/旅コン）

(2024年2月現在)

書籍のご購入は

1 全国の書店、大学生協、ネット書店で

2 TAC各校の書籍コーナーで

資格の学校TACの校舎は全国に展開!
校舎のご確認はホームページにて

資格の学校TAC ホームページ
https://www.tac-school.co.jp

3 TAC出版書籍販売サイトで

CYBER BOOK STORE TAC出版書籍販売サイト

24時間ご注文受付中

TAC 出版 で 検索

https://bookstore.tac-school.co.jp/

新刊情報をいち早くチェック!

たっぷり読める立ち読み機能

学習お役立ちの特設ページも充実!

TAC出版書籍販売サイト「サイバーブックストア」では、TAC出版および早稲田経営出版から刊行されている、すべての最新書籍をお取り扱いしています。
また、会員登録(無料)をしていただくことで、会員様限定キャンペーンのほか、送料無料サービス、メールマガジン配信サービス、マイページのご利用など、うれしい特典がたくさん受けられます。

サイバーブックストア会員は、特典がいっぱい! (一部抜粋)

通常、1万円(税込)未満のご注文につきましては、送料・手数料として500円(全国一律・税込)頂戴しておりますが、1冊から無料となります。

専用の「マイページ」は、「購入履歴・配送状況の確認」のほか、「ほしいものリスト」や「マイフォルダ」など、便利な機能が満載です。

メールマガジンでは、キャンペーンやおすすめ書籍、新刊情報のほか、「電子ブック版TACNEWS(ダイジェスト版)」をお届けします。

書籍の発売を、販売開始当日にメールにてお知らせします。これなら買い忘れの心配もありません。

日商簿記検定試験対策書籍のご案内

TAC出版の日商簿記検定試験対策書籍は、学習の各段階に対応していますので、あなたのステップに応じて、合格に向けてご活用ください!

3タイプのインプット教材

1

簿記を専門的な知識にしていきたい方向け

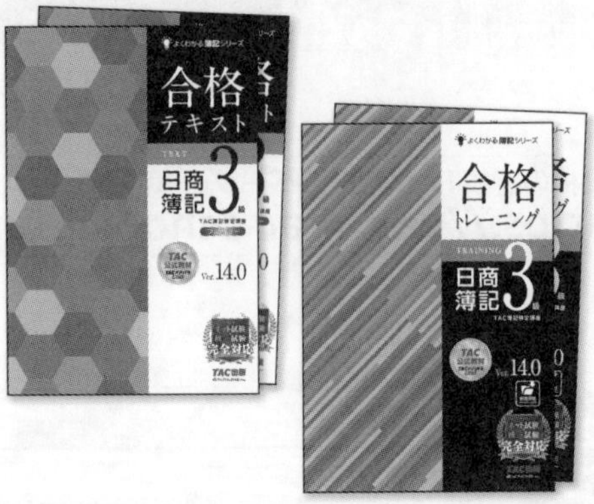

● 満点合格を目指し次の級への土台を築く

「合格テキスト」

「合格トレーニング」

- 大判のB5判、3級～1級累計300万部超の、信頼の定番テキスト&トレーニング! TACの教室でも使用している公式テキストです。3級のみオールカラー。
- 出題論点はすべて網羅しているので、簿記をきちんと学んでいきたい方にぴったりです!

◆3級　□2級 商簿、2級 工簿　■1級 商・会 各3点、1級 工・原 各3点

2

スタンダードにメリハリつけて学びたい方向け

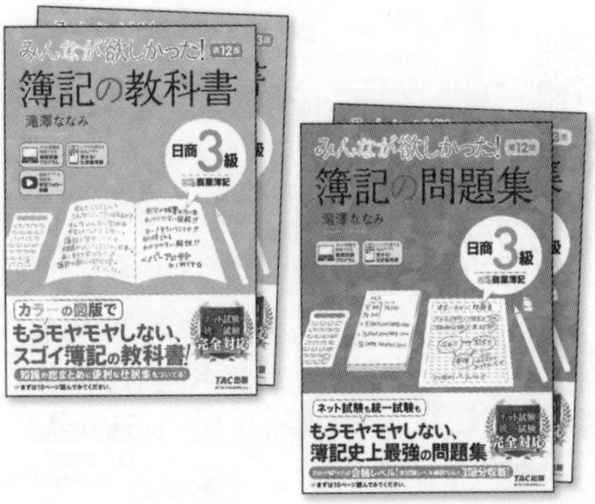

● 教室講義のようなわかりやすさでしっかり学べる

「簿記の教科書」

「簿記の問題集」

滝澤 ななみ 著

- A5判、4色オールカラーのテキスト(2級・3級のみ)&模擬試験つき問題集!
- 豊富な図解と実例つきのわかりやすい説明で、もうモヤモヤしない!!

◆3級　□2級 商簿、2級 工簿　■1級 商・会 各3点、1級 工・原 各3点

3

気軽に始めて、早く全体像をつかみたい方向け

● 初学者でも楽しく続けられる!

「スッキリわかる」

テキスト/問題集一体型

滝澤 ななみ 著 (1級は商・会のみ)

- 小型のA5判(4色オールカラー)によるテキスト/問題集一体型。これ一冊でOKの、圧倒的に人気の教材です。
- 豊富なイラストとわかりやすいレイアウト! かわいいキャラの「ゴエモン」と一緒に楽しく学べます。

◆3級　□2級 商簿、2級 工簿

■1級 商・会 4点、1級 工・原 4点

「スッキリうかる本試験予想問題集」

滝澤 ななみ 監修　TAC出版開発グループ 編著

- 本試験タイプの予想問題9回分を掲載

◆3級　□2級

書籍の正誤に関するご確認とお問合せについて

書籍の記載内容に誤りではないかと思われる箇所がございましたら、以下の手順にてご確認とお問合せをしてくださいますよう、お願い申し上げます。
なお、正誤のお問合せ以外の**書籍内容に関する解説および受験指導などは、一切行っておりません。**
そのようなお問合せにつきましては、お答えいたしかねますので、あらかじめご了承ください。

1 「Cyber Book Store」にて正誤表を確認する

TAC出版書籍販売サイト「Cyber Book Store」の
トップページ内「正誤表」コーナーにて、正誤表をご確認ください。

URL:https://bookstore.tac-school.co.jp/

2 1の正誤表がない、あるいは正誤表に該当箇所の記載がない
⇒ 下記①、②のどちらかの方法で文書にて問合せをする

★ご注意ください★

お電話でのお問合せは、お受けいたしません。
①、②のどちらの方法でも、お問合せの際には、「お名前」とともに、
「対象の書籍名(○級・第○回対策も含む)およびその版数(第○版・○○年度版など)」
「お問合せ該当箇所の頁数と行数」
「誤りと思われる記載」
「正しいとお考えになる記載とその根拠」
を明記してください。
なお、回答までに1週間前後を要する場合もございます。あらかじめご了承ください。

① ウェブページ「Cyber Book Store」内の「お問合せフォーム」より問合せをする

【お問合せフォームアドレス】

https://bookstore.tac-school.co.jp/inquiry/

② メールにより問合せをする

【メール宛先　TAC出版】

syuppan-h@tac-school.co.jp

※土日祝日はお問合せ対応をおこなっておりません。
※正誤のお問合せ対応は、該当書籍の改訂版刊行月末日までといたします。

乱丁・落丁による交換は、該当書籍の改訂版刊行月末日までといたします。なお、書籍の在庫状況等により、お受けできない場合もございます。
また、各種本試験の実施の延期、中止を理由とした本書の返品はお受けいたしません。返金もいたしかねますので、あらかじめご了承くださいますようお願い申し上げます。

(2022年7月現在)

別冊①

解答編

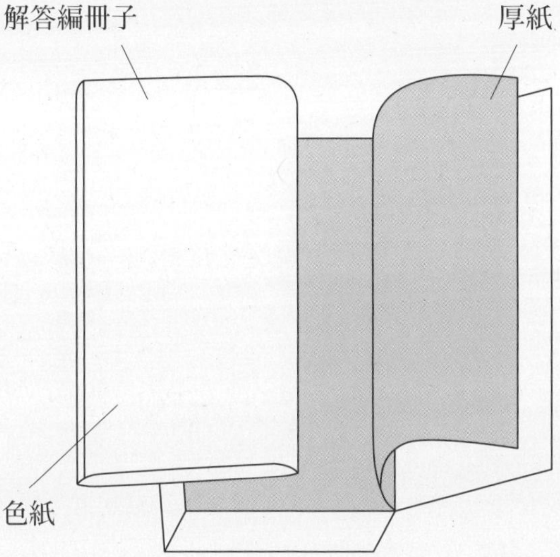

〈解答編ご利用時の注意〉

厚紙から，冊子を取り外します。

※　冊子と厚紙が，のりで接着されています。乱暴に扱いますと，破損する危険性がありますので，丁寧に抜き取るようにしてください。

※　抜き取る際の損傷についてのお取替えはご遠慮願います。

解答編

合格トレーニング

日商簿記 1 級 工業簿記 原価計算 I

解答編 CONTENTS

Theme **01** 総　　論

問題1-1

①（労　務　費）
②（経　　　費）
③（製造間接費）
④（製造直接費）
⑤（製 造 原 価）

解答への道

本問では，原価計算の基礎となる原価の分類を確認することが目的である。原価計算制度における原価を整理すれば次のようになる。

<table>
<tr><td rowspan="2" colspan="3"></td><td>販　売　費</td><td rowspan="2">営　業　費</td><td rowspan="8">総　原　価</td></tr>
<tr><td>一般管理費</td></tr>
<tr><td rowspan="3"></td><td>間接材料費</td><td rowspan="3">製造間接費</td><td rowspan="6" colspan="2">製造原価</td></tr>
<tr><td>間接労務費</td></tr>
<tr><td>間 接 経 費</td></tr>
<tr><td>直接材料費</td><td rowspan="3" colspan="2">製造直接費</td></tr>
<tr><td>直接労務費</td></tr>
<tr><td>直 接 経 費</td></tr>
</table>

問題1-2

（　　）内は，参考として費目の名称を示したものである。

(1)〔間 接 経 費〕　（→工員募集費）
(2)〔間接労務費〕　（→退職給付費用）
(3)〔一般管理費〕　（→技術研究費）
(4)〔販　売　費〕　（→販売促進費）
(5)〔間 接 経 費〕　（→厚生費）
(6)〔間接労務費〕　（→法定福利費）
(7)〔間 接 経 費〕　（→福利施設負担額）
(8)〔間 接 経 費〕　（→修繕費）
(9)〔間接材料費〕　（→消耗工具器具備品費）
(10)〔間接材料費〕　（→消耗工具器具備品費）

解答への道

本問では，【問題１－１】の原価の基礎的分類について，具体的な事例にもとづく分類を確認することを目的としている。

問題1-3

〔０〕工場の運転資金として必要な銀行借入金に対する支払利息
〔１〕工場の運動会において，授与する賞品の購入費用
〔１〕製品にそのまま取り付ける部品の消費額
〔０〕工場を建設する土地の購入代金
〔３〕会社の役員に対して支払われる賞与金（引当金計上額）
〔３〕本社備品の減価償却費
〔１〕工員のための華道・茶道講師料
〔１〕工場事務職員のパソコン研修費用
〔０〕火災による製品の廃棄損
〔２〕製品出荷運送費

解答への道

本問では，原価計算制度において原価に算入される項目と非原価項目とを分類し，さらに原価に算入されるものについてはその内訳を確認することが目的である。

なお，非原価項目については次の特徴を理解しておく必要がある。

(1)　経営目的に関連しない価値の減少
(2)　異常な状態を原因とする価値の減少
(3)　税法上特に認められている損金算入項目
(4)　その他の利益剰余金に課する項目

問題1-4

（　　）内は，参考として費目の名称を示したものである。

(1)〔間接材料費〕　（→消耗工具器具備品費）
(2)〔直接材料費〕　（→買入部品費）
(3)〔間接材料費〕　（→補助材料費）
(4)〔間接労務費〕　（→法定福利費）
(5)〔間接労務費〕　（→給料）
(6)〔間接労務費〕　（→従業員賞与・手当）
(7)〔間 接 経 費〕　（→福利施設負担額）
(8)〔間 接 経 費〕　（→棚卸減耗費）
(9)〔間 接 経 費〕　（→租税公課）
(10)〔直 接 経 費〕　（→外注加工賃）

解答への道

本問は，製造原価について，製品との関連における分類を確認することが目的である。製品との関連における分類では，原価を直接費と間接費に分類する。

直接費→製品の製造に関して直接的に認識される原価
間接費→製品の製造に関して直接的に認識されない原価

Theme 02 原価記録と財務諸表

問題2-1

(1) 勘定記入 (単位：円)

材　料

借方		貸方	
前期繰越	40,000	仕掛品	2,240,000
買掛金	2,810,000	製造間接費	560,000
		棚卸減耗費	5,000
		次期繰越	45,000
	2,850,000		2,850,000

製造間接費

借方		貸方	
材料	560,000	仕掛品	1,707,000
賃金	324,000		
経費	823,000		
	1,707,000		1,707,000

賃　金

借方		貸方	
諸口	800,000	未払賃金	45,000
未払賃金	55,000	仕掛品	486,000
		製造間接費	324,000
	855,000		855,000

仕掛品

借方		貸方	
前期繰越	50,000	製品	4,440,000
材料	2,240,000	次期繰越	43,000
賃金	486,000		
製造間接費	1,707,000		
	4,483,000		4,483,000

経　費

借方		貸方	
諸口	823,000	製造間接費	823,000

製　品

借方		貸方	
前期繰越	100,000	売上原価	4,390,000
仕掛品	4,440,000	次期繰越	150,000
	4,540,000		4,540,000

(2) 製造原価明細書

製造原価明細書 (単位：円)

Ⅰ　直接材料費	(2,240,000)
Ⅱ　直接労務費	(486,000)
Ⅲ　製造間接費	(1,707,000)
(当期総製造費用)	(4,433,000)
期首仕掛品棚卸高	(50,000)
合　計	(4,483,000)
期末仕掛品棚卸高	(43,000)
(当期製品製造原価)	(4,440,000)

(3) 損益計算書

損益計算書 (単位：円)

Ⅰ　売上高		(5,000,000)
Ⅱ　売上原価		
1. 期首製品棚卸高	(100,000)	
2. (当期製品製造原価)	(4,440,000)	
合　計	(4,540,000)	
3. 期末製品棚卸高	(150,000)	(4,390,000)
売上総利益		(610,000)

解答への道

本問は，工業簿記・原価計算の基礎となる勘定連絡と財務諸表について確認する問題である。解答にあたっては，各データを該当する勘定に当てはめていくことがポイントになる。

1. 材料費について

材料勘定の期末有高と実地棚卸高の差額は棚卸減耗費となる。棚卸減耗費は，それが正常な原因にもとづくものであれば製造原価（間接経費）となるが，異常な原因にもとづくものは非原価項目となる（損益計算書上は特別損失に計上される）。

材　料

期首 40,000	当期消費 2,800,000
当期購入 2,810,000	期末(帳簿) 50,000

→直接材料費：2,800,000円×80%=2,240,000円（仕掛品勘定へ）

→間接材料費：2,800,000円×20%＝ 560,000円（製造間接費勘定へ）

(実地) 45,000

棚卸減耗費：50,000円−45,000円＝ 5,000円（損益勘定へ）

2. 労務費について

期首未払賃金および期末未払賃金については，未払賃金勘定を用いて処理する方法を出題している。なお，期首未払賃金につき「前期繰越」，期末未払賃金につき「次期繰越」とする方法もあるので，各自確認してほしい。

賃　金

当期支給 800,000	前期未払 45,000
	当期消費 810,000
当期未払 55,000	

→直接労務費：810,000円×60%＝486,000円（仕掛品勘定へ）

→間接労務費：810,000円×40%＝324,000円（製造間接費勘定へ）

3．経費について

本問では，経費はすべて間接費であるため製造間接費勘定へ振り替える。また，各経費の費目ごとの内訳は，経費元帳（補助元帳）にて集計され，その合計が統制勘定である経費勘定に記入される。

経　　費

当期発生	当期消費
823, 000	823, 000

→ 製造間接費勘定へ

〈内訳〉

減価償却費	180, 000
賃借料	120, 000
保険料	50, 000
修繕費	35, 000
福利施設負担額	78, 000
電力料他	210, 000
租税公課	150, 000

4．製造間接費について

製造間接費（間接材料費，間接労務費，間接経費）は実際配賦のため，製造間接費勘定の借方合計額1, 707, 000円を仕掛品勘定に振り替える。

5．仕掛品勘定について

各費目の消費額に期首・期末の勘定残高を加減算して当期の完成品原価を計算するとともに，完成品原価を製品勘定へ振り替える。なお，仕掛品勘定の記入内容をもとに製造原価明細書に記入する。

仕　掛　品

期首　50, 000	当期完成
直材　2, 240, 000	4, 440, 000
直労　486, 000	
製間　1, 707, 000	期末　43, 000

→ 製品勘定へ

6．製品勘定について

仕掛品勘定からの振替額に期首・期末の勘定残高を加減算して当期の売上原価を計算し，売上原価勘定へ振り替える。なお，製品勘定の記入内容をもとに損益計算書の売上原価の区分に記入する。

製　　品

期首　100, 000	売上原価　4, 390, 000
当期完成　4, 440, 000	
	期末　150, 000

→ 売上原価勘定へ

問題2-2

（注）仕掛品勘定の〔　　〕内には相手勘定科目名または翌期繰越を記入しなさい。使用できる勘定科目名は，材料，賃金・手当，製造間接費，製品，売上原価，損益とする。なお，勘定は締め切ること。また損益計算書の〔　　〕内には適語を，（　　）内には金額を記入しなさい。

仕　掛　品　　　　（単位：円）

前期繰越	6, 000	〔製　品〕	498, 000
〔材　料〕	325, 000	〔翌期繰越〕	9, 000
〔賃金・手当〕	106, 000		
〔製造間接費〕	70, 000		
	507, 000		507, 000

損　益　計　算　書　　　　（単位：円）

××社　　自×年×月×日　至×年×月×日

Ⅰ　売上高		（　800, 000 ）
Ⅱ　売上原価		
1．期首製品棚卸高	（　20, 000 ）	
2．〔当期製品製造原価〕	（　498, 000 ）	
合　計	（　518, 000 ）	
3．期末製品棚卸高	（　26, 000 ）	
差　引	（　492, 000 ）	
4．〔原価差額〕	（　7, 000 ）	（　485, 000 ）
売上総利益		（　315, 000 ）
Ⅲ　販売費及び一般管理費		（　160, 000 ）
営業利益		（　155, 000 ）
Ⅳ　営業外収益		（　30, 000 ）
Ⅴ　営業外費用		（　25, 000 ）
経常利益		（　160, 000 ）

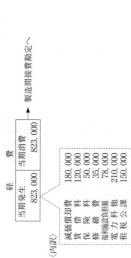

解答への道

1．本問の勘定連絡図を示すと，次のようになる（単位：円）。仕掛品勘定へ集計される製造原価の内訳は製造原価明細書に，製品勘定の内訳は損益計算書の売上原価の区分にそれぞれ対応していることを確認してほしい。

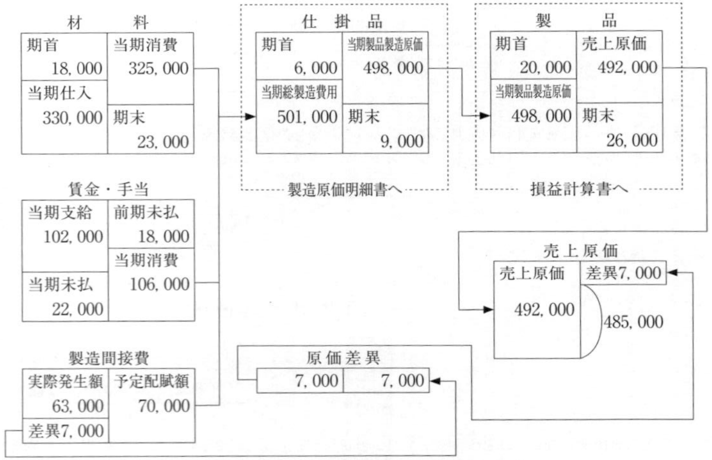

（注）製造間接費配賦差異は，貸方差異（有利差異）なので，売上原価から控除されることに注意する。

2．製造原価明細書を示せば次のとおりである。

製造原価明細書

××社　　自×年×月×日　至×年×月×日

Ⅰ　直接材料費		
1．期首材料棚卸高	18,000	
2．当期材料仕入高	330,000	
合　計	348,000	
3．期末材料棚卸高	23,000	325,000
Ⅱ　直接労務費		106,000
Ⅲ　製造間接費		70,000
当期総製造費用		501,000
期首仕掛品棚卸高		6,000
合　計		507,000
期末仕掛品棚卸高		9,000
当期製品製造原価		498,000

問題2-3

損益計算書　（単位：円）

自×3年4月1日　至×4年3月31日

Ⅰ　売上高		(70,000)
Ⅱ　売上原価		
1．期首製品棚卸高	(5,000)	
2．(当期製品製造原価)	(45,000)	
合　計	(50,000)	
3．期末製品棚卸高	(3,000)	
差　引	(47,000)	
4．原価差額	(900)	(47,900)
売上総利益		(22,100)

製造原価明細書　（単位：円）

自×3年4月1日　至×4年3月31日

Ⅰ　直接材料費		
1．期首材料棚卸高	700	
2．当期材料仕入高	20,300	
合　計	21,000	
3．期末材料棚卸高	2,000	(19,000)
Ⅱ　直接労務費		(15,000)
Ⅲ　直接経費		(1,000)
Ⅳ　製造間接費		
1．材料	(3,000)	
2．賃金・手当	(2,500)	
3．電力料	(1,200)	
4．減価償却費	(1,500)	
5．修繕費	(400)	
6．その他	(800)	
合　計	(9,400)	
(製造間接費配賦差異)	(400)	
製造間接費配賦額		(9,000)
当期総製造費用		(44,000)
(期首仕掛品棚卸高)		(5,000)
合　計		(49,000)
(期末仕掛品棚卸高)		(4,000)
(当期製品製造原価)		(45,000)

解答への道

1．勘定連絡

各勘定の推定をしたうえで，勘定の流れを示すと次のようになる（単位：円）。

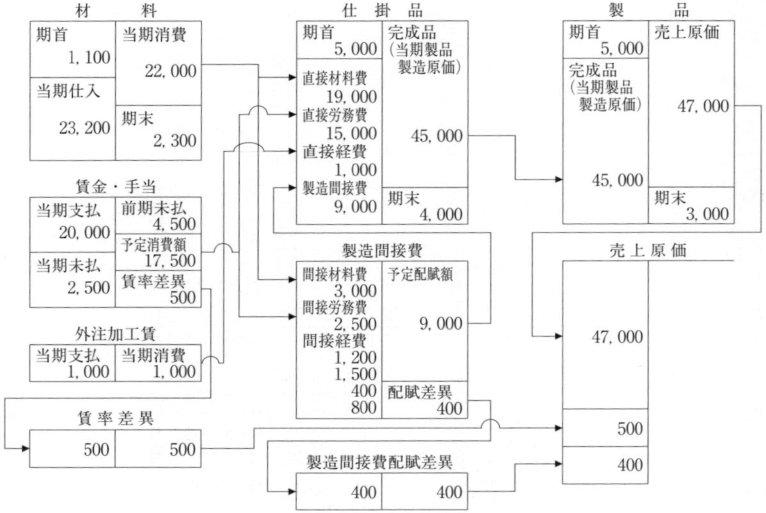

2．製造原価明細書の作成

(1) 製造間接費

Ⅳ　製造間接費

1．材　　　　料	3,000
2．賃　金・手　当	2,500
3．電　　力　　料	1,200
4．減 価 償 却 費	1,500
5．修　　繕　　費	400
6．そ　　の　　他	800
合　　計	9,400
製造間接費配賦差異	400
製造間接費配賦額	9,000

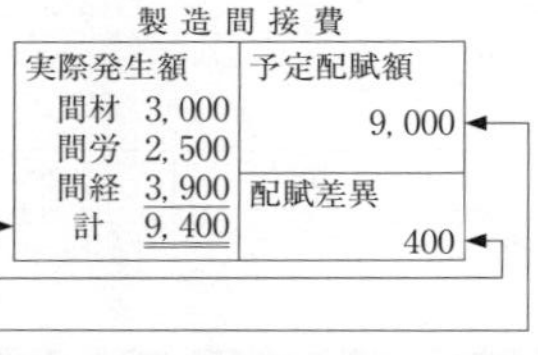

（注）製造間接費実際発生額9,400円から配賦差異400円を差し引いて，製造間接費予定配賦額9,000円を表示する。

(2) 当期製品製造原価の計算

当 月 総 製 造 費 用	44,000
期首仕掛品棚卸高	5,000
合　　計	49,000
期末仕掛品棚卸高	4,000
当期製品製造原価	45,000

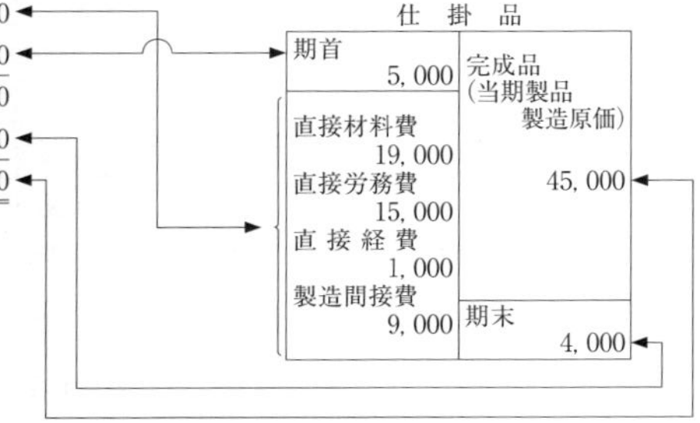

3．損益計算書

原価差額は，原則として当期の売上原価に賦課する。本問では，賃率差異，製造間接費配賦差異はどちらも借方差異であるため，売上原価に加算する。

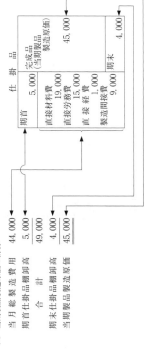

Theme 03 個別原価計算

問題3-1

(1) 製造指図書別原価計算表

製造指図書別原価計算表（6月）　　(単位：円)

	№105	№201	№202	№203	合　計
月初仕掛品原価	150,000	――	――	――	150,000
直接材料費	100,000	400,000	300,000	350,000	1,150,000
直接労務費	80,000	240,000	200,000	160,000	680,000
製造間接費	120,000	360,000	300,000	240,000	1,020,000
合　計	450,000	1,000,000	800,000	750,000	3,000,000
備　考	完成・引渡済	完成・引渡済	完　成	仕掛中	

(2) 諸勘定の記入　　(単位：円)

仕　掛　品

前月繰越	150,000	製　品	2,250,000
材　料	1,150,000	次月繰越	750,000
賃金・手当	680,000		
製造間接費	1,020,000		
	3,000,000		3,000,000

製　　品

仕掛品	2,250,000	売上原価	1,450,000
		次月繰越	800,000
	2,250,000		2,250,000

解答への道

本問は，個別原価計算における製造原価の集計の仕方と，製造指図書別原価計算表と仕掛品勘定の関係を確認する問題である。以下で，原価計算表と仕掛品勘定の対応関係を押さえてほしい。

製造指図書別原価計算表　　(単位：円)

	№105	№201	№202	№203	合　計
月初仕掛品原価	①150,000	――	――	――	150,000
直接材料費②	100,000	400,000	300,000	350,000	1,150,000
直接労務費③	80,000	240,000	200,000	160,000	680,000
製造間接費④	120,000	360,000	300,000	240,000	1,020,000
合　計	450,000	1,000,000	800,000	750,000	3,000,000
備　考	完成・引渡済	完成・引渡済	完　成	仕掛中	

仕　掛　品

前月繰越	150,000	製　品	2,250,000	(No.105，No.201，No.202)
材　料	1,150,000	次月繰越	750,000	(No.203)
賃金・手当	680,000			
製造間接費	1,020,000			
	3,000,000		3,000,000	

①…月初仕掛品原価：5月中に要した製造原価を集計する。
50,000円＋40,000円＋60,000円＝150,000円

②…指図書別直接材料費：1,000円/kg×指図書別の直接材料消費量

③…　〃　直接労務費：800円/時間×指図書別の直接作業時間

④…　〃　製造間接費：1,200円/時間×指図書別の直接作業時間

なお，製品勘定に記録される原価の指図書別内訳は次のとおりである。

製　　品

当月完成		売上原価	
№105	450,000	№105	450,000
№201	1,000,000	№201	1,000,000
№202	800,000	次月繰越	
		№202	800,000

問題3-2

製造指図書別原価計算表（8月）　　（単位：円）

	№201	№202	№203	合　計
月初仕掛品原価	69, 000	——	——	69, 000
直接材料費	60, 000	45, 000	30, 000	135, 000
直接労務費	56, 000	80, 000	40, 000	176, 000
製造間接費	35, 000	50, 000	25, 000	110, 000
合　計	220, 000	175, 000	95, 000	490, 000
備　考	完成・引渡済	完　成	仕掛中	

（単位：円）

仕　掛　品

前月繰越	69, 000	製　品	395, 000
材　料	135, 000	次月繰越	95, 000
賃金・手当	176, 000		
製造間接費	110, 000		
	490, 000		490, 000

製　品

前月繰越	128, 000	売上原価	348, 000
仕掛品	395, 000	次月繰越	175, 000
	523, 000		523, 000

解答への道

(1)　仕掛品勘定の記入

仕掛品勘定へ記入するには，当月の原価計算表を作成し転記する。ただし，仕掛品勘定の前月繰越は，前月に製造着手し，前月末に未完成であった製造指図書の原価を表すので，№201の原価のうち7月中に要した原価を計上することに注意しなければならない。また，前月末においてすでに完成している№200の原価は仕掛品勘定に記入しない点にも注意が必要である。

(2)　製品勘定への記入

製品勘定には，当月に完成した製造指図書の原価が記入される。そして，製品勘定の前月繰越には前月末において未販売の指図書（№200）に集計された原価が，次月繰越には当月末において未販売の製造指図書（№202）に集計された原価が記入されることに注意しなければならない。

(3)　各指図書の製造原価と勘定記入との関係

8月の原価計算表

製造指図書番号	№200	№201		№202	№203
日　付	7/15 ～ 7/31	7/25 ～ 7/31	8/1 ～ 8/20	8/10 ～ 8/25	8/21 ～ 8/31
直接材料費	50, 000円	30, 000円	60, 000円	45, 000円	30, 000円
直接労務費①	48, 000円	24, 000円	56, 000円	80, 000円	40, 000円
製造間接費②	30, 000円	15, 000円	35, 000円	50, 000円	25, 000円
合　計	128, 000円	69, 000円	151, 000円	175, 000円	95, 000円
備　考	7/15 製造着手 7/31 完　成 8/10 販　売	7/25 製造着手 8/20 完　成 8/22 販　売		8/10 製造着手 8/25 完　成 8/31 在　庫	8/21 製造着手 8/31 仕掛中

（単位：円）

仕　掛　品

前月繰越	69, 000	製　品	395, 000	（№201＋№202）
材　料	135, 000	次月繰越	95, 000	
賃金・手当	176, 000			
製造間接費	110, 000			
	490, 000		490, 000	

製　品

前月繰越	128, 000	売上原価	348, 000	（№200＋№201）
仕掛品	395, 000	次月繰越	175, 000	
	523, 000		523, 000	

①　直接労務費：800円/時間×指図書別直接作業時間

②　製造間接費：500円/時間×指図書別直接作業時間

Theme 04 材料費会計

問題4-1

甲材料	1,392	円/kg
乙材料	1,074	円/kg
丙材料	1,710	円/kg

解答への道

本問は，購入原価を（購入代価＋引取費用）で計算した場合の計算を確認する。

(1) 引取運賃の配賦

実際配賦率：$$\frac{600,000\text{円〈引取運賃実際額〉}}{1,000\text{kg}+2,000\text{kg}+2,000\text{kg〈＝実際購入数量〉}}=120\text{円/kg}$$

各材料への配賦額

甲材料：120円/kg×1,000kg＝120,000円

乙材料：120円/kg×2,000kg＝240,000円

丙材料：120円/kg×2,000kg＝240,000円

(2) その他の引取費用の配賦

実際配賦率：$$\frac{360,000\text{円〈その他の引取費用実際額〉}}{1,200,000\text{円}+1,800,000\text{円}+3,000,000\text{円〈＝送状価額〉}}=0.06\text{〈送状価額の6％〉}$$

各材料への配賦額

甲材料：1,200,000円×0.06＝ 72,000円

乙材料：1,800,000円×0.06＝108,000円

丙材料：3,000,000円×0.06＝180,000円

(3) 各材料の単位あたり購入原価の計算

甲材料：(1,200,000円＋120,000円＋ 72,000円)÷1,000kg＝1,392円/kg

乙材料：(1,800,000円＋240,000円＋108,000円)÷2,000kg＝1,074円/kg

丙材料：(3,000,000円＋240,000円＋180,000円)÷2,000kg＝1,710円/kg

問題4-2

〔設問１〕

556,200 円

〔設問２〕

560,940 円

解答への道

〔設問１〕

① 総括予定配賦率：300,000円÷10,000,000円＝0.03〈購入代価の３％〉

② 予定配賦額：540,000円×0.03＝16,200円

③ 購入原価：540,000円＋16,200円＝556,200円

〔設問２〕

① 費目別予定配賦率の計算

引取運賃：35,000円÷10,000,000円＝0.0035〈購入代価の0.35％〉

荷役費：100,000円÷2,000kg＝50円/kg

保険料：75,000円÷10,000,000円＝0.0075〈購入代価の0.75％〉

購入事務費：90,000円÷10回＝9,000円/回

② 予定配賦額の計算

引取運賃：540,000円×0.0035＝1,890円

荷役費：50円/kg×120kg＝6,000円

保険料：540,000円×0.0075＝4,050円

購入事務費：9,000円/回×１回＝9,000円

③ 購入原価

540,000円＋(1,890円＋6,000円＋4,050円＋9,000円)＝560,940円
（材料副費）

問題4-3

（単位：円）

材　料

買掛金	640,000	仕掛品	403,200
材料副費	32,000	次月繰越	268,800
	672,000		672,000

材料副費

諸口	34,500	材料	32,000
		配賦差異	2,500
	34,500		34,500

解答への道

本問は，材料副費（引取費用）を予定配賦している場合の勘定記入を確認する問題である。購入原価に算入する材料副費を予定配賦すれば，材料副費の配賦差異が生じることに注意する必要がある。

(1) 材料副費予定配賦額：640,000円×５％＝32,000円

(2) 材料副費配賦差異：32,000円－34,500円＝(−)2,500円〔借方〕

(3) 材料購入原価：640,000円＋32,000円＝672,000円（336円/kg）

(4) 材料消費額：336円/kg×1,200kg＝403,200円

(5) 月末材料(次月繰越)：336円/kg×800kg＝268,800円

問題4-4

〔設問１〕

（単位：円）

材　料

買掛金	1, 000, 000	仕掛品	848, 000
引取費用	60, 000	次月繰越	212, 000
	1, 060, 000		1, 060, 000

引取費用

諸口	60, 000	材料	60, 000

内部材料副費

諸口	49, 200	仕掛品	42, 400
		次月繰越	6, 360
		配賦差異	440
	49, 200		49, 200

〔設問２〕

（単位：円）

材　料

買掛金	1, 000, 000	仕掛品	848, 000
引取費用	60, 000	次月繰越	212, 000
	1, 060, 000		1, 060, 000

引取費用

諸口	60, 000	材料	60, 000

内部材料副費

諸口	49, 200	製造間接費	49, 200

解答への道

本問は，購入原価に算入しない材料副費の処理に関する問題である。引取費用以外の材料副費については，購入原価にその全部または一部を含めない処理が認められる。

この場合，購入原価に含めなかった材料副費については，材料費に配賦するか，または間接経費として処理される。

〔設問１〕

材料副費を材料費（材料消費額）に配賦する場合には，消費材料だけでなく，月末材料に対しても配賦額を計上する。

（単位：円）

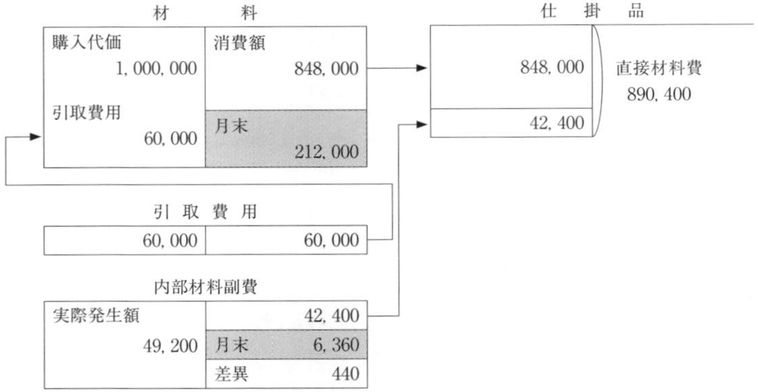

(1)　材料購入原価：1, 000, 000円＋60, 000円＝1, 060, 000円（1, 060円/kg）

(2)　材料消費額（材料費）：1, 060円/kg×800kg＝848, 000円

(3)　月末材料有高：1, 060円/kg×200kg＝212, 000円

(4)　材料取扱・保管費の予定配賦額

消費材料に対する配賦額：848, 000円×５％＝42, 400円
月末材料に対する配賦額：212, 000円×３％＝6, 360円

(5)　内部材料副費の配賦差異

(42, 400円＋6, 360円)－49, 200円＝(－)440円〔借方〕

(注) 月末材料に対しても材料取扱・保管費を配賦する理由は，次のとおりである。

材料取扱・保管費は理論的には，購入原価に算入されるべきものであるが，購入時に購入原価に算入しなかったため，消費材料と同じく材料取扱・保管費を配賦する必要がある。ただし，月末材料に対する材料取扱・保管費の発生割合は消費材料に比べて低いことから，配賦率を低く見積って算入する。

なお，月末材料に対する配賦額は，本問のように内部材料副費勘定において繰越記入する処理のほか，材料勘定へ振り替える処理もある。

〔設問２〕

購入原価に算入しなかった材料副費を間接経費とする場合は，その他の材料副費は材料費以外の製造原価とみなし，製造間接費に計上する。

（単位：円）

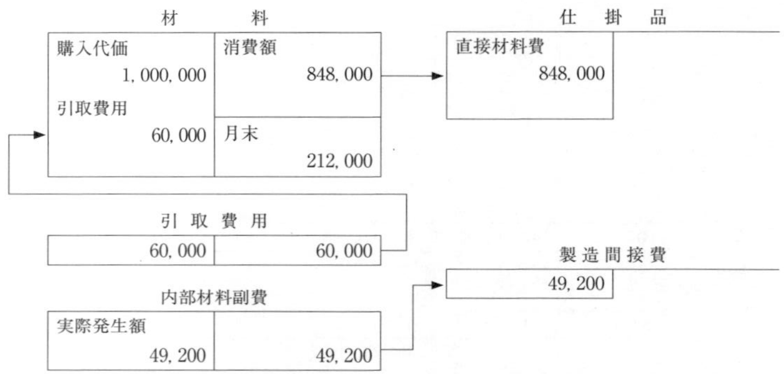

問題4-5

（単位：円）

材　料

前　月　繰　越	18,000	〔仕　　掛　　品〕	261,000
〔買　　掛　　金〕	270,000	〔次　月　繰　越〕	27,000
	288,000		288,000

材料受入価格差異

〔買　　掛　　金〕	18,000		

（注）〔　　〕には適切な相手勘定科目名を記入しなさい。

解答への道

本問では，材料購入時に予定価格で受入記帳していることから，材料勘定の記入にあたって使用される価格はすべて予定価格の@450円となることに注意する。

また，月次で生じた材料受入価格差異は，通常は会計年度末までそのまま差異勘定で繰り延べ，会計年度末に，材料の消費分と期末棚卸分とに追加配賦されることになる。

月初材料（前月繰越）：@450円×40kg＝18,000円
当月購入原価（材料勘定借方記入額）：@450円×600kg＝270,000円
材料受入価格差異：(@450円－@480円)×600kg＝(−)18,000円〔借方〕
材料消費額：@450円×580kg＝261,000円
月末材料（次月繰越）：@450円×(40kg＋600kg－580kg)＝27,000円

問題4-6

(1)　諸勘定の記入

（単位：円）

材　料

前　月　繰　越	80,000	〔仕　　掛　　品〕	720,000
〔買　　掛　　金〕	800,000	〔次　月　繰　越〕	160,000
	880,000		880,000

材料受入価格差異

〔買　　掛　　金〕	30,000		

（注）〔　　〕には適切な相手勘定科目名を記入しなさい。

(2)　製造指図書別原価計算表（一部）

製造指図書別原価計算表

	No.100	No.101	No.102	No.103	No.104	合　計
直接材料費（円）	(160,000)	(180,000)	(108,000)	(152,000)	(120,000)	(720,000)

解答への道

本問も【問題４－５】と同様，材料受入価格差異の計算を求めている。

また，月初材料の棚卸数量が明示されていないが，これも予定単価で計算されるため，逆算して求める。

月初棚卸数量：80,000円÷@400円〈予定単価〉＝200kg
当月材料購入量：830,000円÷@415円＝2,000kg
当月購入原価（材料勘定借方記入額）：@400円×2,000kg＝800,000円
材料受入価格差異：(@400円－@415円)×2,000kg＝(−)30,000円〔借方〕
材料消費額：@400円×1,800kg＝720,000円
〔内訳〕
No.100：@400円×400kg＝160,000円
No.101：@400円×450kg＝180,000円
No.102：@400円×270kg＝108,000円
No.103：@400円×380kg＝152,000円
No.104：@400円×300kg＝120,000円
月末材料（次月繰越）：@400円×(200kg＋2,000kg－1,800kg)＝160,000円

問題4-7

（単位：円）

材　　料

前　月　繰　越	22, 600	〔仕　　掛　　品〕	231, 750
〔買　　掛　　金〕	239, 200	〔材料消費価格差異〕	4, 050
		〔次　月　繰　越〕	26, 000
	261, 800		261, 800

材料消費価格差異

〔材　　　料〕	4, 050		

（注）〔　　〕には適切な相手勘定科目名を記入しなさい。

解答への道

本問では，材料の購入時点では実際購入原価で受入記帳を行い，材料消費時に予定価格を使用している。したがって，材料消費価格差異が生じることになる。

(1)　月初材料（前月繰越）：@565円〈実際価格〉×40kg＝22, 600円

(2)　当月購入：@520円〈実際価格〉×460kg＝239, 200円

(3)　消費材料

予定消費額：@515円×450kg＝231, 750円（仕掛品勘定へ）

実際消費額（先入先出法）：@565円×40kg＋@520円×(450kg－40kg)＝235, 800円（@524円）

(4)　材料消費価格差異

予定消費額－実際消費額：231, 750円－235, 800円＝(－)4, 050円〔借方〕

または，

(予定消費価格－実際消費価格)×実際消費量：(@515円－@524円)×450kg＝(－)4, 050円〔借方〕

(5)　月末材料（次月繰越）：@520円〈実際価格〉×50kg＝26, 000円

(6)　勘定連絡図

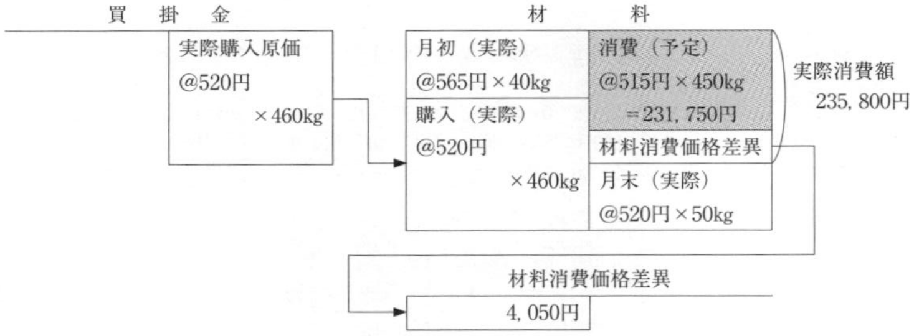

問題4-8

（単位：円）

材　　料

前　月　繰　越	（　528, 000）	仕　　掛　　品	（　1, 800, 000）
買　　掛　　金	（　1, 967, 000）	製　造　間　接　費	（　384, 500）
現　　　　　金	（　80, 000）	材料消費価格差異	（　79, 200）
		次　月　繰　越	（　311, 300）
	（　2, 575, 000）		（　2, 575, 000）

材料消費価格差異

材　　　料	（　79, 200）		

解答への道

本問は，計算方法の異なる各材料の処理を確認する問題である。各材料の計算を別個に行って，材料勘定（統制勘定）へは合計して記入する。

1．甲材料（主要材料費）の計算

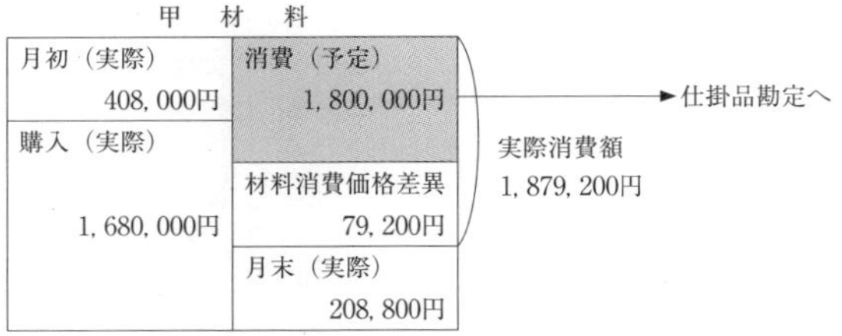

(1)　月初材料（前月繰越）：@1, 020円〈実際価格〉×400kg＝408, 000円

(2)　当月購入（買掛金）：@1, 050円〈実際価格〉×1, 600kg＝1, 680, 000円

(3)　当月消費

①　予定消費額：@1, 000円〈予定価格〉×1, 800kg＝1, 800, 000円（仕掛品勘定へ）

②　実際消費額（平均法）

実際消費価格：(408, 000円＋1, 680, 000円)÷(400kg＋1, 600kg)＝@1, 044円

実 際 消 費 額：@1, 044円×1, 800kg＝1, 879, 200円

(4)　材料消費価格差異：(@1, 000円－@1, 044円)×1, 800kg＝(－)79, 200円〔借方〕

(5)　月末材料（次月繰越）：@1, 044円〈実際価格〉×200kg(＊)＝208, 800円

(＊)　月末棚卸数量（継続記録法）

400kg＋1, 600kg－1, 800kg＝200kg（棚卸減耗は生じていない）

2．乙材料（補助材料費）の計算

乙　材　料

月初　120, 000円	消費　304, 500円
購入　287, 000円	月末　102, 500円

(1)　月初材料（前月繰越）：@400円〈実際価格〉×300kg＝120, 000円
(2)　当月購入（買掛金）　：@410円〈実際価格〉×700kg＝287, 000円
(3)　月末材料（次月繰越）：@410円〈実際価格〉×250kg＝102, 500円（先入先出法）
(4)　当月消費
　120, 000円＋287, 000円－102, 500円＝304, 500円（製造間接費勘定へ）

3．工場消耗品の計算

工場消耗品や消耗工具器具備品のように受払記録の行わない材料は，原価計算期間の買入額＝消費額とし，製造間接費勘定へ振り替える。

工 場 消 耗 品

購入　80, 000円	消費　80, 000円

→製造間接費へ

問題4-9

〔設問１〕

製造指図書別原価計算表

	No.100	No.101	No.102	No.103	No.104	合　計
直接材料費（円）	（　50, 000）	（160, 000）	（105, 000）	（　95, 000）	（　40, 000）	（450, 000）

〔設問２〕

月末材料棚卸高　（75, 750）円
材料消費価格差異　（　5, 000）円〔借方〕
（注）〔　　〕内は借方または貸方を記入すること。

解答への道

〔設問１〕

製造指図書別の直接材料費の計算＝予定消費価格×製造指図書別直接材料消費量

No.100：@500円×100kg ＝　50, 000円
No.101：@500円×320kg ＝ 160, 000円
No.102：@500円×210kg ＝ 105, 000円
No.103：@500円×190kg ＝　95, 000円
No.104：@500円×　80kg ＝　40, 000円
合　計　450, 000円

〔設問２〕

1．月末材料棚卸高と払出額（実際消費額）の計算

先入先出法は，先に購入した材料から先に払い出されるものとして払出単価を計算する方法である。その結果，月末における在庫は後から購入したものからなる。したがって，本問においては，材料の次月繰越高150kgは，一番最後に購入した（単価505円の）材料150kgにより構成されることになる。本問では，材料の当月実際消費額は，材料消費価格差異の計算に必要なのであって各指図書ごとに把握する必要はないことから，月初材料棚卸高と当月材料仕入高の合計から月末材料棚卸高を差し引き，一括して材料の当月実際消費額を求めればよい。

200kg×@510円（月初材料棚卸高）＋（300kg×@490円＋400kg×@515円＋150kg×@505円）（当月材料仕入高）－150kg×@505円（月末材料棚卸高）
＝当月材料実際消費額：455, 000円

参考までに，材料元帳を示すと，次のようになる。

（単位：円）

摘　要	受入 数量	受入 単価	受入 金額	払出 数量	払出 単価	払出 金額	残高 数量	残高 単価	残高 金額
繰　越	200	510	102, 000				200	510	102, 000
No.100				100	510	51, 000	100	510	51, 000
購　入	300	490	147, 000				100	510	51, 000
							300	490	147, 000
No.101				100	510	51, 000			
				220	490	107, 800	80	490	39, 200
購　入	400	515	206, 000				80	490	39, 200
							400	515	206, 000
No.102				80	490	39, 200			
				130	515	66, 950	270	515	139, 050
No.103				190	515	97, 850	80	515	41, 200
購　入	150	505	75, 750				80	515	41, 200
							150	505	75, 750
No.104				80	515	41, 200	150	505	75, 750
				900		455, 000			
繰　越				150		75, 750			
	1, 050		530, 750	1, 050		530, 750			

2．材料消費価格差異の計算

材料消費価格差異：予定消費額－実際消費額
＝@500円×900kg－455, 000円＝(－)5, 000円〔借方〕

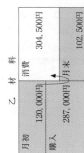

問題4-10

〔問１〕 4, 540, 000 円

〔問２〕 4, 512, 400 円

製品X 2, 780, 000 円　製品Y 1, 732, 400 円

解答への道

原料Ｓの受払記録をまとめると以下のとおりである。

原　料　S

受入	払出	
月初 200kg (@300円) 60, 000円	12/ 4 消費 200kg (@300円) 60, 000円	製品X 849, 600円
12/ 3 仕入 6, 000kg (購入代価@280円) 1, 680, 000円	2, 800kg (@282円) 789, 600円	
+引取費用 12, 000円 1, 692, 000円 (購入原価@282円)	12/ 6 消費 3, 000kg (@282円) 846, 000円	製品Y 846, 000円
	12/11 消費 200kg (@282円) 56, 400円	製品X 451, 600円
12/10 仕入 2, 000kg (購入代価@300円) 600, 000円	1, 300kg (@304円) 395, 200円	
+引取費用 8, 000円 608, 000円 (購入原価@304円)	12/17 消費 700kg (@304円) 212, 800円	製品X 456, 800円
12/13 仕入 1, 600kg (購入代価@300円) 480, 000円	800kg (@305円) 244, 000円	
+引取費用 8, 000円 488, 000円 (購入原価@305円)	12/19 消費 800kg (@305円) 244, 000円	製品Y 886, 400円
12/18 仕入 6, 000kg (購入代価@290円) 1, 740, 000円	2, 200kg (@292円) 642, 400円	
+引取費用 12, 000円 1, 752, 000円 (購入原価@292円)	12/23 消費 3, 500kg (@292円) 1, 022, 000円	製品X 1, 022, 000円
	月末300kg (@292円) 87, 600円	

〔問１〕購入原価総額：1, 692, 000円＋608, 000円＋488, 000円＋1, 752, 000円＝4, 540, 000円

〔問２〕実際消費高：月初60, 000円＋仕入4, 540, 000円－月末87, 600円＝4, 512, 400円

うち，製品X：849, 600円＋451, 600円＋456, 800円＋1, 022, 000円＝2, 780, 000円

製品Y：846, 000円＋886, 400円＝1, 732, 400円

問題4-11

（単位：円）

借方科目	金額	貸方科目	金額
製造間接費	4, 000	材料	6, 000
棚卸減耗費	2, 000		

〈別解〉上記の仕訳は次のものでもよい。

（単位：円）

借方科目	金額	貸方科目	金額
経費	4, 000	材料	6, 000
棚卸減耗費	2, 000		

解答への道

本問は，材料の棚卸減耗費の計算と処理について問うものである。

材料棚卸減耗費
- 正常：間接経費（製造間接費）
  @200円×20kg＝4, 000円
- 異常：非原価項目（P/Lの特別損失）
  @200円×10kg＝2, 000円

問題4-12

材　料　（単位：円）

借方	金額	貸方	金額
前月繰越	6, 250	仕掛品	65, 000
買掛金	65, 250	製造間接費	650
		次月繰越	5, 850
	71, 500		71, 500

解答への道

(1) 月初材料（前月繰越）：@125円×50kg＝6, 250円

(2) 当月購入：@130. 5円×500kg＝65, 250円

(3) 当月消費：

消費価格（平均法）：$\frac{6,250円+65,250円}{50kg+500kg}$＝@130円

実際消費額：@130円×500kg＝65, 000円（仕掛品勘定へ）

(4) 棚卸減耗費：@130円×(50kg－45kg)＝650円（製造間接費勘定へ）

(5) 月末材料（次月繰越）：@130円×45kg〈実地棚卸数量〉＝5, 850円

問題4-13

材　　料　　(単位：円)

前月繰越	(554,000)	仕掛品	(6,531,000)
買掛金	(6,230,000)	製造間接費	(16,000)
〔材料消費価格差異〕	(62,000)	〔　　〕	(　　)
		次月繰越	(299,000)
	(6,846,000)		(6,846,000)

材料消費価格差異

〔　　〕	(　　)	〔材料〕	(62,000)

解答への道

本問は，予定消費価格を用いている場合の勘定記入を確認する問題である。予定消費高を実際消費高と材料消費価格差異から推定していくとともに，棚卸減耗費が生じているため，次月繰越に計上されるのは月末実地棚卸高となることに注意が必要である。

(1) 前月繰越（月初有高）：554,000円

(2) 買掛金（当月仕入高）：6,230,000円

(3) 材料消費価格差異：62,000円（貸方差異のため，材料勘定借方と材料消費価格差異勘定貸方に記入）

(4) 消費材料

当月実際消費額：554,000円（月初有高）+6,230,000円（当月仕入高）−315,000円（月末帳簿棚卸高）=6,469,000円

当月予定消費額：6,469,000円（実際消費額）+62,000円(貸方差異)（材料消費価格差異）=6,531,000円（仕掛品勘定へ）

(5) 製造間接費（棚卸減耗費）：16,000円

(6) 月末実地棚卸高（次月繰越）：315,000円（帳簿棚卸高）−16,000円（棚卸減耗費）=299,000円

材　　料

月初 554,000円	予定消費額 6,531,000円（貸借差額）
当月仕入 6,230,000円	棚卸減耗費 16,000円
	月末実地棚卸高 299,000円
消費価格差異 62,000円	

月末帳簿棚卸高 315,000円（棚卸減耗費＋月末実地棚卸高）

材料消費価格差異

	62,000円

問題4-14

材　　料　　(単位：円)

前月繰越	(1,640,000)	仕掛品	(6,480,000)
買掛金	(6,440,000)	製造間接費	(192,200)
		材料消費価格差異	(71,500)
		棚卸減耗費	(8,050)
		次月繰越	(1,328,250)
	(8,080,000)		(8,080,000)

解答への道

本問は，予定消費価格を用いて消費額を計算するとともに，実地棚卸を行って棚卸減耗費を把握する問題である。この棚卸減耗費については正常な範囲を超える異常なものも生じているため，それぞれいかなる勘定に振り替えるかを問題や解答欄から読み取る必要がある。

材　　料

820円/kg×2,000kg	月初 1,640,000円	予定消費額 6,640,000円	→ 仕掛品勘定へ 6,480,000円 → 製造間接費勘定へ 160,000円
805円/kg×8,000kg	当月購入 6,440,000円	差異 71,500円	
		棚減(正常) 32,200円	→ 製造間接費勘定へ
		棚減(異常) 8,050円	→ 棚卸減耗費勘定へ
		月末 1,328,250円	805円/kg×1,650kg

実際消費額6,711,500円（予定消費額＋差異）

帳簿棚卸数量：1,700kg(=2,000kg+8,000kg−8,300kg)

(1) 月初有高（前月繰越）：820円/kg×2,000kg=1,640,000円

(2) 当月購入高（買掛金）：805円/kg×8,000kg=6,440,000円

(3) 当月消費額

① 予定消費額

(イ) 直接材料費：800円/kg×(2,000kg+2,500kg+2,200kg+1,400kg)=6,480,000円（仕掛品勘定へ）

(ロ) 間接材料費：800円/kg×200kg=160,000円（製造間接費勘定へ）

(ハ) 合　計：6,480,000円+160,000円=6,640,000円

② 実際消費額（先入先出法）：820円/kg×2,000kg+805円/kg×(8,300kg−2,000kg)=6,711,500円

(4) 材料消費価格差異：6,640,000円−6,711,500円=(−)71,500円〔借方〕

(5) 棚卸減耗費

① 棚卸減耗数量：(2,000kg+8,000kg−8,300kg)（帳簿棚卸数量）−1,650kg（実地棚卸数量）=50kg

② 正常な棚卸減耗費：805円/kg×40kg=32,200円（製造間接費勘定へ）

③ 異常な棚卸減耗費：805円/kg×10kg=8,050円（棚卸減耗費勘定へ）

(6) 月末有高（次月繰越）：805円/kg×1,650kg=1,328,250円

(7) 製造間接費：160,000円〈間接材料費〉+32,200円〈正常な棚卸減耗費〉=192,200円

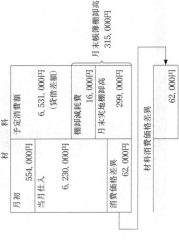

Theme 05 労務費会計

問題5-1

（単位：円）

	借方科目	金　額	貸方科目	金　額
(1)	未払賃金	200,000	賃金	200,000
(2)	賃金	1,190,000	現金	1,080,000
			預り金	110,000
(3)	仕掛品	860,000	賃金	1,140,000
	製造間接費	280,000		
(4)	賃金	150,000	未払賃金	150,000

賃　金　（単位：円）

諸口	1,190,000	未払賃金	200,000
未払賃金	150,000	仕掛品	860,000
		製造間接費	280,000
	1,340,000		1,340,000

解答への道

本問は，賃金関係の一連の取引を問うものである。

未払賃金勘定を使用している場合には，月初に前月未払額を未払賃金勘定から賃金勘定へ振り替え，月末に当月未払額を賃金勘定から未払賃金勘定へ振り替える。したがって，賃金の未払額は未払賃金勘定で翌月に繰り越すことになる。

〈勘定連絡図〉

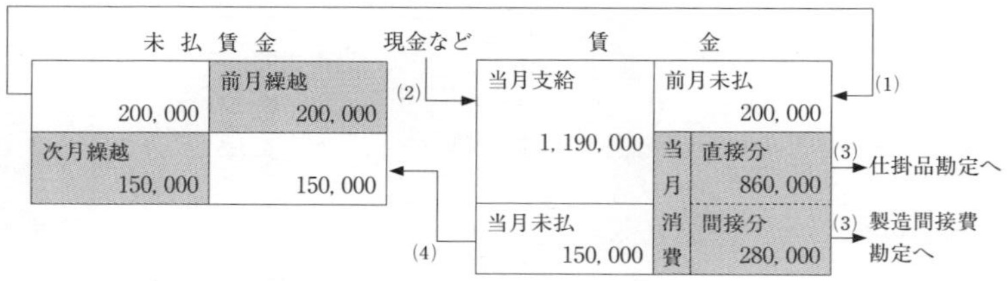

問題5-2

（注）下記勘定の〔　　〕内には適切な相手勘定科目名を，（　　）内には金額（単位：円）を記入しなさい。なお不要なものには —— を記入すること。

賃金・手当

諸口	(1,880,000)	〔未払賃金・手当〕	(600,000)
〔未払賃金・手当〕	(550,000)	〔仕掛品〕	(1,500,000)
		〔製造間接費〕	(300,000)
		〔賃率差異〕	(30,000)
	(2,430,000)		(2,430,000)

賃率差異

〔賃金・手当〕	(30,000)	〔　——　〕	(——)

解答への道

本問は，直接工の一連の賃金計算を問う問題である。

(1) 予定平均賃率の算定

$$\frac{24,000,000円}{24,000時間}=1,000円/時間$$

(2) 直接工の賃金・手当の計算

賃金・手当（単位：円）

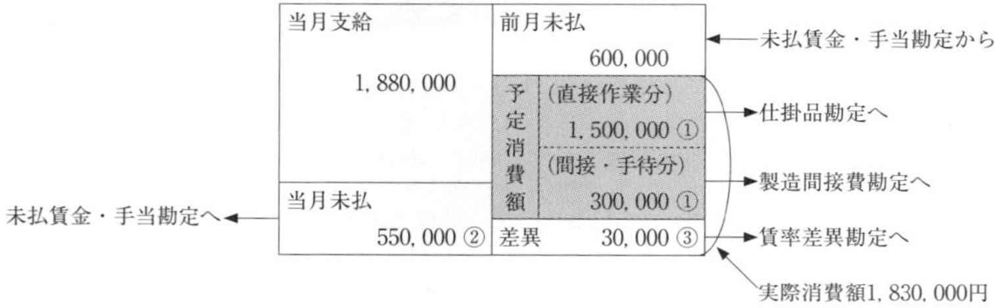

① 賃金・手当消費額

直接労務費：1,000円/時×1,500時間　　　＝ 1,500,000円

間接労務費：1,000円/時×(250時間＋50時間)＝　300,000円

　　　　　　合　計　　　　　　　　　　　　 1,800,000円

② 当月未払賃金・手当：1,000円/時×550時間＝550,000円

③ 賃率差異：1,800,000円〈予定消費額〉－1,830,000円〈実際消費額〉(＊) ＝ (－)30,000円〔借方〕

(＊) 実際消費額：当月支給－前月未払＋当月未払

＝1,880,000円－600,000円＋550,000円＝1,830,000円

問題5-3

〔設問１〕

(1) 1, 450, 000 円

(2) 1, 255, 000 円

(3) 45, 000 円（不　利）

〔設問２〕

賃　　金　（単位：円）

諸　　口	2, 700, 000	未払賃金	550, 000
未払賃金	600, 000	仕掛品	1, 450, 000
		製造間接費	1, 255, 000
		賃率差異	45, 000
	3, 300, 000		3, 300, 000

解答への道

本問は，直接工のほかに間接工も存在する場合の賃金計算を問う問題である。直接工と間接工は消費賃金の計算方法が異なるため，計算は別々に行うことに注意しなければならない。そして勘定記入の際に，同一箇所の金額を合計する。

1．消費賃金の計算

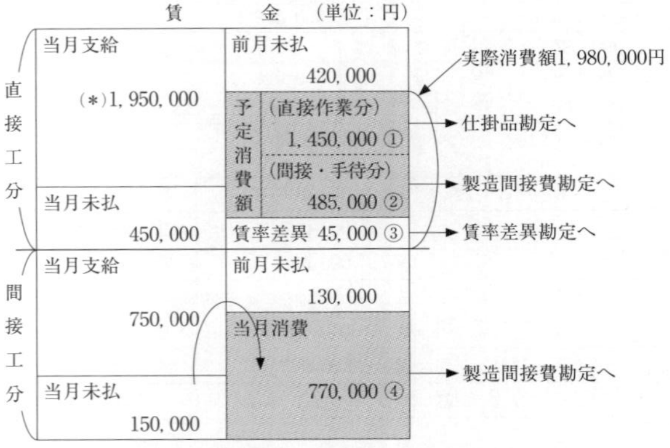

（＊）2, 700, 000円－750, 000円＝1, 950, 000円

(1) 直接労務費（直接工の直接作業分の賃金…前図の①）

切削工：500円/時×1, 400時＝　700, 000円

組立工：600円/時×1, 250時＝　750, 000円

合　　計　1, 450, 000円

(2) 間接労務費（直接工の直接作業分の賃金以外の労務費）

(イ) 直接工の間接作業賃金および手待賃金（前図の②）

切削工：500円/時×（500時＋ 50時）＝ 275, 000円

組立工：600円/時×（200時＋150時）＝ 210, 000円

合　　計　485, 000円

(ロ) 間接工の賃金（前図の④）

要支払額：当月支給－前月未払＋当月未払

＝750, 000円－130, 000円＋150, 000円＝770, 000円

→ 間接労務費 1, 255, 000円

(3) 賃率差異（前図の③）

予定消費額（前図の①＋②）：1, 450, 000円＋485, 000円＝1, 935, 000円

実際消費額：直接工分の要支払額（当月支給－前月未払＋当月未払）

＝1, 950, 000円－420, 000円＋450, 000円＝1, 980, 000円

賃率差異：予定消費額－実際消費額

＝1, 935, 000円－1, 980, 000円＝(－)45, 000円〔不利〕

問題5-4

直接労務費： 1, 250, 000 円

間接労務費： 290, 000 円

解答への道

本問は，定時間外作業手当が生じる場合の直接工の労務費計算を問うものである。定時間外作業手当を予定賃率に含めない場合には，製造間接費として処理するのが一般的である。

(1) 直接労務費（予定平均賃率×直接作業時間）

500円/時間×2, 500時間＝1, 250, 000円

(2) 間接労務費

① 直接工の間接作業賃金（予定平均賃率×間接作業時間）

500円/時間×500時間＝250, 000円

② 定時間外作業手当（時間あたりの定時間外作業手当×定時間外作業時間）

200円/時間（＝500円/時間×40％）×200時間＝40, 000円

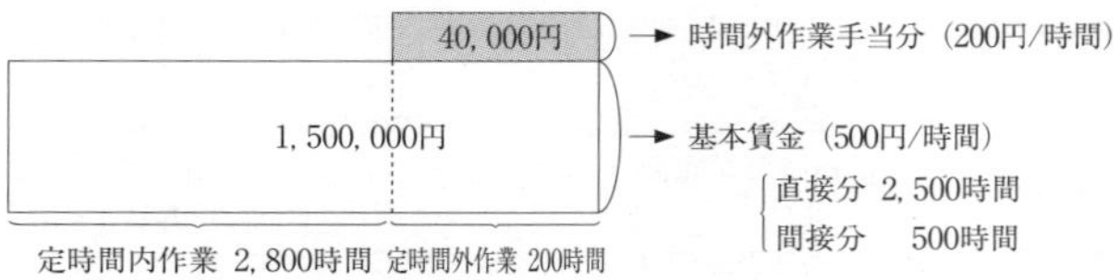

問題5-5

(A) 製造指図書別製造原価要約表（一部）

（単位：千円）

	№101	№102	№103	№104	№105	合　計
（省　　略）						
直接労務費						
切　削　部	180	360	540	240	120	1,440
組　立　部	300	675	975	525	—	2,475
（省　　略）						

(B) 賃金・手当勘定

（注）下記勘定の〔　　〕内には適切な相手勘定科目名を，（　　）内には金額（単位：千円）を記入しなさい。なお不要なものには —— を記入すること。

賃　金・手　当

借方	金額	貸方	金額
諸　　　口	4,310	未払賃金・手当	（1,200）
〔未払賃金・手当〕	（1,590）	〔仕　掛　品〕	（3,915）
〔賃　率　差　異〕	（40）	〔製造間接費〕	（825）
		〔——〕	（——）
	（5,940）		（5,940）

解答への道

本問は，直接工の賃金計算についての総合問題である。

1．部門別予定平均賃率の算定

部門別の予定平均賃率は，各部門ごとに年間賃金・手当予算額を予定総就業時間で除して算出する。

切削部：24,000千円÷20,000時間＝1.2千円/時

組立部：36,000千円÷24,000時間＝1.5千円/時

2．製造指図書別の直接労務費…(A)製造指図書別製造原価要約表の記入

切削部：1.2千円/時×製造指図書別の直接作業時間

組立部：1.5千円/時×　　　〃

3．賃金・手当勘定への記入

賃　金・手　当（単位：千円）

借方		貸方	
当月支給	4,310 ④	前月未払	1,200
		当月予定消費額（直接作業分）	3,915 ① → 仕掛品勘定へ
当月未払（基本）	1,530 ⑤	当月予定消費額（間接・手待分）	765 ② → 製造間接費勘定へ
当月未払（手当）	60 ⑥	当月予定消費額（時間外手当）	60 ③ → 製造間接費勘定へ
賃率差異勘定へ ← 賃率差異	40 ⑦		

(1) 直接労務費

切削部：1.2千円/時×1,200時間＝ 1,440千円

組立部：1.5千円/時×1,650時間＝ 2,475千円

合　　計　　3,915千円 …①

(2) 間接労務費

(イ) 間接賃金

切削部：1.2千円/時×200時間＝ 240千円

組立部：1.5千円/時×350時間＝ 525千円

合　　計　　765千円 …②

(ロ) 定時間外作業手当

組立部：1.5千円/時×40%×100時間＝60千円…③

（0.6千円/時）

(3) 賃金・手当支給額

1,650千円＋2,660千円＝4,310千円…④

(4) 当月未払賃金・手当

(イ) 基本賃金

切削部：1.2千円/時×400時間　＝ 480千円

組立部：1.5千円/時×（600時間＋100時間）＝ 1,050千円

小　　計　　1,530千円 …⑤

(ロ) 定時間外作業手当

組立部：1.5千円/時×40%×100時間　＝ 60千円 …⑥

合　　計　　1,590千円

(5) 賃率差異

予定消費額（上図の①＋②＋③）：3,915千円＋765千円＋60千円＝4,740千円

実際消費額：4,310千円－1,200千円＋（1,530千円＋60千円）＝4,700千円

賃 率 差 異：予定消費額－実際消費額

＝4,740千円－4,700千円＝(+)40千円〔貸方〕…⑦

問題5-6

賃金・手当　（単位：円）

諸　　　口	(2,100,000)	未払賃金・手当	(530,000)
未払賃金・手当	(560,000)	仕　掛　品	(1,320,000)
		製造間接費	(773,000)
		賃率差異	(37,000)
	(2,660,000)		(2,660,000)

解答への道

直接工と間接工は賃金消費額の計算方法が異なるので別々に計算しておき，賃金・手当勘定を記入するときに金額を合算する。

1．直接工の計算

(1)　予定消費賃率の算定

$\dfrac{16,500,000円}{15,000時間} = @1,100円$

(2)　当月消費額の計算

賃金・手当（直接工）

当月総支給 (＊1)1,700,000円	前月未払 (＊2)　420,000円
	当月消費（予定）① （直接作業分） 1,320,000円 → 仕掛品勘定へ
	（間接・手待分） 363,000円 → 製造間接費勘定へ
当月未払　② (基本) 420,000円 (手当) 20,000円	賃率差異　③ 37,000円 → 賃率差異勘定へ

実際消費額
1,720,000円（貸借差額）

(＊1) 2,100,000円－400,000円＝1,700,000円　(＊2) 530,000円－110,000円＝420,000円

①　賃金・手当予定消費額

直接労務費：@1,100円×1,200時間　＝1,320,000円

間接労務費：@1,100円×(300時間＋30時間)＝　363,000円

計　1,683,000円

（注）定時間外作業手当について，「原価計算上，製造間接費として処理する」という指示や，特定製品の原価に加算する旨の指示がない場合には，消費賃率に含まれているものと考える。したがって，定時間外作業手当を別途，予定消費額に加算してはならない。

②　当月未払賃金・手当

基本賃金・手当分：@1,000円×(370時間＋50時間)＝420,000円

定時間外作業手当分：@1,000円×40%×50時間　＝　20,000円

計　440,000円

（注）未払賃金・手当は次月に支給される支払額の一部であることから，消費賃率の他に支払賃率が与えられている場合には，支払賃率を用いて計算する。

③　賃率差異：賃金・手当予定消費額－賃金・手当実際消費額

＝1,683,000円－1,720,000円(＊)

＝(－)37,000円〔借方〕

(＊) 賃金・手当実際消費額：当月総支給－前月未払＋当月未払

＝1,700,000円－420,000円＋440,000円

＝1,720,000円

2．間接工の計算

当月消費額：当月総支給－前月未払＋当月未払

＝400,000円－110,000円＋120,000円

＝410,000円（間接労務費）

（注）間接工の賃金消費額は予定賃率を用いていないため，賃率差異は生じない。

賃金・手当（間接工）

当月総支給 400,000円	前月未払 110,000円
	当月消費
当月未払 120,000円	410,000円 （貸借差額） → 製造間接費勘定へ

問題5-7

〔設問1〕　1.2　千円/時間

〔設問2〕

直接労務費＝　14,280　千円

間接労務費＝　9,930　千円

解答への道

〔設問1〕

本問では，直接工の予定消費賃率が不明なため，資料から逆算推定する。

（単位：千円）

賃金・手当（直接工分）

当月支給 14,400	前月未払 1,880
	予定消費額　直接労務費 ？ → @？千円×(11,800時＋100時) 加工時間　段取時間
当月未払 2,035	間接労務費 ？ → @？千円×(200時＋50時) 間接作業　手待時間
賃率差異　25	

実際消費額：14,555

予定消費額：予定消費賃率×(11, 800時＋100時＋200時＋50時)
12, 150時

実際消費額：当月支給－前月未払＋当月未払
＝14, 400千円－1, 880千円＋2, 035千円＝14, 555千円

賃率差異(＋25千円)＝予定消費額－実際消費額

これを変形して，

予定消費額＝実際消費額＋賃率差異（＋25千円）
＝14, 555千円＋25千円
＝14, 580千円

したがって，

予定消費賃率×12, 150時間＝14, 580千円

予定消費賃率＝1. 2千円/時

〔設問２〕

労務費の消費額のうち，直接工の直接作業時間分以外はすべて間接労務費となる。

直接労務費：1. 2千円/時×(11, 800時＋100時)＝14, 280千円

間接労務費：

直接工間接賃金；1. 2千円/時×(200時＋50時)　＝	300千円
間接工の賃金；5, 800千円－890千円＋820千円＝	5, 730千円
事務職員給料；	1, 200千円
退職給付費用；	400千円
法定福利費；	2, 300千円
合　計	9, 930千円

［参考］労務費関係の勘定記入を示せば，次のようになる（単位：千円）。

賃金・手当

諸　口	20, 200	未払賃金・手当	2, 770
未払賃金・手当	2, 855	仕掛品	14, 280
賃率差異	25	製造間接費	6, 030
	23, 080		23, 080

給　料

諸　口	1, 200	製造間接費	1, 200

退職給付費用

退職給付引当金	400	製造間接費	400

法定福利費

現金預金	2, 300	製造間接費	2, 300

Theme 06 経費会計

問題6-1

事務用消耗品費：	65, 000	円
旅費交通費：	230, 000	円
保管料：	255, 000	円
電力料：	170, 000	円
ガス代：	75, 800	円
減価償却費：	150, 000	円
修繕引当金繰入額：	80, 000	円
保険料：	120, 000	円
材料棚卸減耗費：	10, 000	円
合　計	1, 155, 800	円

解答への道

経費の消費額は，支払経費，測定経費，月割経費，発生経費の分類にもとづいて計算する。

(1) 支払経費

実際の支払額，または請求書の支払請求額をその原価計算期間における消費額とする経費をいう。

事務用消耗品費：当月購入額（支払額）＝当月消費額とする。

旅費交通費：200, 000円〈当月支払〉−35, 000円〈前月未払〉+65, 000円〈当月未払〉=230, 000円

保管料：260, 000円〈当月支払〉+45, 000円〈前月前払〉−50, 000円〈当月前払〉=255, 000円

(2) 測定経費

その原価計算期間における消費量を工場内のメーターで内部的に測定し，その消費量にもとづいて，原価計算期間の消費額を計算することができる経費をいう。

電力料：当月測定額（170, 000円）を当月消費額とする。

ガス代：20, 000円＋90円/㎥×620㎥＝75, 800円

(3) 月割経費

一定期間における費用発生額の月割額をその原価計算期間の消費額とする経費をいう。

減価償却費：1, 800, 000円÷12か月＝150, 000円

修繕引当金繰入額：960, 000円÷12か月＝80, 000円

(注) 修繕料のように支払経費であっても，年間発生額を見積り，引当金に計上している場合には，月割りした引当金繰入額を当月消費額とし，月割経費となる。

保険料：720, 000円÷６か月＝120, 000円

(4) 発生経費

実際の発生額を認識して，その原価計算期間における消費額とする経費をいう。

材料棚卸減耗費：1, 400, 000円〈帳簿棚卸高〉－1, 390, 000円〈実地棚卸高〉＝10, 000円

問題6-2

（単位：円）

	借方科目	金　額	貸方科目	金　額
1	製造間接費	5,000	棚卸減耗引当金	5,000
2	棚卸減耗引当金	60,000	材料	57,000
			原価差異	3,000

解答への道

1．棚卸減耗費の年間見積額を月割りし，間接経費（製造間接費）として製造原価に算入する。

棚卸減耗費の月割見積額：60,000円÷12か月＝5,000円

ただし，この時点では実地棚卸をしておらず，棚卸減耗費はあくまで見積もりであるため，材料勘定は減額できない。そこで，棚卸減耗引当金を設定し，毎月の見積額を製造間接費に算入する（これを毎月行うことで，期末までに棚卸減耗の見積額が60,000円に蓄積される）。棚卸減耗引当金を計上しなければ，（実地棚卸を行う）期末のみ棚卸減耗費が計上され，原価に偏りが生じるが，棚卸減耗引当金の計上により，毎月の原価が平準化されるという利点がある。

2．期末において実地棚卸を行い，材料の実際棚卸減耗費が57,000円と把握されたため，この時点で材料勘定を減額する。また，同時に棚卸減耗の見積額である棚卸減耗引当金60,000円を全額取り崩す。

ここで，棚卸減耗費の見積額60,000円に対し実際発生額は57,000円であり，その金額に差額が生じる。これは，予定原価と実際原価の差額であるため，原価差異として処理する。

原価差異：棚卸減耗費の年間見積額60,000円－実際発生額57,000円
＝(+)3,000円（有利差異・貸方差異）

問題6-3

〈仕　訳〉　（単位：円）

	借方科目	金　額	貸方科目	金　額
1	仕掛品	120,000	材料	120,000
2	外注加工賃	60,000	買掛金	60,000
	仕掛品	60,000	外注加工賃	60,000

〈勘定記入〉

（注）□には適切な勘定科目名を記入しなさい。また勘定は締め切る必要はなく，相手勘定科目を記入する必要もない。

（単位：円）

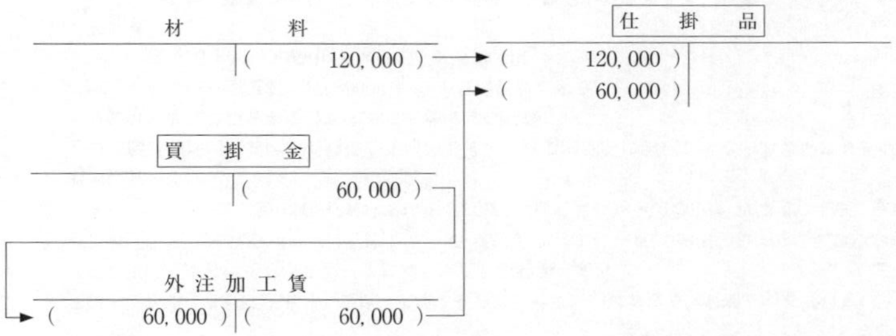

解答への道

注意点は次のとおりである。

1．材料を下請けに無償で支給し，加工品をただちに工場に引き渡す場合には，外注加工賃は直接経費となる。

この場合には，材料支給時に，通常の材料出庫票により材料を庫出《くらだし》するため，その時点で材料出庫額を直接材料費として仕掛品勘定へ計上する。

2．外注加工賃の代金未払額を計上する科目は買掛金である。

問題6-4

〈仕　訳〉　　　　　　　　　　　　　　　　　　　　　　　　（単位：円）

	借方科目	金額	貸方科目	金額
1	仕訳なし			
2	外注加工賃	60,000	買掛金	60,000
	部品	180,000	材料	120,000
			外注加工賃	60,000
3	仕掛品	90,000	部品	90,000

〈勘定記入〉

（注）□には適切な勘定科目名を記入しなさい。また勘定は締め切る必要はなく，相手勘定科目を記入する必要もない。

（単位：円）

材料

	（　120,000　）

仕掛品

（　90,000　）	

買掛金

	（　60,000　）

部品

（　120,000　）	（　90,000　）
（　60,000　）	

外注加工賃

（　60,000　）	（　60,000　）

解答への道

注意点は次のとおりである。

1．材料を下請けに無償で支給し，加工品をいったん部品として受け入れる場合には，外注加工賃は部品原価の一部となる。

　この場合は，材料支給時には，通常の材料出庫票ではなく外注出庫票により材料を庫出するため仕訳は行われず，加工品の受入時において，材料原価を外注加工賃とともに部品勘定に振り替える。

2．部品の出庫額は直接材料費となる。

問題6-5

（注）□には適切な勘定科目名を記入しなさい。また勘定は締め切る必要はなく，相手勘定科目を記入する必要もない。

（単位：円）

材料

	（　120,000　）

仕掛品

（　120,000　）	（　2,400　）
（　58,800　）	

買掛金

	（　58,800　）

製造間接費

（　2,400　）	

外注加工賃

（　58,800　）	（　58,800　）

解答への道

1．材料を下請けに無償で支給し，加工品をただちに工場に引き渡す場合には，外注加工賃は直接経費となる。

　この場合には，材料支給時に，通常の材料出庫票により材料を庫出するため，その時点で材料出庫額を直接材料費として仕掛品勘定へ計上する。

2．外注加工賃の代金未払額を計上する科目は買掛金である。

3．不合格品の処理

　不合格品の材料原価（＝仕損費）2,400円（＝@1,200円×2個）は，材料支給時に直接材料費として仕掛品勘定に振替済みであるため仕掛品勘定から控除し，製造間接費に計上する。

4．取引の一連の仕訳

材料支給時：	（仕掛品）	120,000	（材料）	120,000
加工賃の発生：	（外注加工賃）（＊）	58,800	（買掛金）	58,800
	（仕掛品）	58,800	（外注加工賃）	58,800
仕損費の計上：	（製造間接費）	2,400	（仕掛品）	2,400

（＊）外注加工賃の発生額は合格品分のみとなる。
　@600円×98個＝58,800円

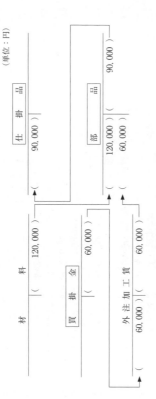

問題6-6

製造間接費

間接材料費	343, 500	円
間接労務費	1, 271, 000	円
間接経費	664, 500	円
合　計	2, 279, 000	円

解答への道

本問は経費だけでなく，材料費，労務費を含めて製造間接費を集計する問題である。

1．間接材料費

補助材料費：20, 000円＋350, 000円－50, 000円＝320, 000円

消耗工具器具備品費：(購入額＝消費額)　23, 500円

合　計　343, 500円

(注) 正常な材料棚卸減耗費は間接経費となる。

2．間接労務費

直接工の間接作業賃金：@850円×620時間　＝　527, 000円

〃　手待賃金：@850円×40時間　＝　34, 000円

間接工の賃金：715, 000円－252, 000円＋247, 000円＝　710, 000円

合　計　1, 271, 000円

(注) 直接工の直接作業賃金は直接労務費となる。

3．間接経費

材料棚卸減耗費：750, 000円－745, 000円＝　5, 000円

火災保険料：360, 000円÷6か月　＝　60, 000円

建物減価償却費：6, 540, 000円÷12か月　＝545, 000円

電力料：(当月測定額)　27, 500円

旅費交通費：　27, 000円

合　計　664, 500円

(注) 外注加工賃は直接経費となる。

Theme 07 製造間接費会計

問題7-1

実際配賦率：　2, 400　円/時間

製造指図書別製造原価計算表　(単位：円)

	№100	№101	№102	合　計
直接材料費	400, 000	750, 000	350, 000	1, 500, 000
直接労務費	800, 000	700, 000	500, 000	2, 000, 000
製造間接費	960, 000	840, 000	600, 000	2, 400, 000
合　計	2, 160, 000	2, 290, 000	1, 450, 000	5, 900, 000

解答への道

実際配賦率：$\frac{2,400,000円}{1,000時間}$＝2, 400円/時間

各製造指図書への製造間接費実際配賦額

№100：2, 400円/時間×400時間＝960, 000円

№101：2, 400円/時間×350時間＝840, 000円

№102：2, 400円/時間×250時間＝600, 000円

問題7-2

〈仕　訳〉　(単位：円)

	借方科目	金　額	貸方科目	金　額
(1)	仕掛品	2, 400, 000	製造間接費	2, 400, 000
(2)	製造間接費	2, 550, 000	材料	800, 000
			賃金	900, 000
			経費	850, 000
(3)	製造間接費配賦差異	150, 000	製造間接費	150, 000

〈勘定記入〉

製造間接費

〔材　料〕	(800, 000)	〔仕掛品〕	(2, 400, 000)
〔賃　金〕	(900, 000)	〔製造間接費配賦差異〕	(150, 000)
〔経　費〕	(850, 000)		
	(2, 550, 000)		(2, 550, 000)

(注) 上記勘定の〔　〕内には適切な相手勘定科目名を，(　)内には金額(単位：円)を記入しなさい。

解答への道

予定配賦額：800円/時間×(1, 700時間＋1, 300時間)＝2, 400, 000円

製造間接費配賦差異：2, 400, 000円－2, 550, 000円＝(－)150, 000円〔借方〕

〈勘定連絡図〉

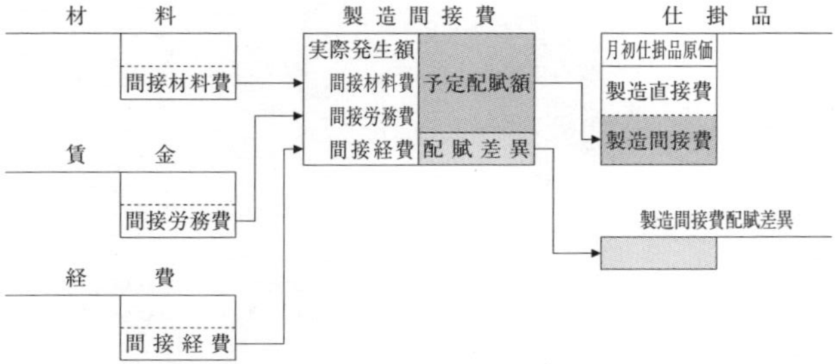

問題7-3

〔問１〕

① 57, 600 時間

② 55, 600 時間

③ 44, 480 時間

④ 48, 000 時間

〔問２〕

① 実際的生産能力基準

予定配賦率 900 円/時間

② 期待実際操業度基準

予定配賦率 995 円/時間

解答への道

〔問１〕

① 理論的生産能力：10台×24時間×240日＝57, 600時間

② 実際的生産能力：57, 600時間－2, 000時間＝55, 600時間

③ 平均操業度：55, 600時間×80％＝44, 480時間

④ 期待実際操業度：12, 000個×４時間＝48, 000時間

〔問２〕

① 実際的生産能力基準：300円/時間＋33, 360, 000円÷55, 600時間＝900円/時間

② 期待実際操業度基準：300円/時間＋33, 360, 000円÷48, 000時間＝995円/時間

問題7-4

(1) 予定配賦率（　350　）円/時間

(2) 勘定記入

製造間接費

実際発生額	(850, 000)	予定配賦額	(840, 000)
総差異	(――)	総差異	(10, 000)
	(850, 000)		(850, 000)

予算差異

(――)	(10, 000)

操業度差異

(20, 000)	(――)

(注) 上記勘定の（　）内には金額（単位：円）を記入しなさい。なお，差異の勘定は，借方または貸方のいずれかに記入しなさい。不要な（　）には ―― を記入すること。

解答への道

固定費率：6, 000, 000円÷30, 000時間＝200円/時間

予定配賦率：150円/時間（変動費率）＋200円/時間（固定費率）＝350円/時間

予定配賦額：350円/時間×2, 400時間＝840, 000円

総差異：840, 000円（予定配賦額）－850, 000円（実際発生額）＝(－)10, 000円〔借方〕

〈内　訳〉

予算差異：150円/時間×2, 400時間＋500, 000円(＊１)（実際操業度における予算許容額）－850, 000円（実際発生額）＝(＋)10, 000円〔貸方〕

操業度差異：200円/時間×(2, 400時間－2, 500時間(＊２))＝(－)20, 000円〔借方〕

(＊１) 月間固定費予算：6, 000, 000円÷12か月＝500, 000円

(＊２) 月間基準操業度：30, 000時間÷12か月＝2, 500時間

〈差異分析図〉

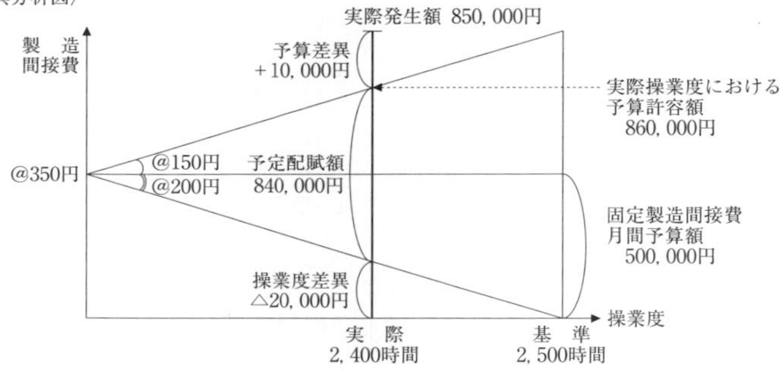

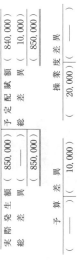

問題7-5

〔設問１〕

予定配賦率	250	円/時間
予定配賦額	450, 000	円
配 賦 差 異		
変動費予算差異	16, 000	円〔 不利 差異 〕
固定費予算差異	1, 000	円〔 有利 差異 〕
操 業 度 差 異	25, 000	円〔 不利 差異 〕

〔設問２〕

予算差異のうち，変動費については ③ ，固定費については ⑥ の原因から発生したものと思われる。

解答への道

〔設問１〕

固 定 費 率：3, 000, 000円÷24, 000時間＝125円/時間

予定配賦率：125円/時間（変動費率）＋125円/時間（固定費率）＝250円/時間

予定配賦額：250円/時間×1, 800時間＝450, 000円

配 賦 差 異：450, 000円（予定配賦額）－（249, 000円＋241, 000円）（実際発生額）＝(－)40, 000円〔不利差異〕

〈内　訳〉

変動費予算差異：125円/時間×1, 800時間（予算許容額）－241, 000円（実際発生額）＝(－)16, 000円〔不利差異〕

固定費予算差異：250, 000円(＊1)（予算許容額）－249, 000円（実際発生額）＝(＋)1, 000円〔有利差異〕

操 業 度 差 異：125円/時間×(1, 800時間－2, 000時間(＊2))＝(－)25, 000円〔不利差異〕

（＊1）月間固定費予算：3, 000, 000円÷12か月＝250, 000円

（＊2）月間基準操業度：24, 000時間÷12か月＝2, 000時間

〈差異分析図〉

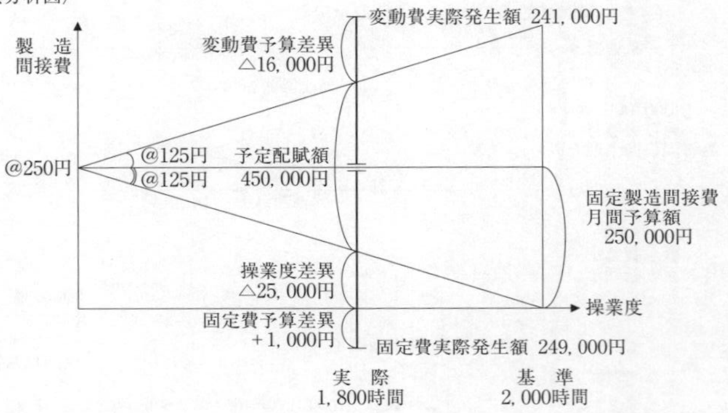

〔設問２〕

製造間接費を効果的に管理するためには，予算差異は費目別に予算許容額と実際発生額（＝実績）とを比較しなければならない。そこで費目別予算実績比較表を作成する。その結果，変動費については，工場消耗品を浪費（＝不利な差額が発生）していることが判明し，固定費については賃金（間接労務費）が削減（＝有利な差額が発生）されたことが判明する。

費目別予算実績比較表

	固定費			変動費		
	予算許容額	実　績	差　異	予算許容額	実　績	差　異
補 助 材 料 費	40, 000円	40, 000円	0円	72, 000円	72, 000円	0円
工場消耗品費	50, 000円	50, 000円	0円	18, 000円	34, 000円	(－)16, 000円
間 接 労 務 費	40, 000円	39, 000円	(＋)1, 000円	135, 000円	135, 000円	0円
減 価 償 却 費	100, 000円	100, 000円	0円	——	——	——
賃　借　料	20, 000円	20, 000円	0円	——	——	——
合　　計	250, 000円	249, 000円	(＋)1, 000円	225, 000円	241, 000円	(－)16, 000円

（注）固定費予算許容額：年間固定費予算額÷12か月
　　変動費予算許容額：変動費率×1, 800時間〈実際操業度〉

問題7-6

①	予定配賦率	350	円/時間
②	予定配賦額	840, 000	円
③	製造間接費配賦差異	10, 000	円〔 借方 〕
④	予 算 差 異	25, 000	円〔 貸方 〕
	操業度差異	35, 000	円〔 借方 〕

解答への道

固定予算では，基準操業度における予算額を固定的に各操業度の予算許容額として使用する。

① 予定配賦率：10, 500, 000円÷30, 000時間＝350円/時間

② 予定配賦額：350円/時間×2, 400時間＝840, 000円

③ 配 賦 差 異：840, 000円－850, 000円＝(−)10, 000円〔借方〕

④ 差 異 分 析

予 算 差 異：875, 000円(＊1)（月間予算額）－850, 000円（実際発生額）＝(+)25, 000円〔貸方〕

操業度差異：350円/時間×(2, 400時間－2, 500時間(＊2))＝(−)35, 000円〔借方〕

(＊1) 製造間接費月間予算額：10, 500, 000円÷12か月＝875, 000円

(＊2) 月間基準操業度：30, 000時間÷12か月＝2, 500時間

〈差異分析図〉

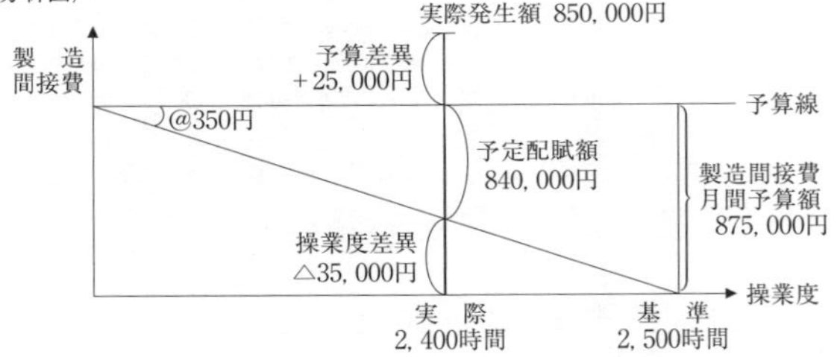

問題7-7

①	予定配賦率	500	円/時間	
②	予定配賦額	980, 000	円	
③	製造間接費配賦差異	46, 000	円	〔 借方 〕
④	予 算 差 異	43, 200	円	〔 借方 〕
	操業度差異	2, 800	円	〔 借方 〕

解答への道

① 予定配賦率：12, 000, 000円÷24, 000時間＝500円/時間

② 予定配賦額：500円/時間×1, 960時間＝980, 000円

③ 配 賦 差 異：980, 000円－1, 026, 000円＝(−)46, 000円〔借方〕

④ 差 異 分 析

予 算 差 異：982, 800円(＊3)（実際操業度における予算許容額）－1, 026, 000円（実際発生額）＝(−)43, 200円〔借方〕

操業度差異：980, 000円－982, 800円＝(−)2, 800円〔借方〕

〈差異分析図〉

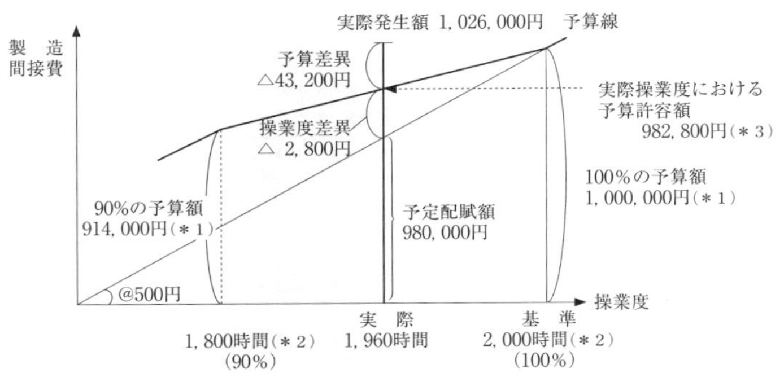

(＊1) 製造間接費月間予算額

100%：12, 000, 000円÷12か月＝1, 000, 000円

90%：10, 968, 000円÷12か月＝914, 000円

(＊2) 月間操業度

100%：24, 000時間÷12か月＝2, 000時間〈基準操業度〉

90%：21, 600時間÷12か月＝1, 800時間

(＊3) 実際操業度における予算許容額

$$914,000円 + \frac{1,000,000円 - 914,000円}{2,000時間 - 1,800時間} \times (1,960時間 - 1,800時間) = 982,800円$$

問題7-8

(A) 製造指図書別原価計算表

製造指図書別原価計算表　　(単位：円)

	#200	#201	#202	#203	合　計
月初仕掛品原価	840, 000	——	——	——	840, 000
直 接 材 料 費	——	320, 000	380, 000	295, 000	995, 000
直 接 労 務 費	108, 000	450, 000	504, 000	198, 000	1, 260, 000
製 造 間 接 費	162, 000	675, 000	756, 000	297, 000	1, 890, 000
合　計	1, 110, 000	1, 445, 000	1, 640, 000	790, 000	4, 985, 000

(B) 原価計算関係諸勘定

（注）下記勘定の（　　）内には金額（単位：円）を記入しなさい。差異の勘定は，借方または貸方のいずれかに記入すればよい。なお不要な（　　）には —— を記入すること。

仕　掛　品

前月繰越	（840,000）	製　　品	（4,195,000）
材　　料	（995,000）	翌月繰越	（790,000）
賃金・手当	（1,260,000）		
製造間接費	（1,890,000）		
	（4,985,000）		（4,985,000）

製造間接費

諸　　口	1,548,720	予定配賦額	（1,890,000）
材　　料	（65,780）	総差異	（56,500）
賃金・手当	（332,000）		
総差異	（——）		
	（1,946,500）		（1,946,500）

材料消費価格差異

（11,940）	（——）

賃率差異

（38,700）	（——）

予算差異

（——）	（18,500）

操業度差異

（75,000）	（——）

解答への道

本問は，実際単純個別原価計算の総合問題である。

1．製造指図書別原価計算表の作成

月初仕掛品原価：＃200に前月中に集計された原価（840,000円）

直接材料費：500円/kg×指図書別の直接材料出庫量

直接労務費：600円/時間×指図書別の直接作業時間

製造間接費：900円/時間(＊)×指図書別の直接作業時間

(＊) 予定配賦率：2,025,000円÷2,250時間＝900円/時間（うち変動費率400円）

2．原価計算関係諸勘定の記入

(1) 仕掛品勘定

⇒ 製造指図書別原価計算表の合計額が転記される。

＃200～＃202の製造原価合計は，完成品原価として製品勘定へ振り替える。

また＃203に集計された原価は，製造命令量の20個すべてが完成するまでは月末仕掛品原価となる。

(2) 製造間接費勘定

① 間接材料費

実際消費価格：1,072,720円÷2,120kg＝506円/kg

間接材料費：506円/kg×(2,120kg－1,990kg)＝65,780円

② 間接労務費

直接工間接作業賃金：600円/時間×(2,280時間－2,100時間)＝108,000円

間接工労務費：224,000円

③ 配賦差異

1,890,000円〈予定配賦額〉－1,946,500円〈実際発生額〉＝(－)56,500円〔借方〕

(3) 差異勘定

① 材料消費価格差異

(500円/kg－506円/kg)×1,990kg＝(－)11,940円〔借方〕

② 賃率差異

600円/時間×2,280時間－1,406,700円(＊)＝(－)38,700円〔借方〕

(＊) 実際消費額：1,388,600円－327,800円＋345,900円＝1,406,700円

③ 製造間接費配賦差異

予算差異：400円/時間×2,100時間＋1,125,000円－1,946,500円＝(＋)18,500円〔貸方〕

操業度差異：500円/時間×(2,100時間－2,250時間)＝(－)75,000円〔借方〕

〈差異分析図〉

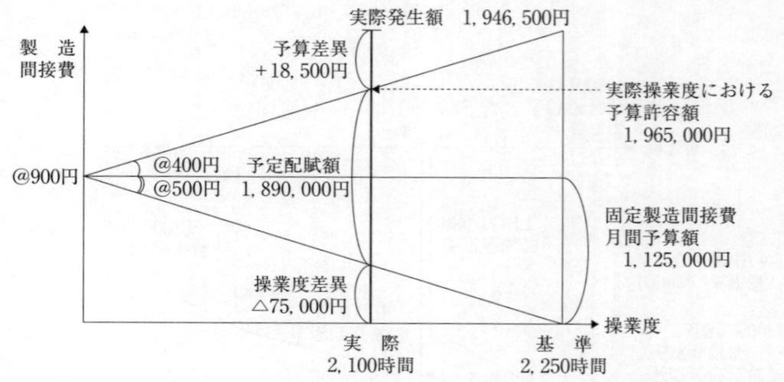

問題7-9

(A) 製造指図書別製造原価要約表（20×0年10月）

製造指図書別製造原価要約表　（単位：千円）

	№101	№102	№103	№104	№105	№106	合計
9月末合計	2,700	――	――	――	――	――	2,700
直接材料費	――	1,080	1,820	1,540	1,480	360	6,280
直接労務費	660	1,100	1,760	2,178	1,760	682	8,140
製造間接費	900	1,500	2,400	2,970	2,400	930	11,100
合計	4,260	3,680	5,980	6,688	5,640	1,972	28,220

(B) 原価計算関係諸勘定

（注）〔　〕には相手勘定科目名または翌月繰越を，（　）内には金額（単位：千円）を記入し，各勘定を締め切りなさい。使用できる勘定科目名は，買掛金，材料，賃金・手当，製造間接費および製品とする。

仕掛品

前月繰越	2,700	〔製品〕	（20,608）
〔材料〕	（6,280）	〔翌月繰越〕	（7,612）
〔賃金・手当〕	（8,140）		
〔製造間接費〕	（11,100）		
	（28,220）		（28,220）

材料受入価格差異

前月繰越	60	〔翌月繰越〕	（140）
〔買掛金〕	（80）		
	（140）		（140）

賃率差異

〔賃金・手当〕	（60）	前月繰越	30
		〔翌月繰越〕	（30）
	（60）		（60）

製造間接費配賦差異

前月繰越	20	〔製造間接費〕	（30）
〔翌月繰越〕	（10）		
	（30）		（30）

解答への道

1．材料の購入

材料は，予定単価によって受入記帳を行っているので，材料購入時に材料受入価格差異を把握する。

（単位：千円）

（材料）	7,000	（買掛金）	7,080
（材料受入価格差異）	80		

2．製造指図書別製造原価要約表の完成と仕掛品勘定の記入

(1) 予定平均賃率と予定配賦率の算定

予定平均賃率：$\frac{\text{年間賃金・手当予算}}{\text{年間予定総就業時間}} = \frac{107,800\text{千円}}{98,000\text{時間}} = 1.1\text{千円/時間}$

予定配賦率：$\frac{\text{年間製造間接費予算}}{\text{年間正常直接作業時間}} = \frac{135,000\text{千円}}{90,000\text{時間}} = 1.5\text{千円/時間}$

(2) 製造指図書別製造原価要約表の完成

直接材料費：資料(3)の金額を移記すればよい。

直接労務費：1.1千円/時間×指図書別直接作業時間

製造間接費：1.5千円/時間×指図書別直接作業時間

(3) 仕掛品勘定の記入

製造指図書別製造原価要約表から転記する。

製造指図書別製造原価要約表　（単位：千円）

	№101	№102	№103	№104	№105	№106	合計
9月末合計	2,700	――	――	――	――	――	2,700
直接材料費	――	1,080	1,820	1,540	1,480	360	6,280
直接労務費	660	1,100	1,760	2,178	1,760	682	8,140
製造間接費	900	1,500	2,400	2,970	2,400	930	11,100
合計	4,260	3,680	5,980	6,688	5,640	1,972	28,220
	完成	完成	完成	完成	仕掛中	仕掛中	

仕掛品

前月繰越	2,700	〔製品〕	（20,608）
〔材料〕	（6,280）	〔翌月繰越〕	（7,612）
〔賃金・手当〕	（8,140）		
〔製造間接費〕	（11,100）		
	（28,220）		（28,220）

3．賃率差異の計算

賃　金・手　当（単位：千円）

当月支給	8, 460	前月未払	2, 460	
		当月予定消費額（直接作業分）	8, 140 ①	→ 仕掛品勘定へ
		当月予定消費額（間接作業分）	880 ②	→ 製造間接費勘定へ
当月未払（基本）	3, 080 ④	当月予定消費額（時間外手当）	88 ③	→ 製造間接費勘定へ
（手当）	88 ⑤	賃率差異	60 ⑥	→ 賃率差異勘定へ

① 直接作業分の賃金（直接労務費）
1. 1千円/時×7, 400時間＝8, 140千円

② 間接作業分の賃金（間接労務費）
1. 1千円/時×800時間＝880千円

③ 定時間外作業手当（間接労務費）
1. 1千円/時×40％×200時間＝88千円

④ 当月未払賃金（基本賃金分）
1. 1千円/時×(2, 600時間＋200時間)＝3, 080千円

⑤ 当月未払賃金（時間外手当分）
1. 1千円/時×40％×200時間＝88千円

（注）定時間外作業は10/28と10/31に行われているので，定時間外作業手当は，当月未払賃金にも計上する。

⑥ 賃率差異
予定消費額（上図の①＋②＋③）：8, 140千円＋880千円＋88千円＝9, 108千円
実際消費額：直接工分の要支払額（当月支給－前月未払＋当月未払）
8, 460千円－2, 460千円＋(3, 080千円＋88千円)＝9, 168千円
賃 率 差 異：9, 108千円〈予定消費額〉－9, 168千円〈実際消費額〉＝(－)60千円〔借方〕

4．製造間接費配賦差異の計算

(1) 製造間接費実際発生額（？の推定）

間接材料費	2, 240千円	
直接工間接賃金	880	…… 解説3. ②より
定時間外作業手当	88	…… 解説3. ③より
その他の間接労務費	4, 680	
間接経費	3, 182	
合　計	11, 070千円	

(2) 製造間接費配賦差異
11, 100千円〈予定配賦額〉－11, 070千円〈実際発生額〉＝(＋)30千円〔貸方〕

問題7-10

（注）下記の２勘定の〔　　〕内には相手勘定科目名を，（　　）内には金額を記入しなさい。また損益計算書の〔　　〕内には適当な名称を，（　　）内には金額を記入しなさい。

（単位：万円）

製造間接費

間接材料費	(674)	〔仕掛品〕	(3, 020)
間接労務費	(1, 096)	〔原価差異〕	(28)
間接経費	(1, 278)		
	(3, 048)		(3, 048)

仕掛品

期首有高	(480)	〔製品〕	(7, 270)
直接材料費	(2, 000)	〔損益〕	(760)
直接労務費	(2, 570)	期末有高	(360)
直接経費	(320)		
製造間接費	(3, 020)		
	(8, 390)		(8, 390)

損益計算書

売上高		9, 800
売上原価	(7, 430)	
〔原価差額〕	(12)	
売上原価計	(7, 442)	(7, 442)
売上総利益		(2, 358)
販売費	(438)	
一般管理費	(873)	
販売費・一般管理費計	(1, 311)	(1, 311)
営業利益		(1, 047)
営業外収益		(55)
営業外費用		(185)
経常利益		(917)
特別利益		(――)
特別損失		(760)
税引前当期純利益		(157)

解答への道

1．材料費の計算

(1) 直接材料費（資料１より）

素　　材

借方		貸方	
期首	180万円	当期消費	2,000万円
当期購入	2,080万円 + 60万円（引取費用）	棚卸減耗費	8万円
		期末（実地）	312万円

当期消費 → 仕掛品勘定へ
棚卸減耗費 → 製造間接費勘定へ（間接経費）

(2) 間接材料費（資料２，６，10，13より）

(20万円＋320万円－15万円)＋84万円＋145万円＋120万円＝674万円
（資料２）（資料６）（資料10）（資料13）

2．労務費の計算

(1) 直接労務費（資料５より）

賃金・手当

借方		貸方	
当期支払	2,850万円	前期未払	280万円
		当期予定消費額（直接作業分）	2,570万円
当期未払	350万円	当期予定消費額（間接・手待分）	338万円
賃率差異	16万円	当期予定消費額（時間外手当）	28万円

（直接作業分）→ 仕掛品勘定へ
（間接・手待分）→ 製造間接費勘定へ
（時間外手当）→ 製造間接費勘定へ

（注）直接工の賃金計算に予定平均賃率を使っているため，賃率差異が貸借差額で生じる。

(2) 間接労務費（資料３，５，８，16より）

220万円＋338万円＋28万円＋200万円＋310万円＝1,096万円
（資料３）（資料５）（資料８）（資料16）

3．経費の計算

(1) 直接経費（資料15より）

外注加工賃　320万円

(2) 間接経費（資料１，４，12，22，26，34より）

８万円＋40万円＋112万円＋86万円＋132万円＋900万円（＊）＝1,278万円
（資料１）（資料４）（資料12）（資料22）（資料26）（資料34）

（＊）減価償却費のうち，長期休止設備の減価償却費は営業外費用となる。

4．製造間接費の計算

製造間接費

実際発生額		予定配賦額	
間材	674万円		3,020万円
間労	1,096万円		
間経	1,278万円		
計	3,048万円	配賦差異	（＊）28万円

予定配賦額 ← 資料に予算差異，操業度差異とあることから，製造間接費は予定配賦されていると判断する。

（＊）配賦差異

12万円〈予算差異〉－40万円〈操業度差異〉＝(－)28万円〔借方差異〕
（資料７）（資料17）

5．仕掛品勘定と製品勘定（資料19，20，38より）

仕　掛　品

借方		貸方	
期首	480万円	当期完成	7,270万円
直接材料費	2,000万円		
直接労務費	2,570万円	異常仕損費	（＊）760万円
直接経費	320万円	期末	360万円
製造間接費	3,020万円		

製　　品

借方		貸方	
期首	640万円	売上原価	7,430万円
当期完成	7,270万円	期末	480万円

（＊）工場火災による当期仕損費は異常仕損費となる。

6．損益計算書の作成

(1) 売上原価　7,430万円（解説５．より）

(2) 原価差額

16万円〔貸方差異〕－28万円〔借方差異〕＝(－)12万円〔借方差異〕
（解説２(1)より）（解説４より）

(3) 販売費

60万円＋52万円＋50万円＋46万円＋230万円＝438万円
（資料14）（資料23）（資料24）（資料28）（資料32）

(4) 一般管理費

68万円＋77万円＋420万円＋220万円＋88万円＝873万円
（資料９）（資料11）（資料21）（資料27）（資料29）

(5) 営業外収益

36万円＋19万円＝55万円
（資料25）（資料30）

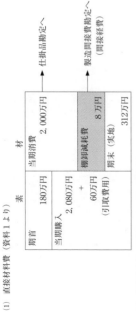

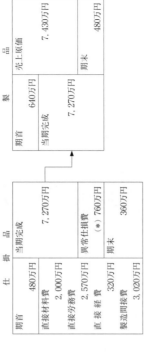

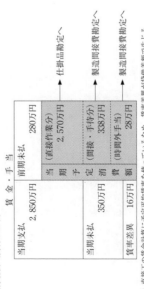

(6) 営業外費用

74万円＋90万円＋21万円＝185万円
資料33　資料34　資料36

(7) 特別損失

異常仕損費　760万円（資料19より）

7．その他の項目

株主配当金（資料35）は利益処分項目であり，工場用土地（資料18），工場設備（資料37）は有形固定資産であるため，本問では関係ない項目である。

問題7-11

（注）下記の２勘定の〔　　〕内には相手勘定科目名を，（　　）内には金額を記入しなさい。また損益計算書の〔　　〕内には適当な名称を，（　　）内には金額を記入しなさい。

製造間接費　（単位：万円）

借方	金額	貸方	金額
間接材料費	（　440）	〔仕掛品〕	（　2,200）
間接労務費	（　1,006）	〔原価差異〕	（　24）
間接経費	（　778）		
	（　2,224）		（　2,224）

仕掛品　（単位：万円）

借方	金額	貸方	金額
期首有高	（　1,530）	〔製品(注)〕	（　7,700）
直接材料費	（　2,270）	期末有高	（　820）
直接労務費	（　2,400）		
直接経費	（　120）		
〔製造間接費〕	（　2,200）		
	（　8,520）		（　8,520）

（注）売上原価でも可

損益計算書　（単位：万円）

売上高		12,400
売上原価	（　7,700）	
〔原価差額〕	（　70）	
売上原価計	（　7,770）	（　7,770）
売上総利益		（　4,630）
販売費	（　960）	
一般管理費	（　713）	
販売費・一般管理費計	（　1,673）	（　1,673）
営業利益		（　2,957）
営業外収益		（　50）
営業外費用		（　117）
経常利益		（　2,890）

解答への道

1．原価の分類

(1) 直接材料費（素材消費額）の計算と材料棚卸減耗費の把握（資料２）

① 直接材料費：150万円＋(2,250万円＋50万円)－180万円＝2,270万円
購入代価　引取費用　帳簿残高

② 材料棚卸減耗費：180万円－175万円＝５万円
（注）正常な棚卸減耗費は間接経費となる。

(2) 直接工の労務費の計算（資料８）

① 直接労務費：直接工の直接作業賃金　2,400万円

② 製造指図書別原価計算表を作成するために予定平均賃率を算定しておく。
予定平均賃率：2,400万円÷2,000時間＝1.2万円/時間
直接作業時間合計(資料１)

③ 直接工間接作業賃金，手待賃金，定時間外作業割増賃金は間接労務費になる。

④ 直接工の労務費は予定平均賃率で計算しているため，賃率差異が把握される。
賃率差異：2,656万円－(2,622万円－180万円＋260万円)＝(−)46万円〔借方〕
予定消費額　実際消費額

賃金・手当　（単位：万円）

借方	金額	貸方	金額	
諸口	2,622	前期未払	180	
当期未払	260	直接労務費	2,400	予定消費額 2,656万円
		間接作業賃金	228	
		手待賃金	12	
		時間外作業手当	16	
		賃率差異	46	
	2,882		2,882	

(3) 直接経費の集計（資料16）

材料を無償支給，納入加工品をただちに消費する場合の外注加工賃は，直接経費となる（№103 70万円，№105 50万円）。

(4) 間接材料費（実際額）の集計

資料	項目	間接材料費
3	補助材料費	130万円（＝30万円＋140万円－40万円）
4	工場消耗品費	105万円
5	消耗工具器具備品費	130万円
6	〃	75万円
	合計	440万円

（注）工場の事務用消耗品費（資料７）は間接経費となるので注意する。

(5) 間接労務費（実際額）の集計

資　料	項　　目	間接労務費
8	直接工間接作業賃金	228万円
〃	直接工手待賃金	12万円
〃	直接工時間外作業手当	16万円
9	間接工賃金	140万円
11	工場事務職員給料	340万円
12	退職給付費用	270万円
	合　計	1, 006万円

（注）工員募集費および工員訓練費（資料10）は間接経費となることに注意する。

(6) 間接経費（実際額）の集計

資　料	項　　目	間 接 経 費
2	材料棚卸減耗費	5万円
7	工場事務用消耗品費	45万円
10	工員募集費および工員訓練費	30万円
13	福利施設負担額	55万円
14	厚生費	30万円
15	工場固定資産税	25万円
17	電力料·ガス代·水道料	135万円
18	工場減価償却費	400万円
19	その他の間接経費	53万円
	合　計	778万円

（注）長期休止設備の減価償却費（資料18）は非原価項目（営業外費用）になるので注意する。

(7) 予定配賦額の計算

本問において，製造間接費の予定配賦額は，２通りの求め方がある。

〔解法１〕製造間接費の実際発生額と製造間接費配賦差異（資料21）より逆算する。

予定配賦額：(440万円＋1, 006万円＋778万円)〔実際発生額〕－24万円〔借方〕〔配賦差異(＊)〕＝2, 200万円

（＊）配賦差異：36万円〔貸方〕－60万円〔借方〕＝(－)24万円〔借方〕

〔解法２〕差異分析図を利用して計算する方法

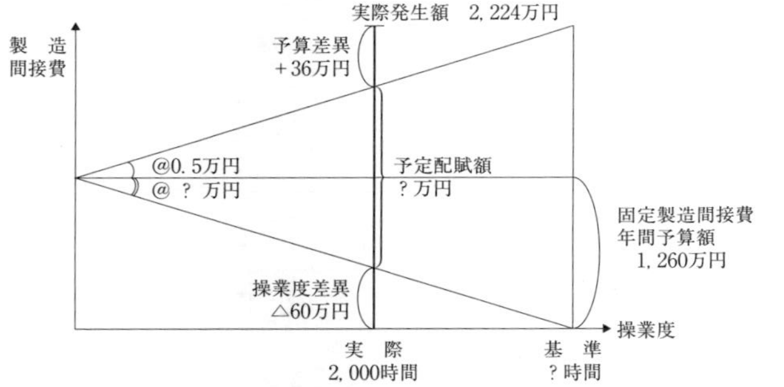

固定費率：(1, 260万円－60万円)〔予定配賦額の固定費部分〕÷2, 000時間＝0. 6万円/時間

予定配賦額：(0. 5万円/時＋0. 6万円/時)〔1. 1万円/時間〈予定配賦率〉〕×2, 000時間＝2, 200万円

(8) 製造指図書別原価計算表の作成

原価計算表を作成して仕掛品勘定へ転記する。

製造指図書別原価計算表　　（単位：万円）

		№101	№102	№103	№104	№105	№106	合　計
資料40 →	期首仕掛品原価	790	740	——	——	——	——	1, 530
資料１ →	直 接 材 料 費	——	410	860	460	380	160	2, 270
1. 2万円/時	直 接 労 務 費	360	276	852	792	84	36	2, 400
資料16 →	直　接　経　費	——	——	70	——	50	——	120
1. 1万円/時	製 造 間 接 費	330	253	781	726	77	33	2, 200
	合　　計	1, 480	1, 679	2, 563	1, 978	591	229	8, 520
		完成品				仕掛品		

（注）完成品は，ただちに注文主へ販売されるため製品の在庫は生じない。したがって，完成品原価を直接，売上原価勘定へ振り替えてもよい。

(9) 損益計算書の作成

① 売 上 高：当期に販売した製品の受注金額（№101 ～№104）

② 売上原価：　〃　製造原価（　〃　）

③ 原価差額：46万円〔借方〕〔賃率差異〕＋24万円〔借方〕〔製造間接費配賦差異〕＝70万円〔借方〕

④ 販売費

資料	項目	販売費
25	広告費	80万円
26	営業所長の給料	320万円
27	販売員給料	430万円
28	製品出荷運送費	60万円
29	掛売集金費	25万円
37	その他の販売費	45万円
	合計	960万円

⑤ 一般管理費

資料	項目	一般管理費
30	本社企画部費	15万円
31	新技術基礎研究費	120万円
32	重役室費	48万円
33	本社事務員給料	220万円
38	本社役員給料	250万円
39	その他の一般管理費	60万円
	合計	713万円

（注）企業全般にわたる基礎研究の費用（新技術基礎研究費）は一般管理費となる。

⑥ 営業外収益

受取利息 24万円(資料22)＋受取配当金 26万円(資料34)＝50万円

⑦ 営業外費用

長期休止設備の減価償却費 40万円(資料18)＋支払利息 62万円(資料23)
＋有価証券売却損 15万円(資料24)＝117万円

(10) その他の項目

次の項目は，本問では使用しない項目となる。

① 工場用土地の取得原価（資料35）→ 固定資産の購入原価

（注）製造のため取得する固定資産の取得原価は，減価償却資産であれば，償却計算を通じて製造原価に算入する。

② 株主配当金（資料36）　　→ 利益処分項目

Theme 08 原価の部門別計算（Ⅰ）

問題8-1

（単位：円）

	借方科目	金額	貸方科目	金額
(1)	仕掛品	2,060,000	甲製造部門費 乙製造部門費	1,040,000 1,020,000
(2)	甲製造部門費 乙製造部門費 動力部門費 修繕部門費	990,000 953,000 54,000 73,000	材料 賃金・手当 経費	600,000 770,000 700,000
(3)	甲製造部門費 乙製造部門費	54,300 72,700	動力部門費 修繕部門費	54,000 73,000
(4)	製造部門費配賦差異	10,000	甲製造部門費 乙製造部門費	4,300 5,700

解答への道

本問の勘定連絡図を示すと，次のとおりである（単位：円）。

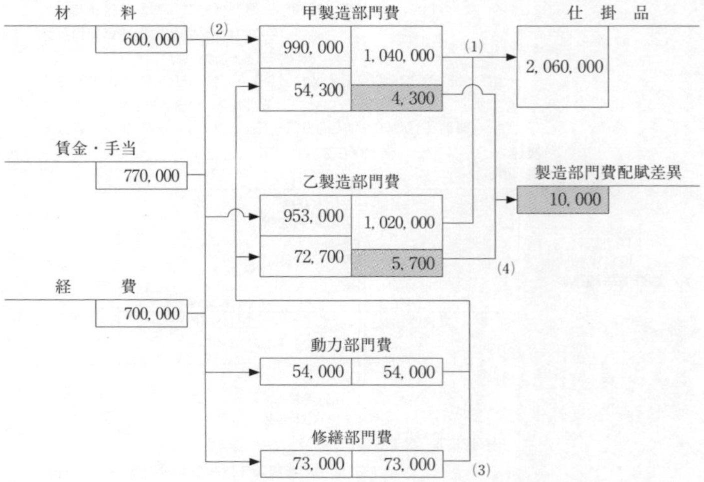

問題8-2

部 門 費 配 賦 表 （単位：円）

摘　要	配賦基準	合　計	製造部門		補助部門		
			甲部門	乙部門	動力部門	修繕部門	事務部門
部門個別費							
間接材料費		1, 850, 000	300, 000	250, 000	600, 000	700, 000	——
間接労務費		1, 310, 000	420, 000	190, 000	100, 000	500, 000	100, 000
部門共通費							
間接労務費	従業員数	540, 000	252, 000	168, 000	20, 000	80, 000	20, 000
建物減価償却費	床面積	720, 000	280, 000	200, 000	120, 000	60, 000	60, 000
電力料	電力消費量	900, 000	225, 000	234, 000	405, 000	18, 000	18, 000
部門費		5, 320, 000	1, 477, 000	1, 042, 000	1, 245, 000	1, 358, 000	198, 000

解答への道

部門共通費は，費目別にそれぞれ適切な配賦基準により各部門へ配賦する。

間接労務費：$\dfrac{540,000円}{63人+42人+5人+20人+5人}\times 63人=252,000円$（甲部門へ）

〃 $\times 42人=168,000円$（乙部門へ）

〃 $\times 5人=20,000円$（動力部門へ）

〃 $\times 20人=80,000円$（修繕部門へ）

〃 $\times 5人=20,000円$（事務部門へ）

建物減価償却費：$\dfrac{720,000円}{1,400m^2+1,000m^2+600m^2+300m^2+300m^2}\times 1,400m^2=280,000円$（甲部門へ）

〃 $\times 1,000m^2=200,000円$（乙部門へ）

〃 $\times 600m^2=120,000円$（動力部門へ）

〃 $\times 300m^2=60,000円$（修繕部門へ）

〃 $\times 300m^2=60,000円$（事務部門へ）

電力料：$\dfrac{900,000円}{125kwh+130kwh+225kwh+10kwh+10kwh}\times 125kwh=225,000円$（甲部門へ）

〃 $\times 130kwh=234,000円$（乙部門へ）

〃 $\times 225kwh=405,000円$（動力部門へ）

〃 $\times 10kwh=18,000円$（修繕部門へ）

〃 $\times 10kwh=18,000円$（事務部門へ）

問題8-3

部 門 費 配 賦 表 （単位：円）

摘　要	合　計	製造部門		補助部門		
		切削部	組立部	動力部	修繕部	事務部
部門費	4, 300, 000	1, 210, 000	1, 140, 000	900, 000	600, 000	450, 000
動力部費		450, 000	450, 000			
修繕部費		360, 000	240, 000			
事務部費		180, 000	270, 000			
製造部門費	4, 300, 000	2, 200, 000	2, 100, 000			

切　削　部 （単位：円）

製造間接費	1, 210, 000		
動力部	450, 000		
修繕部	360, 000		
事務部	180, 000		
	2, 200, 000		

組　立　部 （単位：円）

製造間接費	1, 140, 000		
動力部	450, 000		
修繕部	240, 000		
事務部	270, 000		
	2, 100, 000		

動　力　部 （単位：円）

製造間接費	900, 000	切削部	450, 000
		組立部	450, 000
	900, 000		900, 000

修　繕　部 （単位：円）

製造間接費	600, 000	切削部	360, 000
		組立部	240, 000
	600, 000		600, 000

事　務　部 （単位：円）

製造間接費	450, 000	切削部	180, 000
		組立部	270, 000
	450, 000		450, 000

解答への道

計算過程は次のとおりである。

動力部費：$\frac{900,000\text{円}}{750\text{kwh}+750\text{kwh}}\times 750\text{kwh}=450,000\text{円}$（切削部へ）

〃 $\times 750\text{kwh}=450,000\text{円}$（組立部へ）

修繕部費：$\frac{600,000\text{円}}{120\text{時間}+80\text{時間}}\times 120\text{時間}=360,000\text{円}$（切削部へ）

〃 $\times\ 80\text{時間}=240,000\text{円}$（組立部へ）

事務部費：$\frac{450,000\text{円}}{20\text{人}+30\text{人}}\times 20\text{人}=180,000\text{円}$（切削部へ）

〃 $\times 30\text{人}=270,000\text{円}$（組立部へ）

直接配賦法であるから，他の補助部門への用役提供は配賦計算上無視して，製造部門にのみ配賦することに注意する。

問題8-4

部門費配賦表　（単位：円）

摘要	合計	製造部門		補助部門		
		機械部	組立部	材料部	保全部	事務部
部門費	2,800,000	600,000	800,000	600,000	500,000	300,000
第1次配賦						
材料部費		300,000	180,000	——	120,000	——
保全部費		200,000	200,000	100,000	——	——
事務部費		90,000	120,000	60,000	30,000	——
第2次配賦				160,000	150,000	——
材料部費		100,000	60,000			
保全部費		75,000	75,000			
製造部門費	2,800,000	1,365,000	1,435,000			

解答への道

1．第1次配賦

第1次配賦は，補助部門間相互の用役の授受を配賦計算上も認めて，関係部門へ配賦する。

材料部費：$\frac{600,000\text{円}}{500\text{kg}+300\text{kg}+200\text{kg}}\times 500\text{kg}=300,000\text{円}$（機械部へ）

〃 $\times 300\text{kg}=180,000\text{円}$（組立部へ）

〃 $\times 200\text{kg}=120,000\text{円}$（保全部へ）

保全部費：$\frac{500,000\text{円}}{200\text{時間}+200\text{時間}+100\text{時間}}\times 200\text{時間}=200,000\text{円}$（機械部へ）

〃 $\times 200\text{時間}=200,000\text{円}$（組立部へ）

〃 $\times 100\text{時間}=100,000\text{円}$（材料部へ）

事務部費：$\frac{300,000\text{円}}{30\text{人}+40\text{人}+20\text{人}+10\text{人}}\times 30\text{人}=\ 90,000\text{円}$（機械部へ）

〃 $\times 40\text{人}=120,000\text{円}$（組立部へ）

〃 $\times 20\text{人}=\ 60,000\text{円}$（材料部へ）

〃 $\times 10\text{人}=\ 30,000\text{円}$（保全部へ）

なお，事務部から事務部への配賦（用役の自家消費の考慮）は行わないことに注意する。

2．第2次配賦

第2次配賦は，補助部門間相互の用役の授受を配賦計算上無視して，（直接配賦法により）製造部門にのみ配賦する。

材料部費：$\frac{100,000\text{円}+60,000\text{円}}{500\text{kg}+300\text{kg}}\times 500\text{kg}=100,000\text{円}$（機械部へ）

〃 $\times 300\text{kg}=\ 60,000\text{円}$（組立部へ）

保全部費：$\frac{120,000\text{円}+30,000\text{円}}{200\text{時間}+200\text{時間}}\times 200\text{時間}=75,000\text{円}$（機械部へ）

〃 $\times 200\text{時間}=75,000\text{円}$（組立部へ）

問題8-5

部門費配賦表　（単位：円）

摘要	合計	製造部門		補助部門		
		切削部門	組立部門	動力部門	修繕部門	事務部門
部門個別費	1,250,000	300,000	350,000	200,000	250,000	150,000
部門共通費	950,000	400,000	250,000	200,000	50,000	50,000
部門費計	2,200,000	700,000	600,000	400,000	300,000	200,000
動力部門費		220,000	220,000	(550,000)	110,000	——
修繕部門費		132,000	198,000	110,000	(440,000)	——
事務部門費		70,000	60,000	40,000	30,000	(200,000)
製造部門費	2,200,000	1,122,000	1,078,000	0	0	0

製造間接費—切削部門　（単位：円）

部門個別費	300,000		
部門共通費	400,000		
動力部門費配賦額	220,000		
修繕部門費配賦額	132,000		
事務部門費配賦額	70,000		
	1,122,000		

製造間接費―組立部門　　　　　（単位：円）

部門個別費	350, 000
部門共通費	250, 000
動力部門費配賦額	220, 000
修繕部門費配賦額	198, 000
事務部門費配賦額	60, 000
	1, 078, 000

解答への道

最終的に計算された（相互に配賦済みの）動力部門費をａ，修繕部門費をｂ，事務部門費をｃとおく。

部門費配賦表　　　　（単位：円）

摘要	合計	製造部門		補助部門		
		切削部門	組立部門	動力部門	修繕部門	事務部門
部門個別費	1, 250, 000	300, 000	350, 000	200, 000	250, 000	150, 000
部門共通費	950, 000	400, 000	250, 000	200, 000	50, 000	50, 000
部門費計	2, 200, 000	700, 000	600, 000	400, 000	300, 000	200, 000
動力部門費						
修繕部門費						
事務部門費						
製造部門費				a	b	c

そのａ，ｂ，ｃを各部門に用役提供割合にもとづいて配賦する。

部門費配賦表　　　　（単位：円）

摘要	合計	製造部門		補助部門		
		切削部門	組立部門	動力部門	修繕部門	事務部門
部門個別費	1, 250, 000	300, 000	350, 000	200, 000	250, 000	150, 000
部門共通費	950, 000	400, 000	250, 000	200, 000	50, 000	50, 000
部門費計	2, 200, 000	700, 000	600, 000	400, 000	300, 000	200, 000
動力部門費(=a)		0. 4a	0. 4a	――	0. 2a	――
修繕部門費(=b)		0. 3b	0. 45b	0. 25b	――	――
事務部門費(=c)		0. 35c	0. 3c	0. 2c	0. 15c	――
製造部門費				a	b	c

部門費配賦表の補助部門の列を縦に見て，連立方程式を立てる。

$$\begin{cases} a = 400,000 + 0.25b + 0.2c \cdots ① \\ b = 300,000 + 0.2a + 0.15c \cdots ② \\ c = 200,000 \cdots\cdots ③ \end{cases}$$

上記，連立方程式を解く（解法手順は下記参照）。

↓ ③式を①式と②式に代入

$$\begin{cases} a = 400,000 + 0.25b + 0.2 \times 200,000 \\ b = 300,000 + 0.2a + 0.15 \times 200,000 \end{cases}$$

↓

$$\begin{cases} a = 400,000 + 0.25b + 40,000 \\ b = 300,000 + 0.2a + 30,000 \end{cases}$$

↓

$$\begin{cases} a = 440,000 + 0.25b \cdots ①' \\ b = 330,000 + 0.2a \cdots ②' \end{cases}$$

↓ ②'式を①'式に代入

$a = 440,000 + 0.25 \times (330,000 + 0.2a)$

$a = 440,000 + 82,500 + 0.05a$

$a - 0.05a = 440,000 + 82,500$

$0.95a = 522,500$

↓ 両辺÷0. 95

$a = 550,000$

↓ $a = 550,000$を②'式に代入

$b = 330,000 + 0.2 \times 550,000$

$b = 330,000 + 110,000$

$b = 440,000$

↓ したがって，最終解答

$$\begin{cases} a = 550,000 \\ b = 440,000 \\ c = 200,000 \end{cases}$$

連立方程式の解（ａ，ｂ，ｃの数値）を，部門費配賦表に代入する。

部門費配賦表　　　　（単位：円）

摘要	合計	製造部門		補助部門		
		切削部門	組立部門	動力部門	修繕部門	事務部門
部門個別費	1, 250, 000	300, 000	350, 000	200, 000	250, 000	150, 000
部門共通費	950, 000	400, 000	250, 000	200, 000	50, 000	50, 000
部門費計	2, 200, 000	700, 000	600, 000	400, 000	300, 000	200, 000
動力部門費		220, 000	220, 000	――	110, 000	――
修繕部門費		132, 000	198, 000	110, 000	――	――
事務部門費		70, 000	60, 000	40, 000	30, 000	――
製造部門費				550, 000	440, 000	200, 000

部門費配賦表の表示形式を整える。

部門費配賦表　　　　（単位：円）

摘要	合計	製造部門		補助部門		
		切削部門	組立部門	動力部門	修繕部門	事務部門
部門個別費	1, 250, 000	300, 000	350, 000	200, 000	250, 000	150, 000
部門共通費	950, 000	400, 000	250, 000	200, 000	50, 000	50, 000
部門費計	2, 200, 000	700, 000	600, 000	400, 000	300, 000	200, 000
動力部門費		220, 000	220, 000	(550, 000)	110, 000	――
修繕部門費		132, 000	198, 000	110, 000	(440, 000)	――
事務部門費		70, 000	60, 000	40, 000	30, 000	(200, 000)
製造部門費	2, 200, 000	1, 122, 000	1, 078, 000	0	0	0

問題8-6

〔問１〕　(単位：円)

	甲製造部	乙製造部	X補助部門	Y補助部門
部門費	21, 000, 000	17, 600, 000	9, 000, 000	8, 500, 000
X補助部門費	4, 800, 000	4, 200, 000		
Y補助部門費	3, 400, 000	5, 100, 000		
製造部門費	29, 200, 000	26, 900, 000		

製造部門に配賦されるY補助部門費の単価＝（　170　）円

〔問２〕

(1)　自家消費を考慮する場合　(単位：円)

	甲製造部	乙製造部	X補助部門	Y補助部門
部門費	21, 000, 000	17, 600, 000	9, 000, 000	8, 500, 000
X補助部門費	5, 066, 667	4, 433, 333	1, 266, 667	1, 900, 000
Y補助部門費	3, 200, 000	4, 800, 000	2, 400, 000	2, 400, 000
	――	――	(12, 666, 667)	(12, 800, 000)
製造部門費	29, 266, 667	26, 833, 333	0	0

製造部門に配賦されるY補助部門費の単価＝（　160　）円

(2)　自家消費を無視する場合　(単位：円)

	甲製造部	乙製造部	X補助部門	Y補助部門
部門費	21, 000, 000	17, 600, 000	9, 000, 000	8, 500, 000
X補助部門費	5, 066, 667	4, 433, 333	――	1, 900, 000
Y補助部門費	3, 200, 000	4, 800, 000	2, 400, 000	――
	――	――	(11, 400, 000)	(10, 400, 000)
製造部門費	29, 266, 667	26, 833, 333	0	0

製造部門に配賦されるY補助部門費の単価＝（　160　）円

解答への道

〔問１〕直接配賦法による補助部門費の配賦

資料から，直接配賦法により補助部門費の配賦を行えば，次のとおりとなる。

部門費配賦表　(単位：円)

	甲製造部	乙製造部	X補助部門	Y補助部門
部門費	21, 000, 000	17, 600, 000	9, 000, 000	8, 500, 000
X補助部門費①	4, 800, 000	4, 200, 000		
Y補助部門費②	3, 400, 000	5, 100, 000		
製造部門費③	29, 200, 000	26, 900, 000		

①　X補助部門費配賦額

甲製造部へ：$9,000,000円 \times \dfrac{40,000単位}{40,000単位 + 35,000単位} = 4,800,000円$

乙製造部へ：$9,000,000円 \times \dfrac{35,000単位}{40,000単位 + 35,000単位} = 4,200,000円$

②　Y補助部門費配賦額

甲製造部へ：$8,500,000円 \times \dfrac{20,000単位}{20,000単位 + 30,000単位} = 3,400,000円$

乙製造部へ：$8,500,000円 \times \dfrac{30,000単位}{20,000単位 + 30,000単位} = 5,100,000円$

③　製造部門費

甲製造部：21, 000, 000円＋4, 800, 000円＋3, 400, 000円＝29, 200, 000円

乙製造部：17, 600, 000円＋4, 200, 000円＋5, 100, 000円＝26, 900, 000円

〈製造部門に配賦されるY補助部門費の単価〉

8, 500, 000円÷(20, 000単位＋30, 000単位)＝170円/単位

〔問２〕相互配賦法による補助部門費の配賦

(1)　自家消費を考慮する場合

相互に配賦済みの（自家消費を考慮した）最終の補助部門費をそれぞれx，yとおき，サービス供給量割合にもとづいて補助部門費を配賦すれば，次のとおりとなる。

部門費配賦表　(単位：円)

	甲製造部	乙製造部	X補助部門	Y補助部門
部門費	21, 000, 000	17, 600, 000	9, 000, 000	8, 500, 000
X補助部門費	0. 4 x	0. 35 x	0. 1 x	0. 15 x
Y補助部門費	0. 25 y	0. 375 y	0. 1875 y	0. 1875 y
製造部門費			x	y

各補助部門費について，連立方程式を立てて，これを解けば次のとおりとなる。

$$\begin{cases} x = 0.1x + 0.1875y + 9,000,000 \cdots ① \\ y = 0.15x + 0.1875y + 8,500,000 \cdots ② \end{cases}$$

①式を下記のように展開する。

$0.9x = 0.1875y + 9,000,000 \cdots ①'$

$x = \dfrac{0.1875}{0.9}y + 10,000,000$

これを②式に代入する。

$y = 0.15(\dfrac{0.1875}{0.9}y + 10,000,000) + 0.1875y + 8,500,000$

$y = \dfrac{0.028125}{0.9}y + 1,500,000 + 0.1875y + 8,500,000$

$y - 0.03125y - 0.1875y = 1,500,000 + 8,500,000$

$0.78125y = 10,000,000$

$y = 12,800,000$

これを上記①'式に代入する。

0. 9 x = 0. 1875 × 12, 800, 000 + 9, 000, 000

0. 9 x = 11, 400, 000

x = 12, 666, 666. 66…

∴　x = 12, 666, 667（円：円未満四捨五入），y = 12, 800, 000（円）

連立方程式の解を部門費配賦表に代入し，解答用紙の部門費配賦表を完成させれば，次のとおりとなる。

部　門　費　配　賦　表　　　　　　　　（単位：円）

	甲製造部	乙製造部	X補助部門	Y補助部門
部　門　費	21, 000, 000	17, 600, 000	9, 000, 000	8, 500, 000
X補助部門費①	5, 066, 667	4, 433, 333	1, 266, 667	1, 900, 000
Y補助部門費②	3, 200, 000	4, 800, 000	2, 400, 000	2, 400, 000
	——	——	(12, 666, 667)	(12, 800, 000)
製造部門費③	29, 266, 667	26, 833, 333	0	0

① X補助部門費配賦額

甲製造部へ：12, 666, 667円 × 0. 4 = 5, 066, 667円（円未満四捨五入）

乙製造部へ：〃 × 0. 35 = 4, 433, 333円（〃）

X補助部門へ：〃 × 0. 1 = 1, 266, 667円（〃）…解答用紙に所与

Y補助部門へ：〃 × 0. 15 = 1, 900, 000円（〃）

合　計　12, 666, 667円…解答用紙に所与

② Y補助部門費配賦額

甲製造部へ：12, 800, 000円 × 0. 25 = 3, 200, 000円

乙製造部へ：〃 × 0. 375 = 4, 800, 000円

X補助部門へ：〃 × 0. 1875 = 2, 400, 000円…解答用紙に所与

Y補助部門へ：〃 × 0. 1875 = 2, 400, 000円

合　計　12, 800, 000円

③ 製造部門費

甲製造部：21, 000, 000円 + 5, 066, 667円 + 3, 200, 000円 = 29, 266, 667円

乙製造部：17, 600, 000円 + 4, 433, 333円 + 4, 800, 000円 = 26, 833, 333円

〈製造部門に配賦されるY補助部門費の単価〉

12, 800, 000円 ÷ 80, 000単位 = 160円/単位

(2) 自家消費を無視する場合

相互に配賦済みの最終の補助部門費をそれぞれx，yとおき，サービス供給量割合にもとづいて補助部門費を配賦すれば，次のとおりとなる。なお，用役の自家消費を無視するとサービス供給量割合は割り切れないため，分数で表している。

部　門　費　配　賦　表　　　　　　　　（単位：円）

	甲製造部	乙製造部	X補助部門	Y補助部門
部　門　費	21, 000, 000	17, 600, 000	9, 000, 000	8, 500, 000
X補助部門費	$\frac{40,000}{90,000}x$	$\frac{35,000}{90,000}x$	——	$\frac{15,000}{90,000}x$
Y補助部門費	$\frac{20,000}{65,000}y$	$\frac{30,000}{65,000}y$	$\frac{15,000}{65,000}y$	——
製造部門費			x	y

各補助部門費について，上記の関係を整理して連立方程式を立て，これを解けば次のとおりとなる。

$$\begin{cases} x = \frac{3}{13}y + 9,000,000 \cdots ① \\ y = \frac{1}{6}x + 8,500,000 \cdots ② \end{cases}$$

①式を②式に代入する。

$$y = \frac{1}{6}\left(\frac{3}{13}y + 9,000,000\right) + 8,500,000$$

$$y = \frac{3}{78}y + 1,500,000 + 8,500,000$$

$$\frac{78}{78}y - \frac{3}{78}y = 10,000,000$$

$$\frac{75}{78}y = 10,000,000$$

$$y = 10,400,000$$

これを①式に代入する。

$$x = \frac{3}{13} \times 10,400,000 + 9,000,000$$

$$x = 2,400,000 + 9,000,000$$

$$x = 11,400,000$$

∴　x = 11, 400, 000（円），y = 10, 400, 000（円）

連立方程式の解を部門費配賦表に代入し，解答用紙の部門費配賦表を完成させれば，次のとおりとなる。

部門費配賦表 (単位：円)

	甲製造部	乙製造部	X補助部門	Y補助部門
部門費	21, 000, 000	17, 600, 000	9, 000, 000	8, 500, 000
X補助部門費①	5, 066, 667	4, 433, 333	——	1, 900, 000
Y補助部門費②	3, 200, 000	4, 800, 000	2, 400, 000	——
	——	——	(11, 400, 000)	(10, 400, 000)
製造部門費③	29, 266, 667	26, 833, 333	0	0

① X補助部門費配賦額

甲製造部へ：11, 400, 000円×$\frac{40,000\text{単位}}{90,000\text{単位}}$=5, 066, 667円（円未満四捨五入）

乙製造部へ：11, 400, 000円×$\frac{35,000\text{単位}}{90,000\text{単位}}$=4, 433, 333円（円未満四捨五入）

Y補助部門へ：11, 400, 000円×$\frac{15,000\text{単位}}{90,000\text{単位}}$=1, 900, 000円

② Y補助部門費配賦額

甲製造部へ：10, 400, 000円×$\frac{20,000\text{単位}}{65,000\text{単位}}$=3, 200, 000円

乙製造部へ：10, 400, 000円×$\frac{30,000\text{単位}}{65,000\text{単位}}$=4, 800, 000円

X補助部門へ：10, 400, 000円×$\frac{15,000\text{単位}}{65,000\text{単位}}$=2, 400, 000円

③ 製造部門費

甲製造部：21, 000, 000円+5, 066, 667円+3, 200, 000円=29, 266, 667円

乙製造部：17, 600, 000円+4, 433, 333円+4, 800, 000円=26, 833, 333円

〈製造部門に配賦されるY補助部門費の単価〉

10, 400, 000円÷(20, 000単位+30, 000単位+15, 000単位)=160円/単位

以上で示したように，自家消費を考慮した場合でも無視した場合でも，製造部門に配賦されるY補助部門費の単価は同様となる。

また，相互配賦法（連立方程式法）では，通常，補助部門用役の自家消費を無視して連立方程式を立てて計算を行う。仮に用役の自家消費を計算に含めたとしても，自家消費分の当該補助部門費は最終的に他の部門へすべて配賦されることとなるため，用役の自家消費を無視した配賦額と同額となるからである。

問題8-7

部門費配賦表 (単位：円)

摘要	合計	製造部門		補助部門		
		第1製造部	第2製造部	修繕部	動力部	工場事務部
部門個別費	3, 170, 000	1, 200, 000	1, 000, 000	300, 000	400, 000	270, 000
部門共通費	2, 700, 000	700, 000	895, 000	440, 000	510, 000	155, 000
部門費	5, 870, 000	1, 900, 000	1, 895, 000	740, 000	910, 000	425, 000
工場事務部費		125, 000	112, 500	87, 500	100, 000	425, 000
動力部費		303, 000	454, 500	252, 500	1, 010, 000	
修繕部費		432, 000	648, 000	1, 080, 000		
製造部門費	5, 870, 000	2, 760, 000	3, 110, 000			

第1製造部 (単位：円)

製造間接費	1, 900, 000		
工場事務部	125, 000		
動力部	303, 000		
修繕部	432, 000		
	2, 760, 000		

第2製造部 (単位：円)

製造間接費	1, 895, 000		
工場事務部	112, 500		
動力部	454, 500		
修繕部	648, 000		
	3, 110, 000		

修繕部 (単位：円)

製造間接費	740, 000	第1製造部	432, 000
工場事務部	87, 500	第2製造部	648, 000
動力部	252, 500		
	1, 080, 000		1, 080, 000

動力部 (単位：円)

製造間接費	910, 000	第1製造部	303, 000
工場事務部	100, 000	第2製造部	454, 500
		修繕部	252, 500
	1, 010, 000		1, 010, 000

工場事務部 (単位：円)

製造間接費	425,000	第1製造部	125,000
		第2製造部	112,500
		修繕部	87,500
		動力部	100,000
	425,000		425,000

解答への道

1．補助部門の順位づけ
① 第1判断基準…他の補助部門への用役提供件数
② 第2判断基準…同一順位の部門の第1次集計費（または用役提供額）

	第1判断基準	第2判断基準
動力部	動力部 → 修繕部（1件）	910,000円…第2位
修繕部	修繕部 → 動力部（1件）	740,000円…第3位
工場事務部	工場事務部 → 動力部，修繕部（2件）…第1位	

補助部門の順位づけができたら，先順位から部門費配賦表の補助部門欄に右から左へ記入していく。本問においては，問題資料の並び順と，部門費配賦表の並び順が異なるので注意すること。

部門費配賦表 (単位：円)

摘要	合計	製造部門		補助部門		
		第1製造部	第2製造部	修繕部	動力部	工場事務部
部門個別費						
部門共通費						
部門費						
工場事務部費						
動力部費						
修繕部費						
製造部門費						

2．補助部門費の配賦
最右端の工場事務部（第1位）から，自分より左の部門（製造部門および下位の補助部門）へ配賦を行う。

工場事務部費：$\frac{425,000円}{50人+45人+35人+40人}$×50人＝125,000円（第1製造部へ）
〃 ×45人＝112,500円（第2製造部へ）
〃 ×35人＝ 87,500円（修繕部へ）
〃 ×40人＝100,000円（動力部へ）

なお，工場事務部から工場事務部への配賦（用役の自家消費の考慮）は行わないので注意すること。

動力部費：$\frac{910,000円+100,000円}{1,200kwh+1,800kwh+1,000kwh}$×1,200kwh＝303,000円（第1製造部へ）
〃 ×1,800kwh＝454,500円（第2製造部へ）
〃 ×1,000kwh＝252,500円（修繕部へ）

修繕部費：$\frac{740,000円+87,500円+252,500円}{200時間+300時間}$×200時間＝432,000円（第1製造部へ）
〃 ×300時間＝648,000円（第2製造部へ）

なお，修繕部（第3位）から動力部（第2位）への配賦は行わないので注意すること。

問題8-8

〔問1〕 (単位：万円)

	第1製作部	第2製作部
A補助部費配賦額	1,164	1,940
B補助部費配賦額	1,988	1,988

〔問2〕 (単位：万円)

	第1製作部	第2製作部
A補助部費配賦額	1,815	3,025
B補助部費配賦額	1,120	1,120

解答への道

〈階梯式配賦法における，補助部門の順位付けルール〉

第1判断基準
他の補助部門への用役提供件数が多い補助部門を上位とする（自部門への用役提供は含めない）。
第2判断基準
他の補助部門への用役提供件数が同数の場合は，次のいずれかの方法による。
① 第1次集計費の多い方を上位とする。
② 相互の配賦額を比較し，相手への配賦額の多い方を上位とする。

本問では，補助部門間で相互にサービスを提供しているため，他の補助部門への用役提供件数が同数となり，上記の第1判断基準では順位付けができない。そこで，第2判断基準に従って，問ごとに順位付けすることになる。

〔問１〕補助部門の順位付けに際し，第１次集計費の多い方を上位とする場合

A補助部：3, 880万円　＞　B補助部：3, 200万円　　　よって，A補助部が上位となる。

部　門　費　配　賦　表　　（単位：万円）

	第１製作部	第２製作部	B補助部	A補助部
部　門　費	××	××	3, 200	3, 880
A補助部費	1, 164	1, 940	776	3, 880
B補助部費	1, 988	1, 988	3, 976	
製造部門費	××	××		

〈A補助部費配賦額〉

第１製作部：3, 880万円×30％＝1, 164万円

第２製作部：　〃　×50％＝1, 940万円

B補助部：　〃　×20％＝　776万円

〈B補助部費配賦額〉

第１製作部：$\frac{3,976万円}{35\% + 35\%}$×35％＝1, 988万円

第２製作部：　〃　×35％＝1, 988万円

〔問２〕補助部門の順位付けに際し，補助部門相互の配賦額の多い方を上位とする場合

〈補助部門相互の配賦額〉

A補助部からB補助部への配賦額：3, 880万円×20％＝776万円

B補助部からA補助部への配賦額：3, 200万円×30％＝960万円

960万円　＞　776万円　　　よって，B補助部が上位となる。

部　門　費　配　賦　表　　（単位：万円）

	第１製作部	第２製作部	A補助部	B補助部
部　門　費	××	××	3, 880	3, 200
B補助部費	1, 120	1, 120	960	3, 200
A補助部費	1, 815	3, 025	4, 840	
製造部門費	××	××		

〈B補助部費配賦額〉

第１製作部：3, 200万円×35％＝1, 120万円

第２製作部：　〃　×35％＝1, 120万円

A補助部：　〃　×30％＝　960万円

〈A補助部費配賦額〉

第１製作部：$\frac{4,840万円}{30\% + 50\%}$×30％＝1, 815万円

第２製作部：　〃　×50％＝3, 025万円

問題8-9

(A)　製造指図書別製造原価要約表（20×0年10月）

（単位：千円）

	#100	#101	#102	#103	#104	#105	#106	合　計
９月末合計	500	210	——	——	——	——	——	710
直接材料費	——	500	400	300	500	250	320	2, 270
直接労務費								
切削部	——	——	270	180	180	108	90	828
組立部	182	154	140	168	140	——	——	784
製造間接費								
切削部	——	——	330	220	220	132	110	1, 012
組立部	208	176	160	192	160	——	——	896
合　計	890	1, 040	1, 300	1, 060	1, 200	490	520	6, 500

(B)　原価計算関係勘定

（注）〔　　〕内には相手勘定科目名または翌月繰越を，（　　）内には金額（単位：千円）を記入し，各勘定を締め切りなさい。使用できる相手勘定科目は，材料，賃金・手当，製造間接費—切削部，製造間接費—組立部，仕掛品，製品および原価差異とする。また配賦差異を予算差異と操業度差異に分析し，『　　』内に借方または貸方を記入しなさい。

仕　掛　品

前月繰越	710	〔製　品〕	（5, 490）
〔材　料〕	（2, 270）	〔翌月繰越〕	（1, 010）
〔賃金・手当〕	（1, 612）		
〔製造間接費—切削部〕	（1, 012）		
〔製造間接費—組立部〕	（896）		
	（6, 500）		（6, 500）

賃　率　差　異

前月繰越	40	〔翌月繰越〕	（74）
〔賃金・手当〕	（34）		
	（74）		（74）

製造間接費—切削部

諸　勘　定	（1, 070）	〔仕　掛　品〕	（1, 012）
		〔原価差異〕	（58）
	（1, 070）		（1, 070）

製造間接費―組立部

諸勘定	(910)	〔仕掛品〕	(896)
		〔原価差異〕	(14)
	(910)		(910)

切削部配賦差異　=（　58　）『借方』
内訳：予算差異　=（　10　）『借方』
　　　操業度差異 =（　48　）『借方』
組立部配賦差異　=（　14　）『借方』
内訳：予算差異　=（　98　）『貸方』
　　　操業度差異 =（　112　）『借方』

解答への道

1．材料の棚卸減耗費
　50千円〈帳簿残高〉－48千円〈実際残高〉＝２千円（切削部負担）

2．部門別予定平均賃率および部門別予定配賦率

(1) 予定平均賃率 $=\frac{\text{賃金・手当予算}}{\text{予定総就業時間}}$

切削部：$\frac{12,960\text{千円}}{14,400\text{時間}}=0.9$千円/時間　組立部：$\frac{12,600\text{千円}}{18,000\text{時間}}=0.7$千円/時間

(2) 予定配賦率 $=\frac{\text{製造間接費予算}}{\text{正常直接作業時間}}$

切削部：$\frac{6,000\text{千円}+7,200\text{千円}}{12,000\text{時間}}=1.1$千円/時間

組立部：$\frac{6,720\text{千円}+6,720\text{千円}}{16,800\text{時間}}=0.8$千円/時間

3．製造指図書別製造原価要約表の作成
直接材料費：資料(3)の金額を移記すればよい。
直接労務費：切削部；0.9千円/時間×指図書別直接作業時間
　　　　　　組立部；0.7千円/時間×　　　　〃
製造間接費：切削部；1.1千円/時間×指図書別直接作業時間
　　　　　　組立部；0.8千円/時間×　　　　〃

＃100～＃104に集計された原価が完成品原価として製品勘定に振り替えられ，＃105と＃106に集計された原価が，月末仕掛品原価として仕掛品勘定の翌月繰越となる。

4．賃金・手当勘定（直接工）の分析

賃金・手当　　　（直接工）

当月支払		前月未払	
切削部	900千円		250千円
組立部	1,000千円	当月消費（予定）(1)	
合　計	1,900千円	直接作業分	
		切削部	828千円
		組立部	784千円
		間接作業分	
		切削部	63千円
		組立部	203千円
		定時間外作業手当	
当月未払　(2)		組立部	7千円
切削部	171千円		
組立部	91千円	賃率差異　(3)	
	＋ 7千円		34千円

(1) 賃金・手当予定消費額
直接労務費：切削部 0.9千円/時間×　920時間　＝　828千円
　　　　　　組立部 0.7千円/時間×1,120時間　＝　784千円
間接労務費
間接作業分：切削部 0.9千円/時間×　70時間　＝　63千円
　　　　　　組立部 0.7千円/時間×290時間　＝　203千円
時間外手当分：組立部 0.7千円/時間×40%×25時間＝　7千円
　　　　　　　　　　　　　　　合　計　1,885千円

(2) 当月未払賃金・手当
切削部 0.9千円/時間×190時間　＝171千円
組立部 0.7千円/時間×(105時間＋25時間)　＝　91千円
　　　0.7千円/時間×40%×25時間　＝　7千円
　　　　　　　　　合　計　269千円

(3) 賃率差異：賃金・手当予定消費額－賃金・手当実際消費額
　＝1,885千円－1,919千円（＊）＝(－)34千円〔借方〕

（＊）賃金・手当実際消費額：当月支払－前月未払＋当月未払
　＝1,900千円－250千円＋269千円＝1,919千円

5．製造間接費実際発生額の集計

	切 削 部	組 立 部	
間接材料費	250千円	180千円	
直接工間接賃金	63千円	203千円	←解説 4．(1)参照
定時間外作業手当	——	7千円	
その他の間接労務費	228千円	197千円	
棚卸減耗費	2千円	——	←解説 1．参照
その他の間接経費	509千円	311千円	
部門費計	1, 052千円	898千円	
補助部門費配賦額	18千円	12千円	←(注)
製造部門費合計	1, 070千円	910千円	

(注) 補助部門費配賦額　切削部：$\frac{30千円}{30人+20人}\times 30人=18千円$，組立部：$\frac{30千円}{30人+20人}\times 20人=12千円$

6．部門別製造間接費の差異分析

(1) 切削部

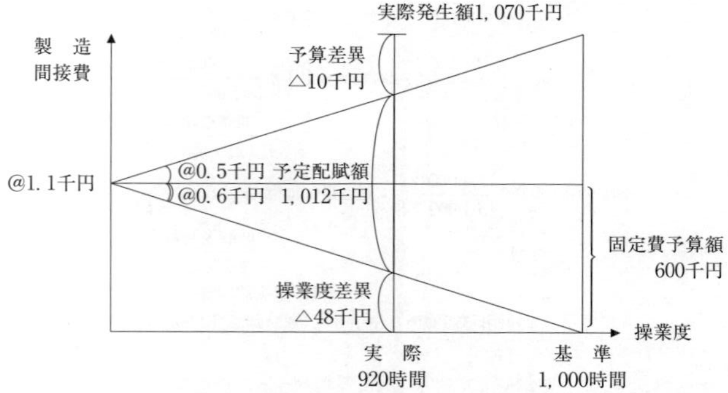

配賦差異：@1. 1千円×920時間－1, 070千円＝(−)58千円〔借方〕
予算差異：@0. 5千円×920時間＋600千円－1, 070千円＝(−)10千円〔借方〕
操業度差異：@0. 6千円×(920時間－1, 000時間)＝(−)48千円〔借方〕

(2) 組立部

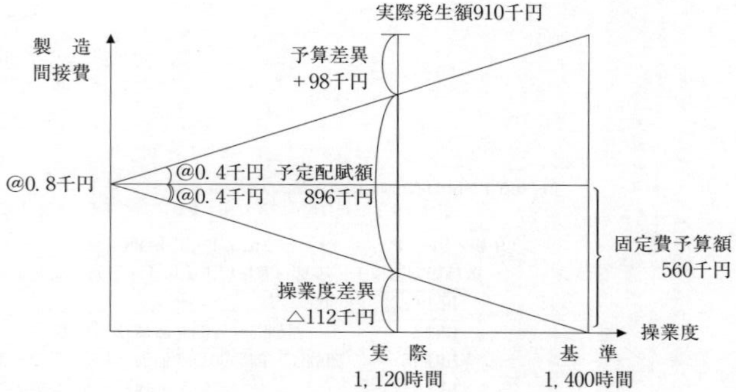

配賦差異：@0. 8千円×1, 120時間－910千円＝(−)14千円〔借方〕
予算差異：@0. 4千円×1, 120時間＋560千円－910千円＝(+)98千円〔貸方〕
操業度差異：@0. 4千円×(1, 120時間－1, 400時間)＝(−)112千円〔借方〕

Theme 09 原価の部門別計算（Ⅱ）

問題9-1

(1) 単一基準配賦法

動力部門（単位：円）

実際発生額		実際配賦額	
変動費	468,000	切削部門	（ 675,000 ）
固定費	702,000	組立部門	（ 495,000 ）
	1,170,000		（ 1,170,000 ）

(2) 複数基準配賦法

動力部門（単位：円）

実際発生額		実際配賦額	
変動費	468,000	切削部門	（ 691,200 ）
固定費	702,000	組立部門	（ 478,800 ）
	1,170,000		（ 1,170,000 ）

解答への道

(1) 単一基準配賦法

単一基準配賦法により動力部門費を実際配賦するため，変動費，固定費ともに製造部門の実際用役消費量の割合で配賦する。

動力部門費（実際）配賦額：$\frac{1,170,000円}{750kwh+550kwh}$×750kwh＝　675,000円（切削部門へ）

〃　×550kwh＝　495,000円（組立部門へ）

合　計　1,170,000円

(2) 複数基準配賦法

複数基準配賦法により動力部門費を実際配賦するため，変動費は製造部門の実際用役消費量の割合で，固定費は製造部門の用役消費能力の割合で配賦する。

動力部門費配賦額：変動費：$\frac{468,000円}{750kwh+550kwh}$×750kwh　＝　270,000円（切削部門へ）

〃　×550kwh　＝　198,000円（組立部門へ）

固定費：702,000円×$\frac{1,200kwh}{1,200kwh+800kwh}$＝　421,200円（切削部門へ）

〃　×$\frac{800kwh}{1,200kwh+800kwh}$＝　280,800円（組立部門へ）

合　計　1,170,000円

したがって，切削部門への配賦額は691,200円（＝270,000円＋421,200円），組立部門への配賦額は478,800円（＝198,000円＋280,800円）となる。

問題9-2

動力部門（単位：円）

実際発生額		予定配賦額	
変動費	468,000	切削部門	（ 622,500 ）
固定費	702,000	組立部門	（ 456,500 ）
		総差異	（ 91,000 ）
	1,170,000		（ 1,170,000 ）

動力部門の差異分析

総　差　異　＝ 91,000 円〔借方〕

内訳：変動費予算差異＝ 39,000 円〔借方〕

固定費予算差異＝ 2,000 円〔借方〕

操業度差異＝ 50,000 円〔借方〕

（注）□内には計算した差異の金額を，〔　　〕内には借方または貸方を記入すること。

解答への道

動力部門費を予定配賦するために，まず動力部門費予算額と動力予想総消費量より動力部門費の予定配賦率を算定する。

動力部門費の予定配賦率：$\frac{1,162,000円}{1,400kwh}$＝@830円

次に，単一基準配賦法により動力部門費を予定配賦するため，上記予定配賦率に製造部門の実際用役消費量を乗じて予定配賦額を算定する。

動力部門費予定配賦額：@830円×750kwh＝　622,500円（切削部門へ）

〃　×550kwh＝　456,500円（組立部門へ）

合　計　1,079,000円

動力部門の差異分析は次のとおりである。

総　差　異：1,079,000円－1,170,000円＝(－)91,000円〔借方〕

変動費予算差異：@330円（＊1）×1,300kwh－468,000円＝(－)39,000円〔借方〕

（＊1）変動費率：462,000円÷1,400kwh＝@330円

固定費予算差異：700,000円（＊2）－702,000円＝(－)2,000円〔借方〕

（＊2）固定費予算額

操業度差異：@500円（＊3）×(1,300kwh－1,400kwh)＝(－)50,000円〔借方〕

（＊3）固定費率：700,000円÷1,400kwh＝@500円

差異分析図は次のようになる。

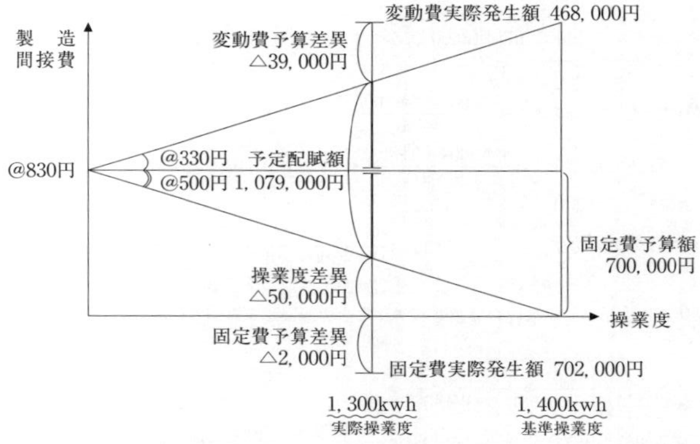

問題9-3

動　力　部　門　（単位：円）

実際発生額		予算許容額	
変動費	468,000	切削部門	(667,500)
固定費	702,000	組立部門	(461,500)
		総差異	(41,000)
	1,170,000		(1,170,000)

動力部門の差異分析

総　差　異　＝ 41,000 円〔借方〕

内訳：変動費予算差異＝ 39,000 円〔借方〕

固定費予算差異＝ 2,000 円〔借方〕

操業度差異＝ —— 円〔 — 〕

(注) □内には計算した差異の金額を，〔　〕内には借方または貸方を記入すること。また，不要な欄には「——」を記入すること。

解答への道

動力部門費の変動費は予定配賦するため，まず動力部門の変動費予算額と動力予想総消費量より動力部門変動費の予定配賦率を算定する。

動力部門変動費の予定配賦率：$\frac{462,000円}{1,400kwh}$＝@330円

次に，複数基準配賦法で動力部門費を予定配賦（予算許容額配賦）するため，変動費については上記予定配賦率に製造部門の実際用役消費量を乗じて配賦し，固定費については予算額を用役消費能力の割合で配賦する。

動力部門費配賦額：変動費：@330円 × 750kwh ＝ 247,500円（切削部門へ）

〃 × 550kwh ＝ 181,500円（組立部門へ）

固定費：700,000円×$\frac{1,200kwh}{2,000kwh}$＝ 420,000円（切削部門へ）

〃 ×$\frac{800kwh}{2,000kwh}$＝ 280,000円（組立部門へ）

合　計　1,129,000円

したがって，切削部門への配賦額は667,500円（＝247,500円＋420,000円），組立部門への配賦額は461,500円（＝181,500円＋280,000円）となる。

動力部門の差異分析は次のとおりである。

総　差　異：1,129,000円－1,170,000円＝(−)41,000円〔借方〕

変動費予算差異：@330円×1,300kwh－468,000円＝(−)39,000円〔借方〕

固定費予算差異：700,000円－702,000円＝(−)2,000円〔借方〕

操業度差異：——（補助部門の固定費は予算額を配賦するため，操業度差異は算出されない）

差異分析図を示すと次のようになる。

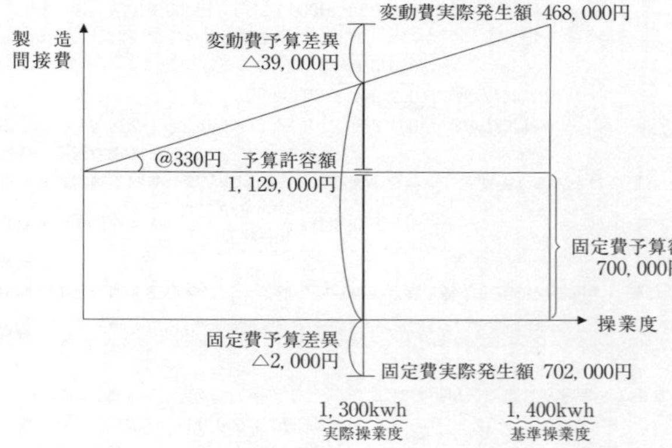

問題9-4

〔設問１〕

切削部に対する実際配賦額＝ 400, 000 円

組立部に対する実際配賦額＝ 240, 000 円

〔設問２〕

切削部に対する実際配賦額＝ 378, 160 円

組立部に対する実際配賦額＝ 261, 840 円

〔設問３〕

動　力　部　　（単位：円）

実際発生額		予定配賦額	
変動費	304, 000	切削部	（ 350, 000 ）
固定費	336, 000	組立部	（ 210, 000 ）
		総差異	（ 80, 000 ）
	640, 000		（ 640, 000 ）

動力部の差異分析

総　差　異　＝ 80, 000 円〔借方〕

内訳：変動費予算差異＝ 40, 000 円〔借方〕

固定費予算差異＝ 3, 000 円〔借方〕

操業度差異＝ 37, 000 円〔借方〕

（注） □ 内には計算した差異の金額を，〔　　〕内には借方または貸方を記入すること。

〔設問４〕

動　力　部　　（単位：円）

実際発生額		予算許容額	
変動費	304, 000	切削部	（ 351, 480 ）
固定費	336, 000	組立部	（ 245, 520 ）
		総差異	（ 43, 000 ）
	640, 000		（ 640, 000 ）

動力部の差異分析

総　差　異　＝ 43, 000 円〔借方〕

内訳：変動費予算差異＝ 40, 000 円〔借方〕

固定費予算差異＝ 3, 000 円〔借方〕

操業度差異＝ —— 円〔 — 〕

（注） □ 内には計算した差異の金額を，〔　　〕内には借方または貸方を記入すること。また，不要な欄には「——」を記入すること。

解答への道

〔設問１〕

単一基準配賦法により動力部費を実際配賦するため，変動費，固定費ともに製造部門の実際用役消費量の割合で配賦する。

動力部費実際配賦率：$\frac{640,000円}{800kwh}$＝800円/kwh

実際配賦額：800円/kwh×500kwh＝400, 000円（切削部へ）

〃　×300kwh＝240, 000円（組立部へ）

合計　640, 000円

〔設問２〕

複数基準配賦法により動力部費を実際配賦するため，変動費は製造部門の実際用役消費量の割合で，固定費は製造部門の用役消費能力の割合で配賦する。

実際配賦額　変動費：$\frac{304,000円}{800kwh}$ × 500kwh ＝190, 000円（切削部へ）

〃　× 300kwh ＝114, 000円（組立部へ）

固定費：336, 000円 × $\frac{560kwh}{1,000kwh}$＝188, 160円（切削部へ）

〃　× $\frac{440kwh}{1,000kwh}$＝147, 840円（組立部へ）

合計　640, 000円

したがって，切削部に対する配賦額合計は378, 160円（＝190, 000円＋188, 160円），組立部に対する配賦額合計は261, 840円（＝114, 000円＋147, 840円）となる。

〔設問３〕

動力部費を予定配賦するため，動力部予算額と動力予定用役消費量により動力部費予定配賦率を算定する。

動力部費予定配賦率：$\frac{630,000円}{900kwh}$＝700円/kwh

単一基準配賦法により動力部費を予定配賦するため，上記予定配賦率に製造部門の実際用役消費量を乗じて予定配賦額を配賦する。

予定配賦額：700円/kwh×500kwh＝350, 000円（切削部へ）

〃　×300kwh＝210, 000円（組立部へ）

合計　560, 000円

動力部の差異分析は次のとおり。

総　差　異：560, 000円－640, 000円＝(－)80, 000円〔借方〕

変動費予算差異：330円/kwh(＊１)×800kwh－304, 000円＝(－)40, 000円〔借方〕

（＊１）変動費率：297, 000円÷900kwh＝330円/kwh

固定費予算差異：333, 000円(＊２)－336, 000円＝(－)3, 000円〔借方〕

（＊２）固定費予算額

操業度差異：370円/kwh(＊３)×(800kwh－900kwh)＝(－)37, 000円〔借方〕

（＊３）固定費率：333, 000円÷900kwh＝370円/kwh

差異分析図を示すと次のようになる。

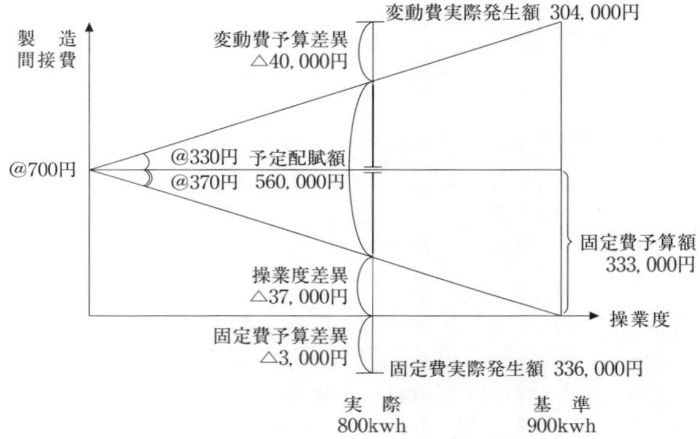

〔設問４〕

複数基準配賦法により動力部費を予算許容額配賦するため，変動費については予定配賦率に製造部門の実際用役消費量を乗じて配賦し，固定費については予算額を用役消費能力の割合で配賦する。

動力部変動費率：$\frac{297,000円}{900kwh}$ = 330円/kwh

予算許容額　変動費：330円/kwh × 500kwh = 165, 000円（切削部へ）

〃 × 300kwh = 99, 000円（組立部へ）

固定費：333, 000円 × $\frac{560kwh}{1,000kwh}$ = 186, 480円（切削部へ）

〃 × $\frac{440kwh}{1,000kwh}$ = 146, 520円（組立部へ）

合計　597, 000円

したがって，切削部に対する配賦額合計は351, 480円（＝165, 000円＋186, 480円），組立部に対する配賦額合計は245, 520円（＝99, 000円＋146, 520円）となる。

動力部の差異分析は次のとおり。

総　差　異：597, 000円－640, 000円＝(－)43, 000円〔借方〕

変動費予算差異：330円/kwh(＊)×800kwh－304, 000円＝(－)40, 000円〔借方〕
（＊）変動費率

固定費予算差異：333, 000円－336, 000円＝(－)3, 000円〔借方〕

操業度差異：予算許容額を配賦しているため，動力部で操業度差異は把握されない。

差異分析図を示すと次のようになる。

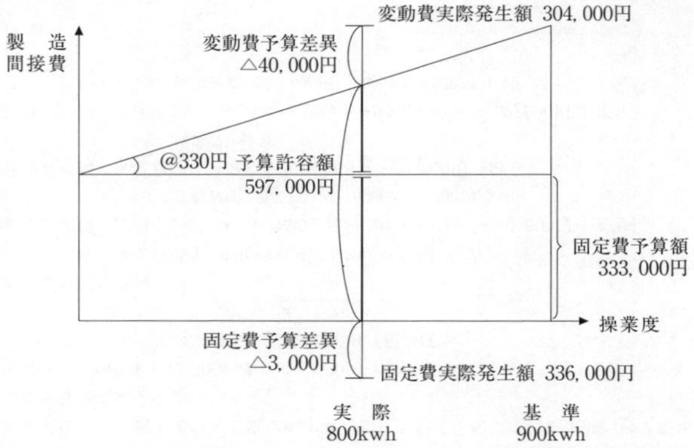

問題9-5

〔問１〕切削部に対する実際配賦額＝ 6, 527, 360 円

組立部に対する実際配賦額＝ 5, 346, 880 円

〔問２〕切削部に対する予定配賦額＝ 6, 563, 550 円

組立部に対する予定配賦額＝ 5, 376, 525 円

〔問３〕

動　力　部　（単位：円）

変動費実際発生額	7, 205, 940	切削部への配賦額	
固定費実際発生額	4, 668, 300	変　動　費	3, 938, 130
配　賦　差　異	77, 805	固　定　費	2, 520, 000
		組立部への配賦額	
		変　動　費	3, 225, 915
		固　定　費	2, 268, 000
	11, 952, 045		11, 952, 045

変動費予算差異		固定費予算差異		操業度差異	
41, 895	──	──	119, 700	──	──

（注）計算した結果を □ 内に記入しなさい。ただし差異勘定の不要な空欄には ── 線を引くこと。

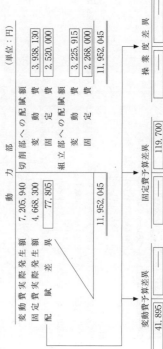

解答への道

〔問1〕単一基準配賦法・実際配賦

当月の動力部費を単一基準配賦法により実際配賦するため，変動費，固定費ともに当月の実際発生額を当月の動力実際消費量の割合で配賦する。

動力部費実際配賦率：$\frac{11,874,240円}{5,985kwh}$＝1,984円/kwh

実際配賦額：1,984円/kwh×3,290kwh＝ 6,527,360円（切削部へ）
〃　　　×2,695kwh＝ 5,346,880円（組立部へ）
合計　11,874,240円

〔問2〕単一基準配賦法・予定配賦

動力部費を単一基準配賦法により予定配賦するために，動力部費予定配賦率を算定する。

動力部費予定配賦率：$\frac{11,970,000円}{6,000kwh}$＝1,995円/kwh

上記予定配賦率に製造部門の動力実際消費量を乗じて配賦する。

予定配賦額：1,995円/kwh×3,290kwh＝ 6,563,550円（切削部へ）
〃　　　×2,695kwh＝ 5,376,525円（組立部へ）
合計　11,940,075円

〔問3〕複数基準配賦法・予算許容額配賦

当月の動力部費を複数基準配賦法により，変動費は予定配賦し，固定費は予算額を配賦するため，変動費については予定配賦率に製造部門の動力実際消費量を乗じて配賦し，固定費については予算額を動力消費能力の割合で配賦する。

すなわち，複数基準配賦法により予算許容額を配賦することになる。

動力部変動費予定配賦率：$\frac{7,182,000円}{6,000kwh}$＝1,197円/kwh

配賦額　変動費：1,197円/kwh× 3,290kwh ＝ 3,938,130円（切削部へ）
〃　　× 2,695kwh ＝ 3,225,915円（組立部へ）

固定費：4,788,000円×$\frac{42,000kwh}{79,800kwh}$＝ 2,520,000円（切削部へ）
〃　　×$\frac{37,800kwh}{79,800kwh}$＝ 2,268,000円（組立部へ）
合計　11,952,045円

動力部の差異分析は次のとおり。

配　賦　差　異：11,952,045円－11,874,240円＝(+)77,805円〔貸方〕
変動費予算差異：1,197円/kwh×5,985kwh－7,205,940円＝(−)41,895円〔借方〕
固定費予算差異：4,788,000円－4,668,300円＝(+)119,700円〔貸方〕
操 業 度 差 異：予算許容額を配賦しているため動力部で操業度差異は把握されない。

差異分析図を示すと次のとおり。

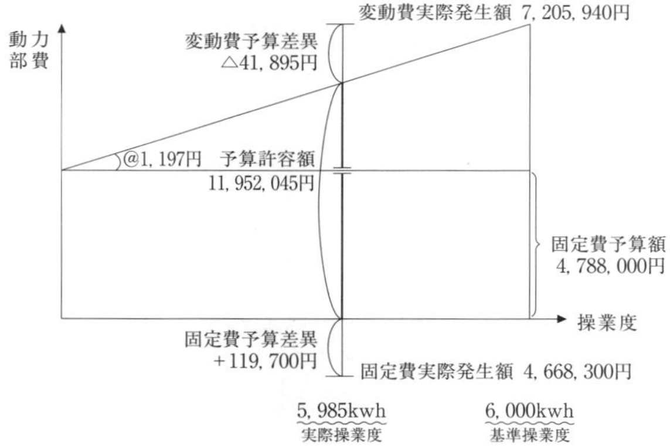

問題9-6

〔問1〕

10月の動力部費の1kwhあたり実際配賦率＝ 3,600 円

切削部に対する実際配賦額＝ 3,042,000 円

〔問2〕

（注）計算した結果を下記の□内に記入しなさい。ただし，差異勘定への記入は，借方または貸方のどちらかに記入すること。

動　力　部　（単位：円）

変動費実際発生額	2,210,000	切削部への予定配賦額	2,873,000
固定費実際発生額	2,470,000	組立部への予定配賦額	1,547,000
		総　差　異	260,000
	4,680,000		4,680,000

動力部予算差異

170,000	

動力部操業度差異

90,000	

〔問3〕

(a)＝ 予　定　(b)＝ 消費能力　(c)＝ 複数基準

組立部に対する動力部費配賦額：変動費配賦額＝ 728,000 円
固定費配賦額＝ 972,000 円
配賦額合計　＝ 1,700,000 円

解答への道

〔問１〕

単一基準配賦法により動力部費を実際配賦するため，変動費，固定費ともに製造部門の実際用役消費量の割合で配賦する。

動力部費実際配賦率：$\frac{4,680,000\text{円}}{1,300\text{kwh}}=3,600\text{円/kwh}$

実際配賦額：3, 600円/kwh×845kwh＝3, 042, 000円（切削部へ）
3, 600円/kwh×455kwh＝1, 638, 000円（組立部へ）
合計　4, 680, 000円

〔問２〕

動力部費を予定配賦するため，動力部予算額と動力予想総消費量より動力部費予定配賦率を算定する。ここで，資料１.(1)(2)は，年間データになっていることに注意する。

動力部費予定配賦率：$\frac{4,590,000\text{円}}{1,350\text{kwh}}=3,400\text{円/kwh}$

単一基準配賦法により動力部費を予定配賦するため，上記予定配賦率に製造部門の実際用役消費量を乗じて予定配賦額を配賦する。

予定配賦額：3, 400円/kwh×845kwh＝2, 873, 000円（切削部へ）
3, 400円/kwh×455kwh＝1, 547, 000円（組立部へ）
合計　4, 420, 000円

動力部の差異分析は次のとおり。

総　差　異：4, 420, 000円－4, 680, 000円＝(−)260, 000円〔借方〕

予 算 差 異：1, 600円/kwh(＊１)×1, 300kwh＋2, 430, 000円(＊２)－4, 680, 000円
＝(−)170, 000円〔借方〕

（＊１）変動費率：2, 160, 000円÷1, 350kwh＝1, 600円/kwh
（＊２）固定費予算額：742, 500円＋877, 500円＋810, 000円＝2, 430, 000円

操業度差異：1, 800円/kwh(＊３)×(1, 300kwh－1, 350kwh)＝(−)90, 000円〔借方〕

（＊３）固定費率：2, 430, 000円÷1, 350kwh＝1, 800円/kwh

差異分析図を示すと次のようになる。

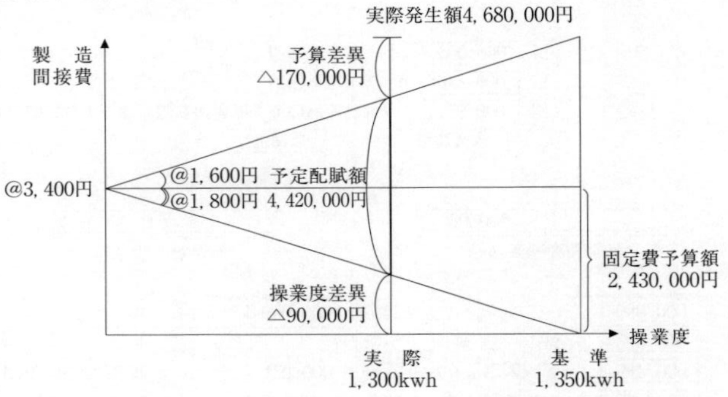

〔問３〕

(a)～(c)の穴埋めは，責任会計上望ましい配賦方法である複数基準配賦法によって予算許容額を配賦するのがよい，という内容の文章になる。

したがって，複数基準配賦法により動力部費を予算許容額配賦するため，変動費については予定配賦率に製造部門の実際用役消費量を乗じて配賦し，固定費については予算額を用役消費能力の割合で配賦する。

動力部変動費率：$\frac{2,160,000\text{円}}{1,350\text{kwh}}=1,600\text{円/kwh}$

予算許容額　変動費：1, 600円/kwh×845kwh　＝1, 352, 000円（切削部へ）
〃　×455kwh　＝　728, 000円（組立部へ）

固定費：$2,430,000\text{円}\times\frac{12,960\text{kwh}}{21,600\text{kwh}}=1,458,000\text{円}$（切削部へ）
〃　$\times\frac{8,640\text{kwh}}{21,600\text{kwh}}=972,000\text{円}$（組立部へ）
合計　4, 510, 000円

組立部に対する配賦額合計は1, 700, 000円（＝728, 000円＋972, 000円）となる。

問題9-7

〔問１〕階梯式配賦法と複数基準配賦法による補助部門費の配賦結果（固定費と変動費の合計額）

(1) 加工部の実際部門費合計＝ 15,587 万円

(2) 組立部の実際部門費合計＝ 16,803 万円

〔問２〕連立方程式の相互配賦法と複数基準配賦法による補助部門費の配賦結果（固定費と変動費の合計額）

(1) 相互に配賦し終えた最終の補助部門費

動力部費＝ 3,500 万円

技術部費＝ 7,000 万円

(2) 実際部門費配賦表

（単位：万円）

費目	合計	製造部門						補助部門								
		加工部			組立部			技術部			動力部			管理部		
		F	V	合計	F	V	合計	F	V	合計	F	V	合計	F	V	合計
部門費合計	32,390	5,500	5,000	10,500	6,500	6,000	12,500	3,500	2,700	6,200	1,550	1,140	2,690	500	—	500
管理部F		150	—	150	200	—	200	100	—	100	50	—	50	(500)	—	(500)
動力部F		800	—	800	800	—	800	400	—	400	(2,000)	—	(2,000)	—	—	—
V		—	750	750	—	450	450	—	300	300	—	(1,500)	(1,500)	—	—	—
技術部F		2,000	—	2,000	1,600	—	1,600	(4,000)	—	(4,000)	400	—	400	—	—	—
V		—	1,380	1,380	—	1,260	1,260	—	(3,000)	(3,000)	—	360	360	—	—	—
製造部門費	32,390	8,450	7,130	15,580	9,100	7,710	16,810	—	—	—	—	—	—	—	—	—

（注）Fは固定費，Vは変動費を意味する。

〔問３〕①＝ 予　算

②＝ 予　算

③＝ 予　算

④＝ 予定配賦率

解答への道

〔問１〕階梯式配賦法と複数基準配賦法による実際製造部門費の計算

(1) 補助部門の順位づけ

① 第１判断基準：他の補助部門への用役提供件数

② 第２判断基準：同一順位の部門の第１次集計費（または用役提供額）

	第１判断基準	第２判断基準
技術部	技術部──►動力部（1件）	6,200万円…第２位
動力部	動力部──►技術部（1件）	2,690万円…第３位
管理部	管理部──►技術部，動力部（2件）…第１位	

(2) 実際部門費配賦表の作成

複数基準配賦法により実際配賦するため，固定費は関係部門の用役消費能力の割合で，変動費は関係部門の実際用役消費量の割合で配賦する。

実際部門費配賦表

（単位：万円）

費目	合計	製造部門				補助部門				
		加工部		組立部		動力部		技術部		管理部
		F	V	F	V	F	V	F	V	F
部門費合計	32,390	5,500	5,000	6,500	6,000	1,550	1,140	3,500	2,700	500
管理部費		150	——	200	——	50	——	100	——	500
技術部費		1,800	1,242	1,440	1,134	360	324	3,600	2,700	
動力部費		980	915	980	549	1,960	1,464			
製造部門費	32,390	8,430	7,157	9,120	7,683					

（注）Fは固定費，Vは変動費を意味する。

① 管理部費配賦額

$$\text{固定費：500万円}\times\frac{120人}{120人+160人+40人+80人}=150万円（加工部へ）$$

$$〃\quad\times\frac{160人}{120人+160人+40人+80人}=200万円（組立部へ）$$

$$〃\quad\times\frac{40人}{120人+160人+40人+80人}=\ 50万円（動力部へ）$$

$$〃\quad\times\frac{80人}{120人+160人+40人+80人}=100万円（技術部へ）$$

なお，管理部から管理部への配賦（用役の自家消費の考慮）は行わないので注意すること。

② 技術部費配賦額

$$\text{固定費：(3,500万円＋100万円)}\times\frac{2,500時}{2,500時+2,000時+500時}=1,800万円（加工部へ）$$

$$〃\quad\times\frac{2,000時}{2,500時+2,000時+500時}=1,440万円（組立部へ）$$

$$〃\quad\times\frac{500時}{2,500時+2,000時+500時}=\ 360万円（動力部へ）$$

$$\text{変動費：}\frac{2,700万円}{1,725時+1,575時+450時}\times 1,725時=1,242万円（加工部へ）$$

$$〃\quad\times 1,575時=1,134万円（組立部へ）$$

$$〃\quad\times\ 450時=\ 324万円（動力部へ）$$

③ 動力部費配賦額

$$\text{固定費：(1,550万円＋50万円＋360万円)}\times\frac{80万kwh}{80万kwh+80万kwh}=980万円（加工部へ）$$

$$〃\quad\times\frac{80万kwh}{80万kwh+80万kwh}=980万円（組立部へ）$$

$$\text{変動費：}\frac{1,140万円+324万円}{75万kwh+45万kwh}\times 75万kwh=915万円（加工部へ）$$

$$〃\quad\times 45万kwh=549万円（組立部へ）$$

なお，動力部（第３位）から技術部（第２位）への配賦は行わないので注意すること。

配賦計算の結果，加工部の実際部門費合計は15, 587万円（＝8, 430万円＋7, 157万円），組立部の実際部門費合計は16, 803万円（＝9, 120万円＋7, 683万円）となる。

〔問２〕連立方程式の相互配賦法と複数基準配賦法による実際製造部門費の計算

(1) 連立方程式法について

① 最終的に計算された（相互に配賦し終えた）管理部費の固定費をａ，動力部費のうち固定費をｂ，変動費をｂ'，技術部費のうち固定費をｃ，変動費をｃ'とおくと，次のような配賦表を作ることができる。このとき，管理部から管理部への配賦（用役の自家消費の考慮）は行わない。

実 際 部 門 費 配 賦 表　　（単位：万円）

費目	合計	製造部門				補助部門				
		加工部		組立部		技術部		動力部		管理部
		F	V	F	V	F	V	F	V	F
部門費合計	32, 390	5, 500	5, 000	6, 500	6, 000	3, 500	2, 700	1, 550	1, 140	500
管理部費		0. 3 a	——	0. 4 a	——	0. 2 a	——	0. 1 a	——	——
動力部費		0. 4 b	0. 5 b'	0. 4 b	0. 3 b'	0. 2 b	0. 2 b'	——	——	——
技術部費		0. 5 c	0. 46 c'	0. 4 c	0. 42 c'	——	——	0. 1 c	0. 12 c'	——
製造部門費	32, 390					c	c'	b	b'	a

複数基準配賦法であるため，固定費は関係部門の用役消費能力の割合で，変動費は関係部門の用役実際消費量の割合で配賦する。

② 上記配賦表から，各補助部門費について列を縦に見て，固定費と変動費それぞれに連立方程式を立てる。

固定費 $\begin{cases} a = 500 \\ b = 1,550 + 0.1a + 0.1c \\ c = 3,500 + 0.2a + 0.2b \end{cases}$

これを解くと，$a = 500$，$b = 2,000$，$c = 4,000$

変動費 $\begin{cases} b' = 1,140 + 0.12c' \\ c' = 2,700 + 0.2b' \end{cases}$

これを解くと，$b' = 1,500$，$c' = 3,000$

(2) 相互に配賦し終えた最終の補助部門費

動力部費：$b + b' = 2,000 + 1,500 = 3,500$（万円）

技術部費：$c + c' = 4,000 + 3,000 = 7,000$（万円）

(3) 実際部門費配賦表の作成

算出した連立方程式の解を部門費配賦表に代入して表示形式を整えると，次のようになる。

実 際 部 門 費 配 賦 表　　（単位：万円）

費目	合計	製造部門				補助部門				
		加工部		組立部		技術部		動力部		管理部
		F	V	F	V	F	V	F	V	F
部門費合計	32, 390	5, 500	5, 000	6, 500	6, 000	3, 500	2, 700	1, 550	1, 140	500
管理部費F		150	——	200	——	100	——	50	——	(500)
動力部費F		800	——	800	——	400	——	(2, 000)	——	——
V		——	750	——	450	——	300	——	(1, 500)	——
技術部費F		2, 000	——	1, 600	——	(4, 000)	——	400	——	——
V		——	1, 380	——	1, 260	——	(3, 000)	——	360	——
製造部門費	32, 390	8, 450	7, 130	9, 100	7, 710	——	——	——	——	——

（注）部門費配賦表の金額に付した（　）はマイナスを意味する。

問題9-8

1．部門費配賦表の作成

予算部門費配賦表　　（単位：円）

摘要	製造部門				補助部門	
	切削部門		組立部門		動力部門	
	変動費	固定費	変動費	固定費	変動費	固定費
部門費	2, 136, 000	2, 580, 000	1, 602, 000	2, 420, 000	462, 000	700, 000
動力部門費	264, 000	420, 000	198, 000	280, 000		
製造部門費	2, 400, 000	3, 000, 000	1, 800, 000	2, 700, 000		

実際部門費配賦表　　（単位：円）

摘要	製造部門				補助部門	
	切削部門		組立部門		動力部門	
	変動費	固定費	変動費	固定費	変動費	固定費
部門費	2, 176, 500	2, 590, 000	1, 590, 500	2, 435, 000	468, 000	702, 000
動力部門費	247, 500	420, 000	181, 500	280, 000		
製造部門費	2, 424, 000	3, 010, 000	1, 772, 000	2, 715, 000		

2．勘定記入と差異分析

切　削　部　門　(単位：円)

実際１次集計費	4, 766, 500	仕掛品への予定配賦額	5, 364, 000
動力部門費配賦額	667, 500	総　差　異	70, 000
	5, 434, 000		5, 434, 000

「切削部門」勘定の総差異の分析

総　差　異　＝ 70, 000 円〔借方〕
内訳：変動費予算差異＝ 40, 000 円〔借方〕
固定費予算差異＝ 10, 000 円〔借方〕
操業度差異＝ 20, 000 円〔借方〕

組　立　部　門　(単位：円)

実際１次集計費	4, 025, 500	仕掛品への予定配賦額	4, 375, 000
動力部門費配賦額	461, 500	総　差　異	112, 000
	4, 487, 000		4, 487, 000

「組立部門」勘定の総差異の分析

総　差　異　＝ 112, 000 円〔借方〕
内訳：変動費予算差異＝ 22, 000 円〔借方〕
固定費予算差異＝ 15, 000 円〔借方〕
操業度差異＝ 75, 000 円〔借方〕

動　力　部　門　(単位：円)

実際１次集計費	1, 170, 000	切削部門への配賦額	667, 500
		組立部門への配賦額	461, 500
		総　差　異	41, 000
	1, 170, 000		1, 170, 000

「動力部門」勘定の総差異の分析

総　差　異　＝ 41, 000 円〔借方〕
内訳：変動費予算差異＝ 39, 000 円〔借方〕
固定費予算差異＝ 2, 000 円〔借方〕
操業度差異＝ —— 円〔 — 〕

(注) □ 内には計算した差異の金額を，〔　〕内には借方または貸方を記入すること。また，不要な欄には「——」を記入すること。

解答への道

1．製造部門の予定配賦率の算定

まず，予算部門費配賦表を複数基準配賦法により作成し，集計された製造部門費予算にもとづいて，製造部門別の予定配賦率を算定する。この際，補助部門の変動費は，変動費率に正常用役消費量を乗じて，また固定費は，予算額を用役消費能力の割合で配賦する。

予算部門費配賦表　(単位：円)

摘　要	製造部門				補助部門	
	切削部門		組立部門		動力部門	
	変動費	固定費	変動費	固定費	変動費	固定費
部門費	2, 136, 000	2, 580, 000	1, 602, 000	2, 420, 000	462, 000	700, 000
(＊1)動力部門費	264, 000	420, 000	198, 000	280, 000		
製造部門費	2, 400, 000	3, 000, 000	1, 800, 000	2, 700, 000		
基準操業度	3, 000時間		1, 800時間			
予定配賦率	@800円	@1, 000円	@1, 000円	@1, 500円		
	(＊2)@1, 800円		(＊3)@2, 500円			

(＊1) 動力部門費配賦額

変動費：動力部門の変動費率×両製造部門の正常動力消費量

変動費の（予定）配賦率：$\frac{462,000円}{1,400kwh〈正常動力消費量〉}$ = 330円/kwh

切削部門への配賦額：330円/kwh × 800kwh = 264, 000円

組立部門への配賦額：330円/kwh × 600kwh = 198, 000円

固定費：動力部門の固定費予算額を両製造部門の用役消費能力の割合で配賦する。

切削部門への配賦額：700, 000円 × $\frac{1,200kwh}{1,200kwh + 800kwh}$ = 420, 000円

組立部門への配賦額：〃 × $\frac{800kwh}{1,200kwh + 800kwh}$ = 280, 000円

(＊2) 切削部門費予定配賦率：$\frac{2,400,000円 + 3,000,000円}{3,000時間}$ = 1, 800円/時間

(＊3) 組立部門費予定配賦率：$\frac{1,800,000円 + 2,700,000円}{1,800時間}$ = 2, 500円/時間

2．製造間接費の部門別予定配賦額の算定

当月の実績データが判明すれば，部門別予定配賦率に両製造部門の実際操業度を乗じて，製造間接費を仕掛品勘定へ配賦する。なお，ここで算定された予定配賦額が両製造部門勘定の貸方に記入される。

切削部門費予定配賦額：1, 800円/時間×2, 980時間＝5, 364, 000円（仕掛品勘定へ）

組立部門費予定配賦額：2, 500円/時間×1, 750時間＝4, 375, 000円（仕掛品勘定へ）

3．実際発生額の集計

次いで，実際部門費配賦表を作成し，製造部門費の実際発生額を集計する。なお，本設例における補助部門費の配賦は，変動費は変動費の予定配賦率に実際用役消費量を乗じて配賦し，また固定費は予算額を用役消費能力の割合で配賦する（＝予算許容額配賦）。

この計算により，両製造部門勘定の借方記入と補助部門勘定の記入が行われる。

実際部門費配賦表　（単位：円）

摘　　要	製造部門				補助部門	
	切削部門		組立部門		動力部門	
	変動費	固定費	変動費	固定費	変動費	固定費
部　門　費	2, 176, 500	2, 590, 000	1, 590, 500	2, 435, 000	468, 000	702, 000
(＊)動力部門費	247, 500	420, 000	181, 500	280, 000		
製造部門費	2, 424, 000	3, 010, 000	1, 772, 000	2, 715, 000		

(＊）動力部門費配賦額

変動費：変動費予定配賦率330円/kwh×（両製造部門の）実際動力消費量

固定費：予算額を両製造部門の用役消費能力の割合で配賦する。したがって，予算部門費配賦表と同じ配賦計算になる。

4．各部門の差異分析

最後に各部門の差異分析を行う。

切削部門の差異分析

総　　差　　異：5, 364, 000円－(2, 424, 000円＋3, 010, 000円)＝(−)70, 000円〔借方〕

変動費予算差異：800円/時間×2, 980時間－2, 424, 000円＝(−)40, 000円〔借方〕

固定費予算差異：3, 000, 000円－3, 010, 000円＝(−)10, 000円〔借方〕

操 業 度 差 異：1, 000円/時間×(2, 980時間－3, 000時間)＝(−)20, 000円〔借方〕

組立部門の差異分析

総　　差　　異：4, 375, 000円－(1, 772, 000円＋2, 715, 000円)＝(−)112, 000円〔借方〕

変動費予算差異：1, 000円/時間×1, 750時間－1, 772, 000円＝(−)22, 000円〔借方〕

固定費予算差異：2, 700, 000円－2, 715, 000円＝(−)15, 000円〔借方〕

操 業 度 差 異：1, 500円/時間×(1, 750時間－1, 800時間)＝(−)75, 000円〔借方〕

動力部門の差異分析

総　　差　　異：330円/kwh×1, 300kwh＋700, 000円－(468, 000円＋702, 000円)
＝(−)41, 000円〔借方〕

変動費予算差異：330円/kwh×1, 300kwh－468, 000円＝(−)39, 000円〔借方〕

固定費予算差異：700, 000円－702, 000円＝(−)2, 000円〔借方〕

操 業 度 差 異：――（補助部門の固定費は予算額を配賦しているため算出されない）

各部門の差異分析図は次のようになる。

［切削部門］

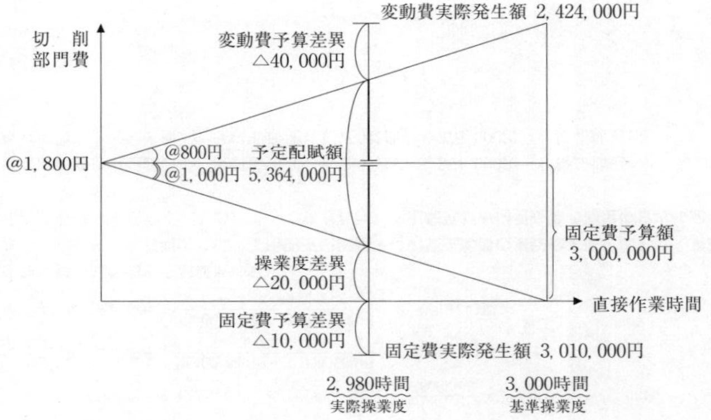

［組立部門］

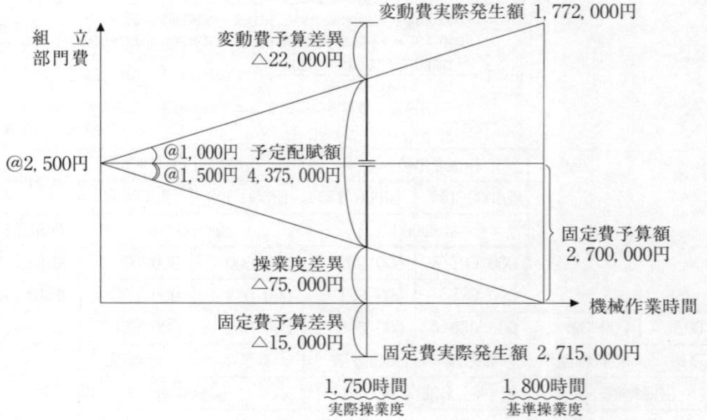

〔動力部門〕

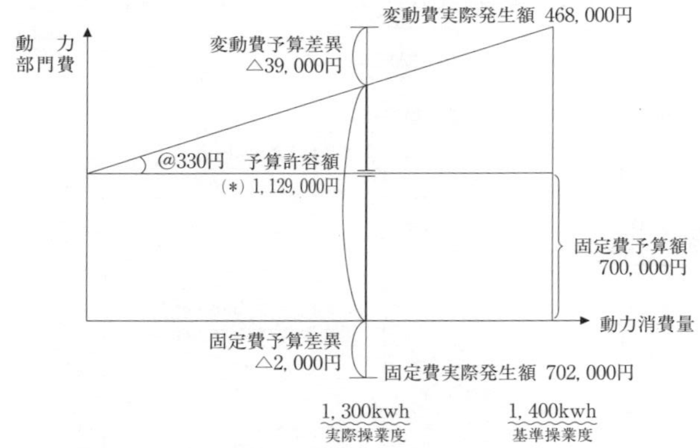

(＊) 予算許容額：@330円×1,300kwh＋700,000円＝1,129,000円

問題9-9

〔設問1〕

(ア) 予算 差異　　(イ) 操業度 差異

〔設問2〕

(1) 予定配賦率： 1,550 円/MH，予定配賦額： 3,115,500 円

(2)

	切削部門	動力部門
変動費予算差異	−17,100 円	―― 円
固定費予算差異	−13,000 円	―― 円
操業度差異	＋ 8,500 円	―― 円

〔設問3〕

(1) 予定配賦率： 1,550 円/MH，予定配賦額： 3,115,500 円

(2)

	切削部門	動力部門
変動費予算差異	−13,000 円	− 7,700 円
固定費予算差異	＋ 7,500 円	− 1,000 円
操業度差異	＋ 8,500 円	−37,500 円

〔設問4〕

(1) 予定配賦率： 1,540 円/MH，予定配賦額： 3,095,400 円

(2)

	切削部門	動力部門
変動費予算差異	−13,000 円	− 7,700 円
固定費予算差異	＋20,000 円	− 1,000 円
操業度差異	＋ 8,400 円	―― 円

解答への道

〔設問2〕動力部門費の実際発生額を単一基準配賦法によって配賦する方法

1．切削部門の予定配賦率および予定配賦額の計算

動力部門費を単一基準配賦法で製造部門へ配賦して，予算の部門費配賦表を作成する。このとき動力部門費予算額は固定費，変動費ともに，製造部門の予定用役消費量の割合で配賦する。

年間予算部門費配賦表　（単位：千円）

費目	製造部門				補助部門	
	切削部門		仕上部門		動力部門	
	固定費	変動費	固定費	変動費	固定費	変動費
部門個別費	12,000	(＊1)12,000	?	?	10,800	(＊2) 9,600
部門共通費	2,400	――	?	?	1,200	――
合計	14,400	12,000	?	?	12,000	9,600
動力部門費	(＊3) 6,000	(＊4) 4,800	(＊3) 6,000	(＊4) 4,800		
製造部門費	20,400	16,800	?	?		
基準操業度	24,000MH					
予定配賦率	850円/MH	700円/MH				
	1,550円/MH					

(＊1) 500円/MH×24,000MH〈基準操業度〉＝12,000千円

(＊2) 200円/kwh×48,000kwh〈基準操業度〉＝9,600千円

(＊3) $\frac{12{,}000\text{千円}}{24{,}000\text{kwh}+24{,}000\text{kwh}}$×24,000kwh〈切削部門の予定用役消費量〉＝6,000千円

〃　×24,000kwh〈仕上部門の予定用役消費量〉＝6,000千円

(＊4) 200円/kwh×24,000kwh〈切削部門の予定用役消費量〉＝4,800千円

〃　×24,000kwh〈仕上部門の予定用役消費量〉＝4,800千円

切削部門の予定配賦率：850円/MH＋700円/MH＝1,550円/MH

切削部門の予定配賦額：1,550円/MH×2,010MH＝3,115,500円

2．各部門の実際発生額の集計（実際部門費配賦表の作成）

動力部門費の実際発生額を単一基準配賦法で製造部門へ配賦するため，動力部門費の実際発生額を固定費，変動費ともに，製造部門の実際用役消費量の割合で配賦する。

当月実際部門費配賦表　（単位：千円）

費目	製造部門				補助部門	
	切削部門		仕上部門		動力部門	
	固定費	変動費	固定費	変動費	固定費	変動費
部門個別費	980	1, 010	?	?	901	777. 7
部門共通費	200	——	?	?	100	——
合計	1, 180	1, 010	?	?	1, 001	777. 7
動力部門費	(＊1) 533	(＊2) 414. 1	(＊1) 468	(＊2) 363. 6		
製造部門費	1, 713	1, 424. 1	?	?		

（＊1）$\frac{1,001千円}{2,050kwh + 1,800kwh}$ × 2, 050kwh〈切削部門の実際用役消費量〉＝533千円

〃　× 1, 800kwh〈仕上部門の実際用役消費量〉＝468千円

（＊2）$\frac{777.7千円}{2,050kwh + 1,800kwh}$ × 2, 050kwh〈切削部門の実際用役消費量〉＝414. 1千円

〃　× 1, 800kwh〈仕上部門の実際用役消費量〉＝363. 6千円

3．各部門の差異分析

(1)　切削部門

変動費予算差異：700円/MH×2, 010MH－1, 424, 100円＝(－)17, 100円〔借方〕

固定費予算差異：1, 700, 000円(＊1)－1, 713, 000円＝(－)13, 000円〔借方〕

（＊1）月間固定費予算額：20, 400, 000円÷12か月＝1, 700, 000円

操業度差異：850円/MH×(2, 010MH－2, 000MH(＊2))＝(＋)8, 500円〔貸方〕

（＊2）月間基準操業度：24, 000MH÷12か月＝2, 000MH

差異分析図を示すと，次のようになる。

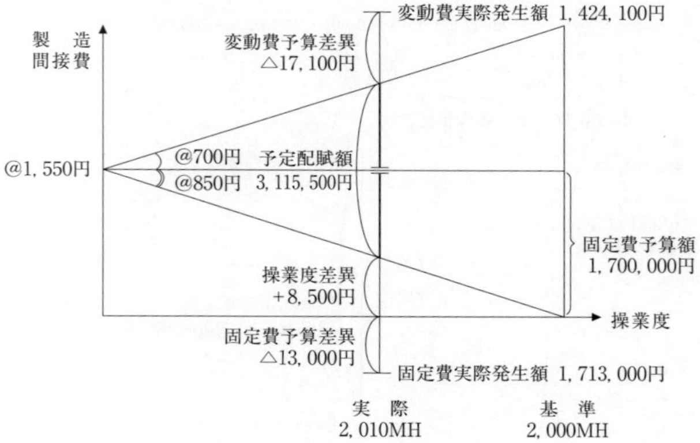

(2)　動力部門

動力部門は実際発生額を各製造部門へ配賦しているため，差異は生じない。

〔設問3〕動力部門費の予定配賦額を単一基準配賦法によって配賦する方法

1．切削部門の予定配賦率および予定配賦額の計算

動力部門費を単一基準配賦法で製造部門へ配賦するため，予算の部門費配賦表の作成および各製造部門の予定配賦率および予定配賦額は〔設問2〕と同じになる。

2．各部門の実際発生額の集計（実際部門費配賦表の作成）

動力部門費の予定配賦額を単一基準配賦法で製造部門へ配賦するため，動力部門費の予定配賦率に製造部門の実際用役消費量を乗じて予定配賦額を配賦する。

当月実際部門費配賦表　（単位：千円）

費目	製造部門				補助部門	
	切削部門		仕上部門		動力部門	
	固定費	変動費	固定費	変動費	固定費	変動費
部門個別費	980	1, 010	?	?	901	777. 7
部門共通費	200	——	?	?	100	——
合計	1, 180	1, 010	?	?	1, 001	777. 7
動力部門費	(＊1) 512. 5	(＊2) 410	(＊1) 450	(＊2) 360		
製造部門費	1, 692. 5	1, 420	?	?		

（＊1）動力部門費固定費配賦額

固定費率：$\frac{12,000,000円}{48,000kwh}$＝250円/kwh

250円/kwh × 2, 050kwh〈切削部門の実際用役消費量〉＝512. 5千円

〃　× 1, 800kwh〈仕上部門の実際用役消費量〉＝450千円

（＊2）動力部門費変動費配賦額

200円/kwh × 2, 050kwh〈切削部門の実際用役消費量〉＝410千円

〃　× 1, 800kwh〈仕上部門の実際用役消費量〉＝360千円

3．各部門の差異分析

(1)　切削部門

変動費予算差異：700円/MH×2, 010MH－1, 420, 000円＝(－)13, 000円〔借方〕

固定費予算差異：1, 700, 000円(＊1)－1, 692, 500円＝(＋)7, 500円〔貸方〕

（＊1）月間固定費予算額：20, 400, 000円÷12か月＝1, 700, 000円

操業度差異：850円/MH×(2, 010MH－2, 000MH(＊2))＝(＋)8, 500円〔貸方〕

（＊2）月間基準操業度：24, 000MH÷12か月＝2, 000MH

差異分析図を示すと，次のようになる。

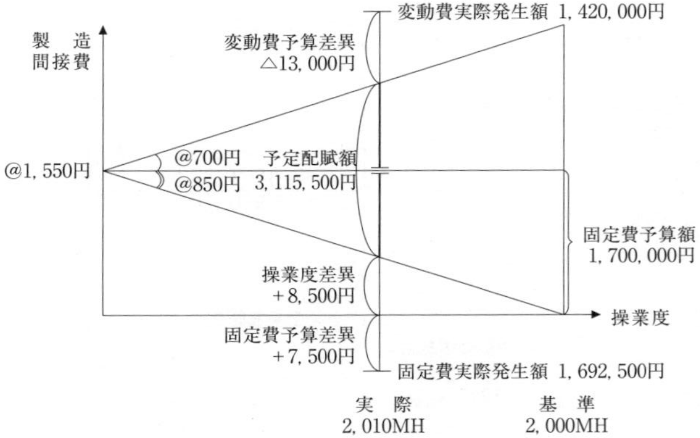

(2) 動力部門

変動費予算差異：200円/kwh×3, 850kwh－777, 700円＝(－)7, 700円〔借方〕

固定費予算差異：1, 000, 000円(＊1)－1, 001, 000円＝(－)1, 000円〔借方〕

（＊1）月間固定費予算額：12, 000, 000円÷12か月＝1, 000, 000円

操 業 度 差 異：250円/kwh×(3, 850kwh－4, 000kwh(＊2))＝(－)37, 500円〔借方〕

（＊2）月間基準操業度：48, 000kwh÷12か月＝4, 000kwh

差異分析図を示すと，次のようになる。

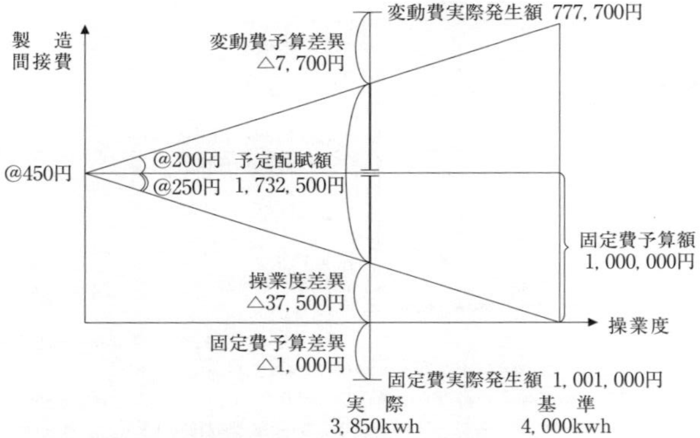

〔設問4〕動力部門費の予算許容額を複数基準配賦法によって配賦する方法

1．切削部門の予定配賦率および予定配賦額の計算

動力部門費を複数基準配賦法で製造部門へ配賦して，予算の部門費配賦表を作成する。このとき動力部門費予算額を固定費は製造部門の用役消費能力の割合で，変動費は製造部門の予定用役消費量の割合で配賦する。

年間予算部門費配賦表　　（単位：千円）

費目	製造部門				補助部門	
	切削部門		仕上部門		動力部門	
	固定費	変動費	固定費	変動費	固定費	変動費
部門個別費	12, 000	(＊1)12, 000	?	?	10, 800	(＊2) 9, 600
部門共通費	2, 400	——	?	?	1, 200	——
合　計	14, 400	12, 000	?	?	12, 000	9, 600
動力部門費	(＊3) 5, 760	(＊4) 4, 800	(＊3) 6, 240	(＊4) 4, 800		
製造部門費	20, 160	16, 800	?	?		
基準操業度	24, 000MH					
予定配賦率	840円/MH	700円/MH				
	1, 540円/MH					

（＊1）500円/MH×24, 000MH〈基準操業度〉＝12, 000千円

（＊2）200円/kwh×48, 000kwh〈基準操業度〉＝9, 600千円

（＊3）$12,000\text{千円}\times\dfrac{24,000\text{kwh}}{24,000\text{kwh}+26,000\text{kwh}}$〈切削部門の用役消費能力〉＝5, 760千円

〃　$\times\dfrac{26,000\text{kwh}}{24,000\text{kwh}+26,000\text{kwh}}$〈仕上部門の用役消費能力〉＝6, 240千円

（＊4）200円/kwh×24, 000kwh〈切削部門の予定用役消費量〉＝4, 800千円

〃　×24, 000kwh〈仕上部門の予定用役消費量〉＝4, 800千円

切削部門の予定配賦率：840円/MH＋700円/MH＝1, 540円/MH

切削部門の予定配賦額：1, 540円/MH×2, 010MH＝3, 095, 400円

2．各部門の実際発生額の集計（実際部門費配賦表の作成）

動力部門費の予算許容額を複数基準配賦法によって製造部門へ配賦するため，固定費は予算額を製造部門の用役消費能力の割合で，変動費は予定配賦率に製造部門の実際用役消費量を乗じて配賦する。

当月実際部門費配賦表　　（単位：千円）

費目	製造部門				補助部門	
	切削部門		仕上部門		動力部門	
	固定費	変動費	固定費	変動費	固定費	変動費
部門個別費	980	1, 010	?	?	901	777. 7
部門共通費	200	——	?	?	100	——
合　計	1, 180	1, 010	?	?	1, 001	777. 7
動力部門費	(＊1) 480	(＊2) 410	(＊1) 520	(＊2) 360		
製造部門費	1, 660	1, 420	?	?		

（＊1）$12,000\text{千円}\div12\text{か月}\times\dfrac{24,000\text{kwh}}{24,000\text{kwh}+26,000\text{kwh}}$〈切削部門の用役消費能力〉＝480千円

〃　$\times\dfrac{26,000\text{kwh}}{24,000\text{kwh}+26,000\text{kwh}}$〈仕上部門の用役消費能力〉＝520千円

（＊2）200円/kwh×2, 050kwh〈切削部門の実際用役消費量〉＝410千円

〃　×1, 800kwh〈仕上部門の実際用役消費量〉＝360千円

3．各部門の差異分析

(1) 切削部門

変動費予算差異：700円/MH×2, 010MH－1, 420, 000円＝(－)13, 000円〔借方〕

固定費予算差異：1, 680, 000円(＊1)－1, 660, 000円＝(＋)20, 000円〔貸方〕

(＊1) 月間固定費予算額：20, 160, 000円÷12か月＝1, 680, 000円

操業度差異：840円/MH×(2, 010MH－2, 000MH(＊2))＝(＋)8, 400円〔貸方〕

(＊2) 月間基準操業度：24, 000MH÷12か月＝2, 000MH

差異分析図を示すと，次のようになる。

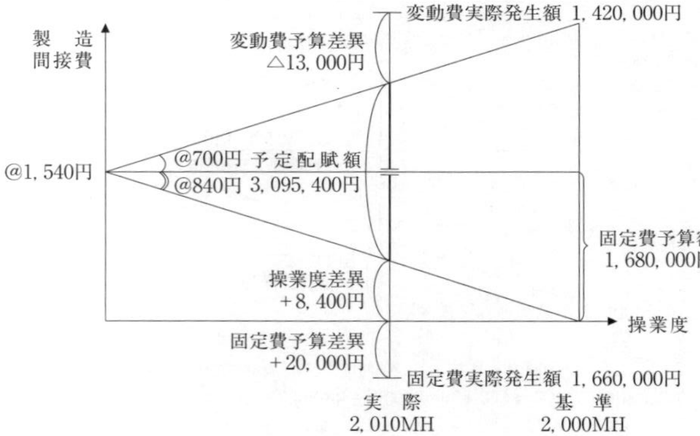

(2) 動力部門

変動費予算差異：200円/kwh×3, 850kwh－777, 700円＝(－)7, 700円〔借方〕

固定費予算差異：1, 000, 000円(＊)－1, 001, 000円＝(－)1, 000円〔借方〕

(＊) 月間固定費予算額：12, 000, 000円÷12か月＝1, 000, 000円

操業度差異：固定費は予算額を各製造部門に配賦しているため，操業度差異は生じない。

差異分析図を示すと，次のようになる。

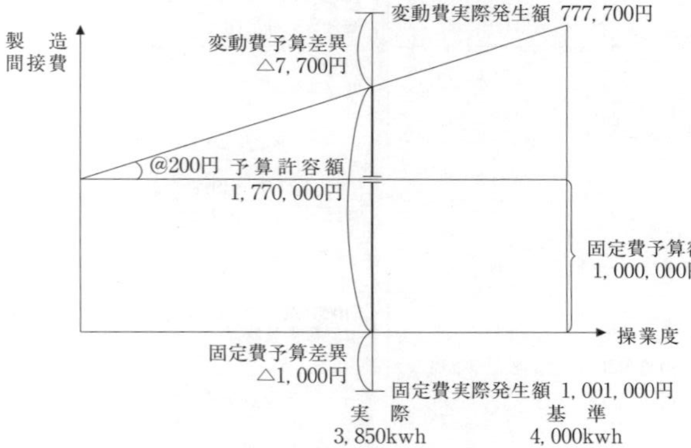

問題9-10

〔問1〕

切削部＝ 1, 500 円/時　　組立部＝ 900 円/時

〔問2〕(単位：円)

動力部

製間	(462, 750)	切削	(245, 500)
事務	(6, 250)	組立	(195, 000)
差異	(15, 000)	用水	(43, 500)
	(484, 000)		(484, 000)

切削部

製間	(2, 467, 500)	仕掛	(2, 850, 000)
事務	(15, 000)	差異	(58, 000)
動力	(245, 500)		
用水	(180, 000)		
	(2, 908, 000)		(2, 908, 000)

(注)「製間」は製造間接費，「切削」は切削部，「組立」は組立部，「動力」は動力部，「用水」は用水部，「事務」は事務部，「仕掛」は仕掛品，「差異」は原価差異の勘定を表す。

〔問3〕(単位：円)

	切削部	組立部	動力部	用水部	事務部
変動費予算差異	17, 000	△12, 000	7, 000	0	――
固定費予算差異	△5, 000	10, 000	8, 000	△1, 800	△2, 500
操業度差異	△70, 000	△20, 000	――	――	――

(注) 不利差異の場合は金額の前に「△」を付しなさい。不要な欄には「―」を記入しなさい。

解答への道

〔問1〕各製造部門の予定配賦率

問題指示にしたがい，階梯式配賦法と複数基準配賦法により補助部門費の配賦を行う。

1．階梯式配賦法における補助部門の順位付け

> 第1判断基準
> 　他の補助部門への用役提供件数が多い補助部門を上位とする（自部門への用役提供は含めない）。
> 第2判断基準
> 　他の補助部門への用役提供件数が同数の場合は，次のいずれかの方法による。
> (1) 第1次集計費の多い方を上位とする。
> (2) 補助部門間相互の配賦額を比較し，相手への配賦額の多い方を上位とする。

まず，第1判断基準にしたがって，他の補助部門に対する用役提供件数を確認し，各補助部門を順位付けする。

動力部：用水部へ（1件）
用水部：動力部へ（1件）　｝件数が同じため，第2判断基準へ

事務部：動力部，用水部へ（2件）… 第1位

次に，他の補助部門への用役提供件数が同じ動力部と用水部について，第2判断基準にしたがい第1次集計費を比較する。

動力部：6, 090千円 ＞ 用水部：3, 246千円

よって，第１次集計費の多い動力部を第２位，用水部を第３位とする。

なお，第２判断基準の(2)に示した「相互の配賦額の大小」にしたがって順位付けしても同様の結果となる。

(ア)　動力部より用水部への配賦額

変動費：3, 465千円 × $\frac{\text{780万kwh}}{\text{9, 900万kwh}}$ = 273　千円

固定費：2, 625千円 × $\frac{\text{1, 200万kwh}}{\text{12, 000万kwh}}$ = 262. 5千円

合　計　535. 5千円

(イ)　用水部より動力部への配賦額

変動費：1, 671千円 × $\frac{\text{450kl}}{\text{10, 170kl}}$ = 73. 93…千円

固定費：1, 575千円 × $\frac{\text{540kl}}{\text{11, 040kl}}$ = 77. 03…千円

合　計　150. 97…千円

動力部：535. 5千円 ＞ 用水部：150. 97…千円

よって，相互の配賦額の多い動力部を第２位，用水部を第３位とする。

以上より，予算部門費配賦表の補助部門の欄につき，向かって右側に第１位の事務部を，中央に第２位の動力部を，左側に第３位の用水部を置く。

2．予算部門費配賦表の作成

部　門　費　配　賦　表　　　　(単位：千円)

摘　要	製造部門				補助部門					
	切削部		組立部		用水部		動力部		事務部	
	変動費	固定費	変動費	固定費	変動費	固定費	変動費	固定費	変動費	固定費
部門費	16, 248	14, 190	8, 616	6, 600	1, 671	1, 575	3, 465	2, 625	——	450
事務部費	——	180	——	150	——	45	——	75	——	450
動力部費	1, 848	1, 350	1, 344	1, 080	273	270	3, 465	2, 700		
用水部費	1, 104	1, 080	840	810	1, 944	1, 890				
製造部門費	19, 200	16, 800	10, 800	8, 640						
基準操業度	24, 000時		21, 600時							
予定配賦率	@800円	@700円	@500円	@400円						
	@1, 500円		@900円							

(1)　事務部費配賦額

用役の自家消費（事務部から事務部への配賦）は考慮しないため，事務部の従業員数は除いて配賦額を計算する。

〈固定費〉

切削部へ：450千円 × $\frac{\text{36人}}{\text{36人 + 30人 + 9人 + 15人}}$ = 180千円

組立部へ：　〃　× $\frac{\text{30人}}{\text{36人 + 30人 + 9人 + 15人}}$ = 150千円

用水部へ：　〃　× $\frac{\text{9人}}{\text{36人 + 30人 + 9人 + 15人}}$ = 45千円

動力部へ：　〃　× $\frac{\text{15人}}{\text{36人 + 30人 + 9人 + 15人}}$ = 75千円

(2)　動力部費配賦額

〈変動費〉

変動費予定配賦率：$\frac{\text{3, 465千円}}{\text{9, 900万kwh}}$ = 0. 35千円/万kwh

切削部へ：0. 35千円/万kwh × 5, 280万kwh = 1, 848千円

組立部へ：　〃　× 3, 840万kwh = 1, 344千円

用水部へ：　〃　× 780万kwh = 273千円

〈固定費〉

切削部へ：(2, 625千円 + 75千円) × $\frac{\text{6, 000万kwh}}{\text{12, 000万kwh}}$ = 1, 350千円

組立部へ：　〃　× $\frac{\text{4, 800万kwh}}{\text{12, 000万kwh}}$ = 1, 080千円

用水部へ：　〃　× $\frac{\text{1, 200万kwh}}{\text{12, 000万kwh}}$ = 270千円

(3)　用水部費配賦額

階梯式配賦法では，順位付けによって下位となった用水部から上位の動力部に対して用水部費は配賦しない。したがって，動力部に対する用役提供分は含めないことに注意を要する。

〈変動費〉

変動費予定配賦率：$\frac{\text{1, 671千円 + 273千円}}{\text{5, 520kl + 4, 200kl}}$ = 0. 2千円/kl

切削部へ：0. 2千円/kl × 5, 520kl = 1, 104千円

組立部へ：　〃　× 4, 200kl = 840千円

〈固定費〉

切削部へ：(1, 575千円 + 45千円 + 270千円) × $\frac{\text{6, 000kl}}{\text{6, 000kl + 4, 500kl}}$ = 1, 080千円

組立部へ：　〃　× $\frac{\text{4, 500kl}}{\text{6, 000kl + 4, 500kl}}$ = 810千円

(4)　切削部費予定配賦率および予定配賦額の算定（機械作業時間基準）

①　予定配賦率の計算

切削部費予定配賦率：$\frac{\text{19, 200千円 + 16, 800千円}}{\text{24, 000時}}$ = 1, 500円/時

変動費予定配賦率：19, 200千円÷24, 000時＝800円/時
固定費予定配賦率：16, 800千円÷24, 000時＝700円/時

② 当月の予定配賦額の計算

切削部費予定配賦額：1, 500円/時×1, 900時＝2, 850, 000円

(5) 組立部費予定配賦率および予定配賦額の算定（直接作業時間基準）

① 予定配賦率の計算

組立部費予定配賦率：$\frac{10,800\text{千円}+8,640\text{千円}}{21,600\text{時}}=900\text{円/時}$

変動費予定配賦率：10, 800千円÷21, 600時＝500円/時
固定費予定配賦率：8, 640千円÷21, 600時＝400円/時

② 当月の予定配賦額の計算

組立部費予定配賦額：900円/時×1, 750時＝1, 575, 000円

〔問２〕動力部勘定と切削部勘定の記入

各部門勘定を記入するためには，実際部門費配賦表を作成し，その配賦計算結果を転記すればよい。なお，補助部門費は，複数基準配賦法による予定配賦（予算許容額配賦）を行うため，変動費は予定配賦（＝変動費予定配賦率×実際用役消費量）し，固定費は予算額を用役消費能力の割合で配賦する。

1．実際部門費配賦表の作成

部門費配賦表　（単位：千円）

摘要	製造部門				補助部門					
	切削部		組立部		用水部		動力部		事務部	
	変動費	固定費	変動費	固定費	変動費	固定費	変動費	固定費	変動費	固定費
部門費	1, 280	1, 187. 5	714	540	137	133. 05	252	210. 75	——	40
事務部費	——	15	——	12. 5	——	3. 75	——	6. 25	——	40
動力部費	133	112. 5	105	90	21	22. 5	252	217		
用水部費	90	90	68	67. 5	158	159. 3				
製造部門費	1, 503	1, 405	887	710						

(1) 事務部費配賦額

〈固定費〉

切削部へ：$450\text{千円}\div 12\text{か月}\times\frac{36\text{人}}{36\text{人}+30\text{人}+9\text{人}+15\text{人}}=15\text{千円}$

組立部へ：　〃　$\times\frac{30\text{人}}{36\text{人}+30\text{人}+9\text{人}+15\text{人}}=12.5\text{千円}$

用水部へ：　〃　$\times\frac{9\text{人}}{36\text{人}+30\text{人}+9\text{人}+15\text{人}}=3.75\text{千円}$

動力部へ：　〃　$\times\frac{15\text{人}}{36\text{人}+30\text{人}+9\text{人}+15\text{人}}=6.25\text{千円}$

(2) 動力部費配賦額

〈変動費〉

切削部へ：変動費予定配賦率0. 35千円/万kwh×実際380万kwh＝133千円

組立部へ：　〃　×実際300万kwh＝105千円

用水部へ：　〃　×実際 60万kwh＝ 21千円

〈固定費〉

切削部へ：$(2,625\text{千円}+75\text{千円})\div 12\text{か月}\times\frac{6,000\text{万kwh}}{12,000\text{万kwh}}=112.5\text{千円}$

組立部へ：　〃　$\times\frac{4,800\text{万kwh}}{12,000\text{万kwh}}=90\text{千円}$

用水部へ：　〃　$\times\frac{1,200\text{万kwh}}{12,000\text{万kwh}}=22.5\text{千円}$

(3) 用水部費配賦額

〈変動費〉

切削部へ：変動費予定配賦率0. 2千円/kl×実際450kl＝90千円

組立部へ：　〃　×実際340kl＝68千円

〈固定費〉

切削部へ：$(1,575\text{千円}+45\text{千円}+270\text{千円})\div 12\text{か月}\times\frac{6,000\text{kl}}{6,000\text{kl}+4,500\text{kl}}=90\text{千円}$

組立部へ：　〃　$\times\frac{4,500\text{kl}}{6,000\text{kl}+4,500\text{kl}}=67.5\text{千円}$

2．各部門勘定の記入（単位：円）

動力部

製間	462, 750	切削	245, 500
事務	6, 250	組立	195, 000
差異	15, 000	用水	43, 500
	484, 000		484, 000

切削部

製間	2, 467, 500	仕掛	2, 850, 000
事務	15, 000	差異	58, 000
動力	245, 500		
用水	180, 000		
	2, 908, 000		2, 908, 000

用水部

製間	270, 050	切削	180, 000
事務	3, 750	組立	135, 500
動力	43, 500	差異	1, 800
	317, 300		317, 300

組立部

製間	1, 254, 000	仕掛	1, 575, 000
事務	12, 500	差異	22, 000
動力	195, 000		
用水	135, 500		
	1, 597, 000		1, 597, 000

事務部

製間	40, 000	切削	15, 000
		組立	12, 500
		用水	3, 750
		動力	6, 250
		差異	2, 500
	40, 000		40, 000

〔問３〕各部門の差異分析

〈切削部費〉

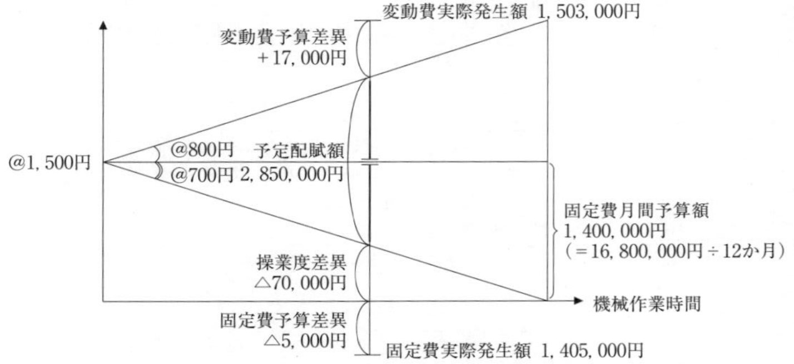

実　際　　　基　準
1,900時　　　2,000時（=24,000時÷12か月）

変動費予算差異：800円/時×1,900時−1,503,000円＝(+)17,000円〔有利差異〕

固定費予算差異：1,400,000円−1,405,000円＝(−)5,000円〔不利差異〕

操 業 度 差 異：700円/時×(1,900時−2,000時)＝(−)70,000円〔不利差異〕

〈組立部費〉

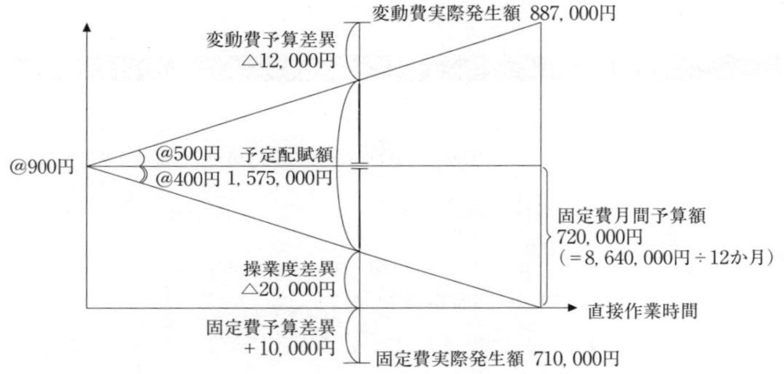

実　際　　　基　準
1,750時　　　1,800時（=21,600時÷12か月）

変動費予算差異：500円/時×1,750時−887,000円＝(−)12,000円〔不利差異〕

固定費予算差異：720,000円−710,000円＝(+)10,000円〔有利差異〕

操 業 度 差 異：400円/時×(1,750時−1,800時)＝(−)20,000円〔不利差異〕

〈動力部費〉

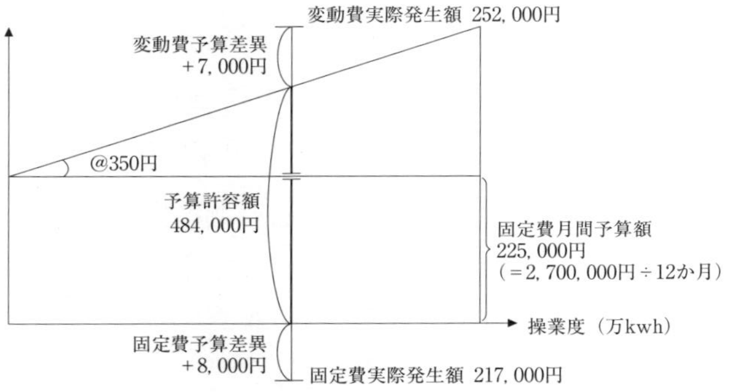

実　際　　　基　準
740万kwh　　　825万kwh（=9,900万kwh÷12か月）

変動費予算差異：350円/万kwh×740万kwh−252,000円＝(+)7,000円〔有利差異〕

固定費予算差異：225,000円−217,000円＝(+)8,000円〔有利差異〕

操 業 度 差 異：−｛複数基準配賦法による予定配賦（予算許容額配賦）を行っているため，補助部門において操業度差異は把握されない（用水部，事務部も同様）｝。

〈用水部費〉

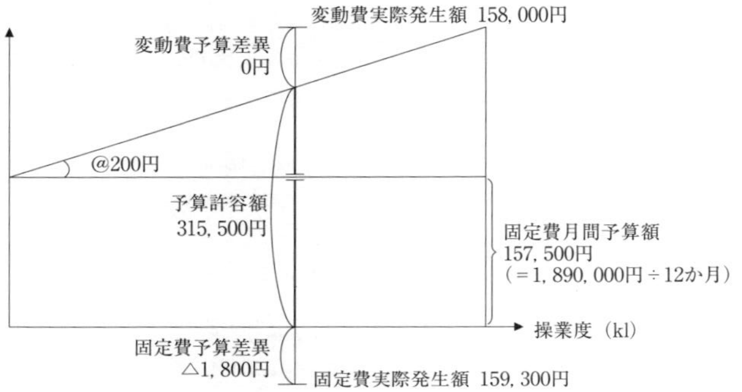

実　際　　　基　準
790kl　　　810kl
(=450kl+340kl)　　　｛=(5,520kl+4,200kl)÷12か月｝

（注）階梯式配賦法では，順位付けによって下位となった用水部から上位の動力部に対して用水部費は配賦しない。したがって，実際操業度，基準操業度とも動力部に対する用役提供分は含めないことに注意を要する。

変動費予算差異：200円/kl×790kl−158,000円＝０円

固定費予算差異：157,500円−159,300円＝(−)1,800円〔不利差異〕

操 業 度 差 異：−

〈事務部費〉

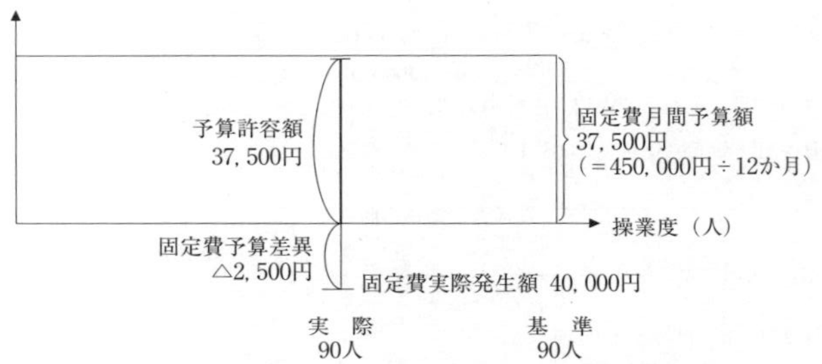

（注）階梯式配賦法では自家消費は考慮しないため，操業度に事務部の人数は含めない。

変動費予算差異：－

固定費予算差異：37,500円－40,000円＝(－)2,500円〔不利差異〕

操業度差異：－

問題9-11

〔問1〕

切削部の予定配賦率＝（　9,000　）円/時

仕上部の予定配賦率＝（　5,000　）円/時

〔問2〕

製造間接費—切削部　　（単位：万円）

固定費	5,000	予定配賦額	10,620
変動費	4,100	総差異	119
事務部費配賦額	350		
電力部費配賦額	1,289		
	10,739		10,739

製造間接費—仕上部　　（単位：万円）

固定費	5,080	予定配賦額	8,850
変動費	3,400	総差異	141
事務部費配賦額	200		
電力部費配賦額	311		
	8,991		8,991

仕掛品—製造間接費　　（単位：万円）

製造間接費—切削部	10,620	完成品原価	17,000
製造間接費—仕上部	8,850	月末仕掛品原価	2,470
	19,470		19,470

〔問3〕「製造間接費—切削部」勘定の総差異の分析

総差異＝（　119　）万円〔借方〕

内訳：予算差異＝（　19　）万円〔借方〕

操業度差異＝（　100　）万円〔借方〕

（注）（　）の中には差異の金額を，〔　〕の中には借方または貸方の文字を記入しなさい。

解答への道

〔問1〕切削部と仕上部の製造間接費予定配賦率の計算

問題資料の「1．公式法変動予算」の？を埋めるように，複数基準配賦法により予算額を配賦すればよい。

予算部門費配賦表

	切削部		仕上部		電力部		事務部
	月間固定費	変動費率	月間固定費	変動費率	月間固定費	変動費率	月間固定費
(1) 自部門費	5,090万円	3,400円/時	5,060万円	1,900円/時	650万円	90円/kwh	600万円
(2) 補助部門費配賦額							
事務部費	350万円	——	200万円	——	50万円	——	——
電力部費	560万円	600円/時	140万円	100円/時	——	——	——
合計 (1)+(2)	6,000万円	4,000円/時	5,400万円	2,000円/時	700万円	90円/kwh	600万円

① 事務部費配賦額

固定費：$600万円\times\frac{140人}{140人+80人+20人}=350万円$（切削部へ）

〃　$\times\frac{80人}{140人+80人+20人}=200万円$（仕上部へ）

〃　$\times\frac{20人}{140人+80人+20人}=50万円$（電力部へ）

② 電力部費配賦額

固定費：$(650万円+50万円)\times\frac{80,000kwh}{80,000kwh+20,000kwh}=560万円$（切削部へ）

〃　$\times\frac{20,000kwh}{80,000kwh+20,000kwh}=140万円$（仕上部へ）

変動費率：$\frac{90円/kwh\times80,000kwh(=720万円)}{12,000時}=600円/時$（切削部へ）

$\frac{90円/kwh\times20,000kwh(=180万円)}{18,000時}=100円/時$（仕上部へ）

③ 予定配賦率

切削部：$\frac{6,000万円}{12,000時}(=5,000円/時)+4,000円/時=9,000円/時$

仕上部：$\frac{5,400万円}{18,000時}(=3,000円/時)+2,000円/時=5,000円/時$

〔問２〕原価計算関係勘定の記入

(1)　各製造指図書への予定配賦額（仕掛品勘定の記入）

製造指図書別原価計算表　　　　（単位：万円）

		№101	№102	№103	合　計
	製造間接費				
9,000円/時→	切削部	4,950	4,050	1,620	10,620
5,000円/時→	仕上部	3,500	4,500	850	8,850
	合　計	8,450	8,550	2,470	19,470
	備　考	完　成	完　成	仕掛中	――

№101と№102は仕掛品勘定の完成品原価17,000万円（＝8,450万円＋8,550万円）に記入され，№103は月末仕掛品原価2,470万円として記入する。

(2)　製造間接費実際発生額の計算（製造間接費―切削部，仕上部勘定の借方記入）

補助部門費の配賦は，問題資料「４．その他の計算条件」の(1)にあるように，複数基準配賦法で予算許容額を配賦する。

実 際 部 門 費 配 賦 表

	切削部 固定費	切削部 変動費	仕上部 固定費	仕上部 変動費	電力部 固定費	電力部 変動費	事務部 固定費
自部門費	5,000万円	4,100万円	5,080万円	3,400万円	650万円	910万円	580万円
補助部門費配賦額							
事務部費	350万円	――	200万円	――	50万円	――	
電力部費	560万円	729万円	140万円	171万円	700万円	910万円	
合　計	5,910万円	4,829万円	5,420万円	3,571万円			

①　事務部費配賦額

固定費：予算部門費配賦表の配賦と同様の配賦を行う。

②　電力部費配賦額

固定費：予算部門費配賦表の配賦と同様の配賦を行う。

変動費：90円/kwh×81,000kwh＝729万円（切削部へ）

〃　×19,000kwh＝171万円（仕上部へ）

したがって，切削部の製造間接費実際発生額は10,739万円（＝5,910万円＋4,829万円），仕上部の製造間接費実際発生額は8,991万円（＝5,420万円＋3,571万円）となる。

〔問３〕「製造間接費―切削部」勘定の総差異の分析

総　差　異：9,000円/時×11,800時－10,739万円＝(－)119万円〔借方〕

予算差異：4,000円/時(＊1)×11,800時＋6,000万円(＊2)－10,739万円＝(－)19万円〔借方〕

（＊1）変動費率

（＊2）固定費予算額

操業度差異：5,000円/時(＊3)×(11,800時－12,000時)＝(－)100万円〔借方〕

（＊3）固定費率

差異分析図を示すと，次のようになる。

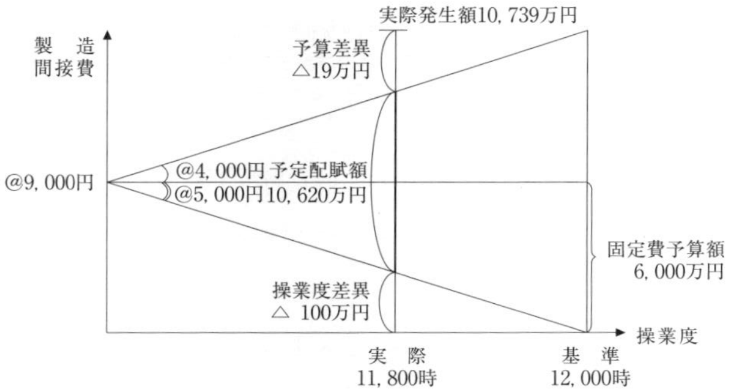

問題9-12

〔問１〕

当年度月次予算部門別配賦表　　　　（単位：万円）

費目	合計	機械部 V	機械部 F	機械部 合計	組立部 V	組立部 F	組立部 合計	動力部 V	動力部 F	動力部 合計	保全部 V	保全部 F	保全部 合計	事務部 V	事務部 F	事務部 合計
部門費合計	42,400	8,848	10,320	19,168	5,052	12,830	17,882	1,000	630	1,630	1,500	1,720	3,220	―	500	500
事務部費		―	200	200	―	250	250	―	20	20	―	30	30			
保全部費		720	840	1,560	480	560	1,040	300	350	650	1,500	1,750	3,250			
動力部費		832	640	1,472	468	360	828	1,300	1,000	2,300						
製造部門費	42,400	10,400	12,000	22,400	6,000	14,000	20,000									

（注）Ｖは変動費，Ｆは固定費を意味する。

〔問２〕下記の（　　）内に金額を記入しなさい。

動力部月次変動予算許容額＝変動費率（5.2）円/kwh×動力実際供給量＋固定費（10,000,000）円

〔問３〕当月の原価計算関係諸勘定（単位：万円）

（注１）（　　）内に金額を記入しなさい。

（注２）（自）は自部門費，（事），（保），（動）は各補助部門からの配賦額を意味する。

事　務　部

F	500	F	500

保　全　部

(自) V	(1,400)	V	(1,350)
F	(1,700)	F	(1,750)
(事) F	(30)	総差異	(30)
	(3,130)		(3,130)

動　力　部

(自) V	(940)	V	(1,170)
F	(650)	F	(1,000)
(事) F	(20)	総差異	(60)
(保) V	(270)		
F	(350)		
	(2,230)		(2,230)

機　械　部

(自) V	(8,300)		
F	(10,320)		
(事) F	(200)		
(保) V	(702)		
F	(840)		
(動) V	(780)		
F	(640)		
	(21,782)		

組　立　部

(自) V	(4,560)		
F	(12,830)		
(事) F	(250)		
(保) V	(378)		
F	(560)		
(動) V	(390)		
F	(360)		
	(19,328)		

〔問４〕動力部費差異分析

(注) 下記の（　　）内には金額を，〔　　〕内には借方または貸方を，『　　』には差異の名称を記入しなさい。

総差異＝（　60　）万円〔借方〕
　　＝変動費『　予 算　』差異（　40　）万円〔借方〕
　　　＋固定費『　予 算　』差異（　20　）万円〔借方〕

解答への道

〔問１〕当年度月次予算部門別配賦表の作成

1．補助部門の順位づけ

(1)　第１判断基準…他の補助部門への用役提供件数

(2)　第２判断基準…同一順位の部門の第１次集計費（または用役提供額）

	第　1　判　断　基　準	第 2 判 断 基 準
保　全　部	保全部→動力部（１件）	3,220万円…第２位
動　力　部	動力部→保全部（１件）	1,630万円…第３位
事　務　部	事務部→動力部，保全部（２件）…第１位	

なお，本問の場合，解答用紙の〔問３〕の原価計算関係諸勘定からも補助部門の順位づけは明らかになっている。

2．月次予算部門別配賦表の作成

複数基準配賦法により補助部門費を配賦するため，変動費は関係部門の用役予定消費量の割合で，固定費は関係部門の用役消費能力の割合で配賦する。

当年度月次予算部門別配賦表　　（単位：万円）

費　目	合計	製造部門 機械部 V	製造部門 機械部 F	製造部門 組立部 V	製造部門 組立部 F	補助部門 動力部 V	補助部門 動力部 F	補助部門 保全部 V	補助部門 保全部 F	補助部門 事務部 V	補助部門 事務部 F
部門費合計	42,400	8,848	10,320	5,052	12,830	1,000	630	1,500	1,720	――	500
事務部費		――	200	――	250	――	20	――	30		
保全部費		720	840	480	560	300	350	1,500	1,750		
動力部費		832	640	468	360	1,300	1,000				
製造部門費	42,400	10,400	12,000	6,000	14,000						

(1)　事務部費配賦額

固定費：事務部固定費予算500万円を各部門の従業員数（用役消費能力の割合）で配賦する。

(2)　保全部費配賦額

変動費：保全部の変動費率に各部門の計画保全時間を乗じて配賦する。

$$変動費率：\frac{1,500万円}{12,500時間}=1,200円/時間$$

固定費：（事務部固定費配賦額を含む）保全部固定費予算1,750万円（＝1,720万円＋30万円）を各部門の保全能力の割合（本問は，計画保全時間に同じ）で配賦する。

(3)　動力部費配賦額

変動費：動力部の変動費率に両製造部門の計画動力消費量（本問は，動力消費能力に同じ）を乗じて配賦する。階梯式配賦法の順位づけにより，保全部への配賦は行わない（したがって，両製造部門へのみ配賦する）ことに注意する。

$$変動費率：\frac{1,000万円+300万円}{250万kwh}=5.2円/kwh$$

固定費：（事務部および保全部固定費配賦額を含む）動力部固定費予算1,000万円（＝630万円＋20万円＋350万円）を両製造部門の動力消費能力の割合で配賦する。階梯式配賦法の順位づけにより，保全部への配賦は行わない（したがって，両製造部門へのみ配賦する）ことに注意する。

〔問２〕動力部の月次変動予算

〔問１〕月次予算部門別配賦表の解説２．(3)を参照のこと。

〔問３〕当月の原価計算関係諸勘定の記入

1．問題文中の空欄の穴埋め

問題文中の会話の空欄は，順に，正常，正常，予算，操業度，操業度，正常，予算と埋まる。したがって，補助部門費の配賦は，複数基準配賦法により予算許容額を配賦することになる。

なお，本問では予定配賦率のことを正常配賦率（正常変動費率と正常固定費率）と表現している（本問の原題となった本試験の作問委員の用語表現であるため）。

2．当月実際部門別配賦表の作成

複数基準配賦法により補助部門費の予算許容額を配賦するため，変動費は，（正常）変動費率に関係部門の実際用役消費量を乗じて，固定費は，予算額を関係部門の用役消費能力の割合で配賦する。

当月実際部門別配賦表　（単位：万円）

費　目	製造部門				補助部門					
	機械部		組立部		動力部		保全部		事務部	
	V	F	V	F	V	F	V	F	V	F
部門費合計	8, 300	10, 320	4, 560	12, 830	940	650	1, 400	1, 700	——	500
事務部費	——	200	——	250	——	20	——	30		
保全部費	702	840	378	560	270	350	1, 400	1, 730		
動力部費	780	640	390	360	1, 210	1, 020				
製造部門費	9, 782	12, 000	5, 328	14, 000						

(1)　事務部費配賦額

固定費：予算の部門別配賦表と同じ配賦計算になる。

(2)　保全部費配賦額

固定費：予算の部門別配賦表と同じ配賦計算になる。

変動費：（正常）変動費率1, 200円/時間×（各部門の実際保全時間）

(3)　動力部費配賦額

固定費：予算の部門別配賦表と同じ配賦計算になる。

変動費：（正常）変動費率5. 2円/kwh×（製造部門の動力実際供給量）

3．当月の原価計算関係諸勘定の記入

当月の実際部門別配賦表の作成結果にもとづいて，関係諸勘定の記入を行う。仕訳を示せば次のとおり。

(1)　事務部費の配賦　（単位：万円）

（機　械　部）	200	（事　務　部）	500
（組　立　部）	250		
（保　全　部）	30		
（動　力　部）	20		

(2)　保全部費の配賦　（単位：万円）

（機　械　部）	1, 542	（保　全　部）	3, 100
（組　立　部）	938		
（動　力　部）	620		

(3)　動力部費の配賦　（単位：万円）

（機　械　部）	1, 420	（動　力　部）	2, 170
（組　立　部）	750		

〔問4〕動力部費差異分析

総　差　異：5. 2円/kwh×225万kwh＋1, 000万円－2, 230万円＝(－)60万円〔借方〕

変動費予算差異：5. 2円/kwh×225万kwh－1, 210万円＝(－)40万円〔借方〕

固定費予算差異：1, 000万円－1, 020万円＝(－)20万円〔借方〕

操業度差異：固定費は予算額を各製造部門に配賦しているため，操業度差異は生じない。

差異分析図を示すと，次のようになる。

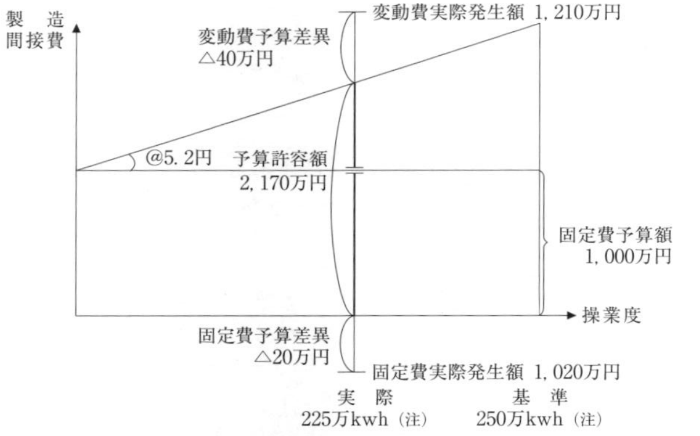

（注）実際操業度や基準操業度には，保全部への用役提供量を含めない（なぜなら，動力部費の配賦の際に，保全部への用役提供を無視して配賦表を作成しているため）。

問題9-13

〔問1〕

予算部門費配賦表　（単位：万円）

摘　要	第1製造部		第2製造部		動力部		修繕部		事務部	
	変動費	固定費	変動費	固定費	変動費	固定費	変動費	固定費	変動費	固定費
1次集計費	2, 100	1, 745	2, 060	1, 255	1, 800	960	2, 040	1, 440	——	600
動力部費	1, 150	687. 5	690	412. 5	(2, 300)	(1, 375)	460	275	——	——
修繕部費	1, 250	887. 5	750	532. 5	500	355	(2, 500)	(1, 775)	——	——
事務部費	——	180	——	300	——	60	——	60	——	(600)
製造部費予算額	4, 500	3, 500	3, 500	2, 500	0	0	0	0	——	0

正常配賦率　第1製造部　3, 200円/時間　第2製造部　3, 000円/時間

〔問2〕

(1)　原価計算関係諸勘定の記入　（単位：万円）

修繕部費

借方		貸方	
製造間接費	(3, 356)	第1製造部費	(2, 037. 5)
動力部費	(689)	第2製造部費	(1, 232. 5)
事務部費	(60)	動力部費	(830)
		原価差異	(5)
	(4, 105)		(4, 105)

第2製造部費

借方		貸方	
製造間接費	(3, 265)	仕掛品	(5, 940)
動力部費	(1, 102. 5)		
修繕部費	(1, 232. 5)		
事務部費	(300)		
原価差異	(40)		
	(5, 940)		(5, 940)

(2)　第１製造部と動力部の差異分析

(注)〔　　〕内には借方・貸方のいずれかの文字を記入すること。なお，差異が生じない場合，金額記入欄および〔　　〕内には ― を記入すること。

	予算差異	操業度差異
第１製造部	90万円〔借　方〕	70万円〔借　方〕
動　力　部	12万円〔借　方〕	――万円〔――〕

解答への道

〔問１〕予算部門費配賦表の作成および製造部門費正常配賦率の計算

(1)　予算部門費配賦表の作成

最終的な補助部門費をａ，ｂ，ｃ，ｄ，ｅとすると，配賦額は以下のように表すことができる。

予算部門費配賦表　(単位：万円)

摘　要	第１製造部		第２製造部		動力部		修繕部		事務部	
	変動費	固定費	変動費	固定費	変動費	固定費	変動費	固定費	変動費	固定費
１次集計費	2,100	1,745	2,060	1,255	1,800	960	2,040	1,440	――	600
動力部費	0.5ａ	0.5ｂ	0.3ａ	0.3ｂ	――	――	0.2ａ	0.2ｂ	――	――
修繕部費	0.5ｃ	0.5ｄ	0.3ｃ	0.3ｄ	0.2ｃ	0.2ｄ	――	――	――	――
事務部費	――	0.3ｅ	――	0.5ｅ	――	0.1ｅ	――	0.1ｅ	――	――
製造部費予算額					ａ	ｂ	ｃ	ｄ	――	ｅ

これより，次の連立方程式をたてる。

〈変動費の計算〉

ａ＝1,800＋0.2ｃ
ｃ＝2,040＋0.2ａ

↓連立方程式を解いて

ａ＝2,300
ｃ＝2,500

〈固定費の計算〉

ｂ＝960＋0.2ｄ＋0.1ｅ
ｄ＝1,440＋0.2ｂ＋0.1ｅ
ｅ＝600

↓連立方程式を解いて

ｂ＝1,375
ｄ＝1,775

連立方程式の解を上記配賦表ａ～ｅに代入し，予算部門費配賦表を完成させる。

予算部門費配賦表　(単位：万円)

摘　要	第１製造部		第２製造部		動力部		修繕部		事務部	
	変動費	固定費	変動費	固定費	変動費	固定費	変動費	固定費	変動費	固定費
１次集計費	2,100	1,745	2,060	1,255	1,800	960	2,040	1,440	――	600
動力部費	1,150	687.5	690	412.5	(2,300)	(1,375)	460	275	――	――
修繕部費	1,250	887.5	750	532.5	500	355	(2,500)	(1,775)	――	――
事務部費	――	180	――	300	――	60	――	60	――	(600)
製造部費予算額	4,500	3,500	3,500	2,500	0	0	0	0	――	0

(2)　製造部門費正常配賦率の計算

第１製造部：8,000万円(＝4,500万円＋3,500万円)÷25,000正常直接作業時間＝3,200円/時間

第２製造部：6,000万円(＝3,500万円＋2,500万円)÷20,000正常機械稼働時間＝3,000円/時間

〔問２〕11月の補助部門費の配賦

(1)　複数基準配賦法・連立方程式法・予算許容額配賦による補助部門費の配賦

実際部門費配賦表　(単位：万円)

摘　要	第１製造部		第２製造部		動力部		修繕部		事務部	
	変動費	固定費	変動費	固定費	変動費	固定費	変動費	固定費	変動費	固定費
１次集計費	2,246	1,745	1,980	1,285	1,745	960	1,906	1,450	――	620
動力部費	1,104[*1]	687.5	690[*2]	412.5	(2,208)	(1,375)	414[*3]	275	――	――
修繕部費	1,150[*4]	887.5	700[*5]	532.5	475[*6]	355	(2,325)	(1,775)	――	――
事務部費	――	180	――	300	――	60	――	60	――	(600)
補助部費配賦差異	――	――	――	――	−12	0	＋5	−10	――	−20
製造部費実際額	4,500	3,500	3,370	2,530						

(注) 補助部門費配賦差異の金額の符号で－は不利，＋は有利を表す。

(＊１) $\frac{2,300万円}{500万kwh}$（＝予定変動費率4.6万円/kwh）×実際動力消費量240万kwh＝1,104万円

(＊２) 4.6万円/kwh×150万kwh＝690万円

(＊３) 4.6万円/kwh×　90万kwh＝414万円

(＊４) $\frac{2,500万円}{10,000時間}$（＝予定変動費率0.25万円/時間）×実際修繕時間4,600時間＝1,150万円

(＊５) 0.25万円/時間×2,800時間＝700万円

(＊６) 0.25万円/時間×1,900時間＝475万円

なお，固定費の配賦額は〔問１〕と同様である。

(2)　原価計算関係諸勘定の記入（単位：万円）

(1)の補助部門費の配賦計算の結果，工業簿記では次の仕訳が行われる。

(第１製造部費)	1,791.5	(動力部費)	3,583
(第２製造部費)	1,102.5		
(修繕部費)	689		

(第１製造部費)	2,037.5	(修繕部費)	4,100
(第２製造部費)	1,232.5		
(動力部費)	830		

(第１製造部費)	180	(事務部費)	600
(第２製造部費)	300		
(動力部費)	60		
(修繕部費)	60		

また，製造部費は製品へ正常配賦が行われるため，次の仕訳が行われる。

(仕　掛　品)	7,840	(第１製造部費)	7,840

3,200円/時×24,500実際直接作業時間＝7,840万円

(仕　掛　品)	5,940	(第２製造部費)	5,940

3,000円/時×19,800実際機械稼働時間＝5,940万円

さらに，各部門費勘定の貸借差額を原価差異勘定へ振り替える。

(原　価　差　異)	160	(第 1 製造部費)	160
(第 2 製造部費)	40	(原　価　差　異)	40
(原　価　差　異)	12	(動　力　部　費)	12
(原　価　差　異)	5	(修　繕　部　費)	5
(原　価　差　異)	20	(事　務　部　費)	20

この結果，解答の勘定記入となる。

修　繕　部　費

製造間接費	(3, 356　)	第1製造部費	(2, 037. 5)
動力部費	(　689　)	第2製造部費	(1, 232. 5)
事務部費	(　60　)	動力部費	(　830　)
		原価差異	(　5　)
	(4, 105　)		(4, 105　)

第 2 製造部費

製造間接費	(3, 265　)	仕掛品	(5, 940　)
動力部費	(1, 102. 5)		
修繕部費	(1, 232. 5)		
事務部費	(　300　)		
原価差異	(　40　)		
	(5, 940　)		(5, 940　)

なお，解答以外の他の部門勘定も参考に示せば次のとおりである。

動　力　部　費

製造間接費	(2, 705　)	第1製造部費	(1, 791. 5)
修繕部費	(　830　)	第2製造部費	(1, 102. 5)
事務部費	(　60　)	修繕部費	(　689　)
		原価差異	(　12　)
	(3, 595　)		(3, 595　)

第 1 製造部費

製造間接費	(3, 991　)	仕掛品	(7, 840　)
動力部費	(1, 791. 5)	原価差異	(　160　)
修繕部費	(2, 037. 5)		
事務部費	(　180　)		
	(8, 000　)		(8, 000　)

事　務　部　費

製造間接費	(　620　)	第1製造部費	(　180　)
		第2製造部費	(　300　)
		動力部費	(　60　)
		修繕部費	(　60　)
		原価差異	(　20　)
	(　620　)		(　620　)

(3)　差異分析（単位：万円）

〈第 1 製造部〉　実際額 8, 000

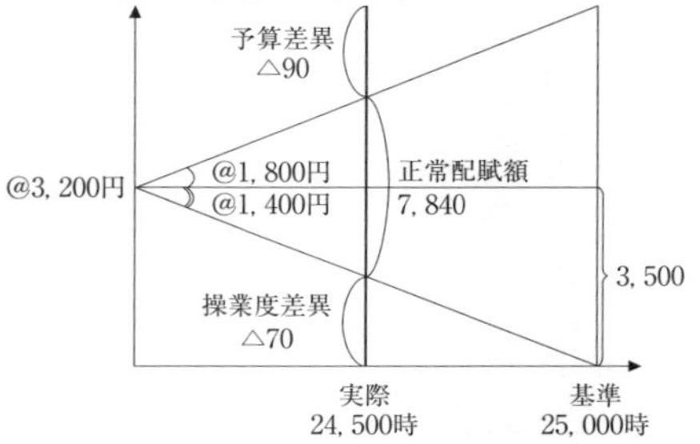

予 算 差 異：@1, 800円×24, 500時＋3, 500万円
　－8, 000万円＝(−)90万円

操業度差異：@1, 400円×(24, 500時－25, 000時)
　＝(−)70万円

〈動力部〉　実際額 3, 595

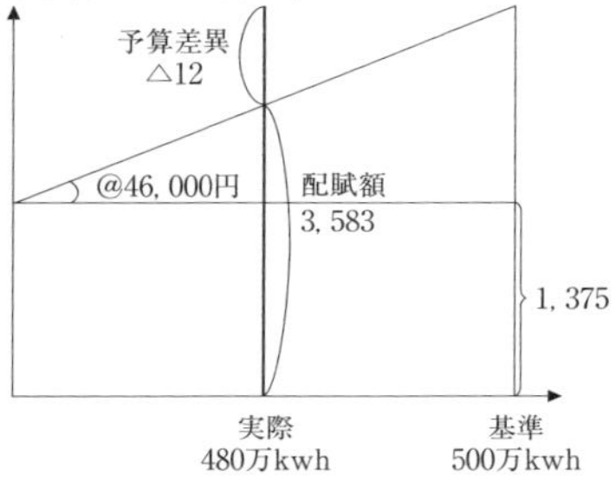

予算差異：@46, 000円×480万kwh＋1, 375万円
　－3, 595万円＝(−)12万円

なお，解答以外の他の部門の差異分析も参考に示せば次のとおりである。

〈第 2 製造部〉　実際額 5, 900

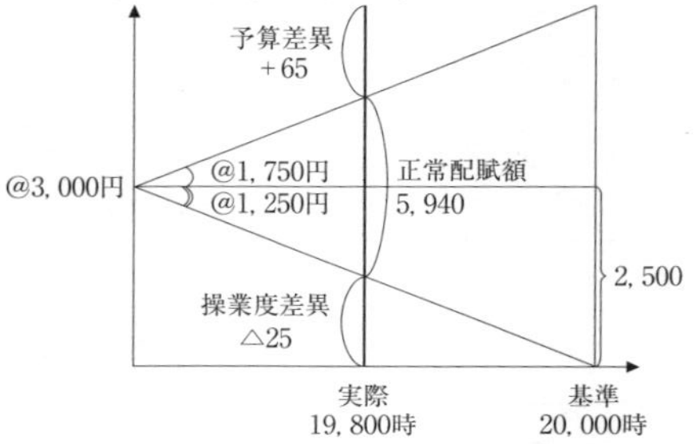

予 算 差 異：@1, 750円×19, 800時＋2, 500万円
　－5, 900万円＝(+)65万円

操業度差異：@1, 250円×(19, 800時－20, 000時)
　＝(−)25万円

〈修繕部〉　実際額 4, 105

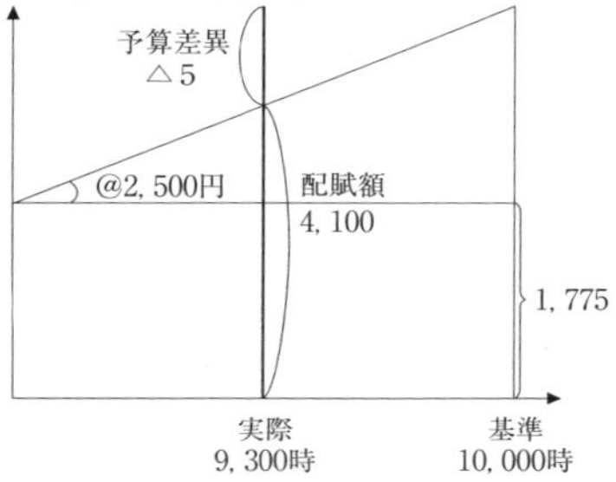

予算差異：@2, 500円×9, 300時＋1, 775万円
　－4, 105万円＝(−) 5 万円

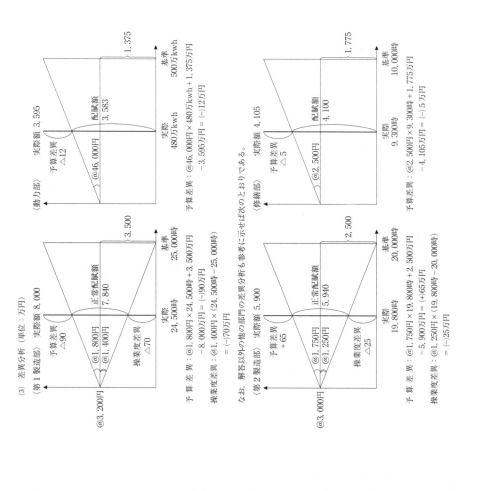

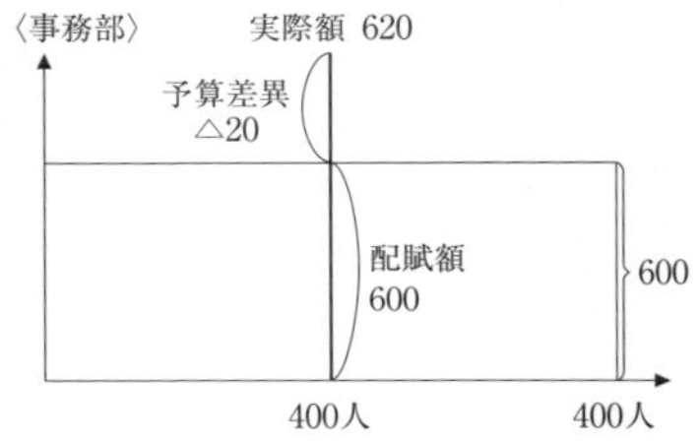

予算差異：600万円－620万円＝(－)20万円

Theme 10 個別原価計算における仕損

問題10-1

〔設問１〕

仕　掛　品　（単位：円）

借方	金額	貸方	金額
前月繰越	10,000	製品	125,000
直接材料費	36,000	仕損品	5,000
直接労務費	51,000	次月繰越	34,000
製造間接費	67,000		
	164,000		164,000

〔設問２〕

仕　掛　品　（単位：円）

借方	金額	貸方	金額
前月繰越	10,000	製品	125,000
直接材料費	36,000	仕損品	5,000
直接労務費	51,000	仕損費	19,000
製造間接費	67,000	次月繰越	34,000
仕損費	19,000		
	183,000		183,000

解答への道

〔設問１〕仕損費勘定を設けていない場合

1．製造指図書別原価計算表の作成

製造指図書別原価計算表　（単位：円）

	№101	№201	№101－1	№201－1	合計
前月繰越	10,000	——	——	——	10,000
直接材料費	20,000	10,000	4,000	2,000	36,000
直接労務費	35,000	8,000	7,000	1,000	51,000
製造間接費	45,000	12,000	9,000	1,000	67,000
小計	110,000	30,000	20,000	4,000	164,000
仕損品評価額	——	——	△ 5,000	——	△ 5,000
仕損費	15,000	4,000	△15,000	△ 4,000	0
合計	125,000	34,000	0	0	159,000
備考	完成	仕掛中	№101へ	№201へ	

2．仕損費の計算および処理

(1)　№101と№101－1…一部仕損・代品製造

製造指図書の製品の一部が仕損となり，代品の製造を行った場合であるため，代品製造指図書№101－1に集計された原価から仕損品評価額を控除した金額を仕損費とし，問題文の指示により，正常な仕損として直接経費処理（№101に賦課）する。

なお，〔設問1〕は仕損費勘定を設けていないことを前提としているため，仕損に関する仕訳は，仕損品評価額の計上の仕訳のみとなり，直接経費処理される当該仕損費に関しては製造指図書別原価計算表での振替えのみとなる。

（仕　損　品）(＊)	5,000	（仕　掛　品）	5,000

(＊) 仕損品評価額：5,000円

(2)　№201と№201－1…補修

仕損が発生し，補修によって良品に回復させた場合であるため，補修指図書№201－1に集計された原価を仕損費とし，問題文の指示により，正常な仕損として直接経費処理（№201に賦課）する。

なお，〔設問1〕は仕損費勘定を設けていないことを前提としているため，直接経費処理される当該仕損費に関しては，製造指図書別原価計算表での振替えのみとなる。

〔設問2〕仕損費勘定を設けている場合

1．仕損費の計算および処理

(1)　№101と№101－1…一部仕損・代品製造

①　仕損費の計算

（仕　損　品）(＊)	5,000	（仕　掛　品）	20,000
（仕　損　費）	15,000		

(＊) 仕損品評価額：5,000円

②　仕損費の処理（直接経費処理）

（仕　掛　品）	15,000	（仕　損　費）	15,000

(2)　№201と№201－1…補修

①　仕損費の計算

（仕　損　費）	4,000	（仕　掛　品）	4,000

②　仕損費の処理（直接経費処理）

（仕　掛　品）	4,000	（仕　損　費）	4,000

問題10-2

仕　掛　品　（単位：円）

前月繰越	30,000	製　品	225,000
直接材料費	120,500	仕損品	80,000
直接労務費	328,500	組立部費	10,000
切削部費	332,000	損　益	385,000
組立部費	244,000	次月繰越	355,000
	1,055,000		1,055,000

解答への道

1．製造指図書別原価計算表の作成

製造指図書別原価計算表　（単位：円）

	№201	№301	№201－1	№301－1	合　計
前月繰越	30,000	——	——	——	30,000
直接材料費	10,000	50,000	500	60,000	120,500
直接労務費					
切削部	20,000	80,000	1,000	65,000	166,000
組立部	50,000	70,000	2,500	40,000	162,500
製造間接費					
切削部	40,000	160,000	2,000	130,000	332,000
組立部	75,000	105,000	4,000	60,000	244,000
小　計	225,000	465,000	10,000	355,000	1,055,000
仕損品評価額	——	△ 80,000	——	——	△ 80,000
仕損費	——	△385,000	△ 10,000	——	△395,000
合　計	225,000	0	0	355,000	580,000
備　考	完　成	損益へ	組立部費へ	仕掛中	

2．仕損費の計算および処理

(1)　№201と№201－1…補修

仕損が発生し，補修によって良品に回復させた場合であるため，補修指図書№201－1に集計された原価を仕損費とし，問題文の指示により，正常な仕損として間接経費処理（組立部に振替え）する。

（組立部費）	10,000	（仕　掛　品）	10,000

(2)　№301と№301－1…全部仕損・代品製造

製造指図書の製品の全部が仕損となり，代品の製造を行った場合であるため，元の製造指図書№301に集計された原価から仕損品評価額を控除した金額を仕損費とし，問題文の指示により，異常な仕損として非原価処理する。

(仕　損　品)(＊)	80,000	(仕　掛　品)	465,000
(損　　益)	385,000		

(＊) 仕損品評価額：80,000円

3．仕損費勘定を設けている場合の勘定記入

本問は，解答欄の仕掛品勘定から，仕損費勘定を設けていない場合を前提としている。参考までに仕損費勘定を設けている場合の，仕掛品勘定および仕損費勘定を示せば次のとおり。

仕　掛　品　（単位：円）

前月繰越	30,000	製品	225,000
直接材料費	120,500	仕損品	80,000
直接労務費	328,500	仕損費	395,000
切削部費	332,000	次月繰越	355,000
組立部費	244,000		
	1,055,000		1,055,000

仕　損　費　（単位：円）

仕掛品	395,000	組立部費	10,000
		損益	385,000
	395,000		395,000

問題10-3

(A) 製造指図書別原価計算表　（単位：円）

項目	#10	#11	#12	#13	#14	#15	合計
前月繰越	44,200	——	——	——	——	——	44,200
直接材料費	72,000	72,000	48,000	48,000	12,000	16,800	268,800
直接労務費	36,000	40,000	12,000	8,000	6,000	12,800	114,800
製造間接費	54,000	60,000	18,000	12,000	9,000	19,200	172,200
小計	206,200	172,000	78,000	68,000	27,000	48,800	600,000
作業屑評価額	△ 4,000	——	——	——	——	——	△ 4,000
正常仕損費	——	27,000	——	——	△27,000	——	0
異常仕損費	——	——	△78,000	——	——	——	△78,000
合計	202,200	199,000	0	68,000	0	48,800	518,000
備考	完成	完成	損益へ	仕掛中	#11へ	完成	

(B) 原価計算関係諸勘定　（単位：円）

材　料

前月繰越	24,000	仕掛品	268,800
現金	48,000	製造間接費	7,200
買掛金	240,000	次月繰越	36,000
	312,000		312,000

賃金・手当

諸口	118,800	仕掛品	114,800
		製造間接費	4,000
	118,800		118,800

製造間接費

未払金	164,000	仕掛品	172,200
材料	7,200	配賦差異	3,000
賃金・手当	4,000		
	175,200		175,200

仕　掛　品

前月繰越	44,200	製品	450,000
材料	268,800	作業屑	4,000
賃金・手当	114,800	損益	78,000
製造間接費	172,200	次月繰越	68,000
	600,000		600,000

解答への道

1．材料費の計算

問題資料の1.(1)に「材料は，毎月予定単価で借記される」とあり，「月初有高は100kg（24,000円）であった」から，予定単価は240円/kgであるとわかる。したがって，材料勘定はすべて，予定単価240円/kgで記入すればよい。

なお，材料費の計算の際に，指図書番号が不明の30kg分は，特定の指図書に賦課できない材料費であり，間接材料費となる。

2．労務費の計算

賃金・手当の支払いに関する仕訳は次のとおり。

(賃金・手当)	118,800	(現　　金)	110,000
		(預　り　金)	8,800

労務費の計算も材料費の計算のときと同様，指図書番号が不明の10時間分は，特定の指図書に賦課できない労務費であり，間接労務費となる。

3．作業屑および仕損費の計算と処理

(1) 作業屑

指図書#10について作業屑が発生し，解答欄の(A)製造指図書別原価計算表に作業屑評価額欄があるとおり，指図書#10の製造原価からその評価額を控除する。

なお，作業屑に関する仕訳を示せば次のとおりである。

(作　業　屑)(＊)	4,000	(仕　掛　品)	4,000

(＊) 作業屑評価額：4,000円

(2) #11と#14…補修

仕損が発生し，補修によって良品に回復させた場合であるため，補修指図書#14に集計された原価を仕損費とし，正常な仕損として直接経費処理（#11に賦課）する。

なお，仕損費勘定を使用していないため，仕損費の処理は製造指図書別原価計算表の振替えのみになる。

(3)　＃12と＃15…全部仕損・代品製造

製造指図書の製品の全部が仕損となり，代品の製造を行った場合であるため，元の製造指図書＃12に集計された原価（から仕損品評価額を控除した金額）を仕損費とし，問題文の指示により，異常な仕損として非原価処理する。

（損　　益）	78,000	（仕　掛　品）	78,000

4．仕損費勘定を使用している場合の勘定記入

参考までに仕損費勘定を使用している場合の，仕掛品勘定および仕損費勘定を示せば次のとおり。

仕　掛　品　（単位：円）

前月繰越	44,200	製品	450,000
材料	268,800	作業屑	4,000
賃金・手当	114,800	仕損費	105,000
製造間接費	172,200	次月繰越	68,000
仕損費	27,000		
	627,000		627,000

仕　損　費　（単位：円）

仕掛品	105,000	仕掛品	27,000
		損益	78,000
	105,000		105,000

問題10-4

製造指図書別製造原価要約表　（単位：円）

	№101	№101-2	№102	№102-2	№103	№103-2	合計
前月繰越	20,000	——	——	——	——	——	20,000
直接材料費	——	32,000	40,000	40,000	48,000	——	160,000
直接労務費							
組立部	80,000	40,000	60,000	70,000	50,000	——	300,000
仕上部	77,000	33,000	——	11,000	55,000	33,000	209,000
製造間接費							
組立部	96,000	48,000	72,000	84,000	60,000	——	360,000
仕上部	126,000	54,000	——	18,000	90,000	54,000	342,000
計	399,000	207,000	172,000	223,000	303,000	87,000	1,391,000
作業屑評価額	——	——	——	——	△ 1,000	——	△ 1,000
仕損品評価額	——	△ 8,000	△ 12,000	——	——	——	△ 20,000
仕損費	199,000	△199,000	△160,000	——	——	△ 87,000	△247,000
合計	598,000	0	0	223,000	302,000	0	1,123,000
備考	完成	№101へ	損益へ	仕掛中	完成	製間-仕上部へ	

仕　掛　品　（単位：円）

前月繰越	20,000	製品	（ 900,000 ）
材料	160,000	作業屑	（ 1,000 ）
賃金・手当	（ 509,000 ）	仕損品	（ 20,000 ）
製造間接費―組立部	（ 360,000 ）	仕損費	（ 446,000 ）
製造間接費―仕上部	（ 342,000 ）	翌月繰越	（ 223,000 ）
仕損費	（ 199,000 ）		
	（ 1,590,000 ）		（ 1,590,000 ）

仕　損　費　（単位：円）

仕掛品	（ 446,000 ）	仕掛品	（ 199,000 ）
		製造間接費－仕上部	（ 87,000 ）
		損益	（ 160,000 ）
	（ 446,000 ）		（ 446,000 ）

解答への道

1．指図書別直接労務費および製造間接費の計算

指図書別の直接労務費は（予定平均賃率）×（製造指図書ごとの直接作業時間），製造間接費は（予定配賦率）×（製造指図書ごとの直接作業時間）によって計算する。

製造指図書別製造原価要約表　（単位：円）

		№101	№101-2	№102	№102-2	№103	№103-2	合計
	：							：
	直接労務費							
1,000円/時間 →	組立部	80時間	40時間	60時間	70時間	50時間	——	300時間
1,100円/時間 →	仕上部	70時間	30時間	——	10時間	50時間	30時間	190時間
	製造間接費							
1,200円/時間 →	組立部	80時間	40時間	60時間	70時間	50時間	——	300時間
1,800円/時間 →	仕上部	70時間	30時間	——	10時間	50時間	30時間	190時間

2．作業屑の処理

製造指図書№103について作業屑が発生し，製造指図書№103の製造原価からその評価額を控除する場合である。製造指図書別製造原価要約表の作業屑評価額欄において評価額控除の記入を行う。

なお，作業屑に関する仕訳を示せば次のとおりである。

（作　業　屑）（＊）	1,000	（仕　掛　品）	1,000

（＊）作業屑評価額：200円/kg × 5 kg = 1,000円

3．仕損費の計算および処理

仕損費の計算および処理を，製造指図書の順に解説する。

(1) №101と№101-2…一部仕損・代品製造

製造指図書の製品の一部が仕損となり，代品の製造を行った場合であるため，代品製造指図書№101-2に集計された原価から仕損品評価額を控除した額が仕損費となる。発生部門（組立部）の製造間接費予算に仕損費を算入していないことから，正常な仕損費として直接経費処理する。

〈仕損費の計算〉

（仕　損　品）(＊1)	8,000	（仕　掛　品）№101-2	207,000
（仕　損　費）(＊2)	199,000		

（＊1）仕損品評価額：8,000円
（＊2）仕損費：207,000円－8,000円＝199,000円

〈仕損費の処理〉… 直接経費処理

（仕　掛　品）№101	199,000	（仕　損　費）	199,000

(2) №102と№102-2…全部仕損・代品製造

製造指図書の製品の全部が仕損となり，代品の製造を行った場合であるため，元の製造指図書№102に集計された原価から仕損品評価額を控除した額が仕損費になる。その後，問題文の指示により，異常な仕損費として非原価処理する。

〈仕損費の計算〉

（仕　損　品）(＊1)	12,000	（仕　掛　品）№102	172,000
（仕　損　費）(＊2)	160,000		

（＊1）仕損品評価額：12,000円
（＊2）仕損費：172,000円－12,000円＝160,000円

〈仕損費の処理〉… 非原価処理

（損　　益）	160,000	（仕　損　費）	160,000

(3) №103と№103-2…補修

仕損が発生し，補修によって良品に回復させた場合であるため，補修指図書№103-2に集計された原価が仕損費になる。発生部門（仕上部）の製造間接費予算に仕損費を算入していることから，正常な仕損費として間接経費処理する。

〈仕損費の計算〉

（仕　損　費）(＊)	87,000	（仕　掛　品）№103-2	87,000

（＊）正常仕損費（間接経費）：87,000円

〈仕損費の処理〉… 間接経費処理

（製造間接費－仕上部）(＊)	87,000	（仕　損　費）	87,000

問題10-5

(1)

指図書別原価計算表　（単位：円）

	№101	№102	№103	№104	№105	№106
前月繰越	600,000	——	——	——	——	——
直接材料費	80,000	600,000	480,000	8,000	800,000	200,000
直接労務費						
甲製造部門	72,000	720,000	600,000	30,000	900,000	210,000
乙製造部門	125,000	500,000	450,000	——	450,000	100,000
製造間接費						
甲製造部門	96,000	960,000	800,000	40,000	1,200,000	280,000
乙製造部門	84,000	1,190,000	630,000	——	1,120,000	280,000
小　計	1,057,000	3,970,000	2,960,000	78,000	4,470,000	1,070,000
仕損品評価額	——	△ 397,000	——	——	——	△ 40,000
仕　損　費	78,000	△3,573,000	——	△ 78,000	——	△1,030,000
合　計	1,135,000	0	2,960,000	0	4,470,000	0
備　考	完　成	損益へ	仕掛中	№101へ	完　成	乙製造部門へ

(2) 原価計算関係諸勘定　（単位：円）

製造間接費—甲製造部門

諸　口	3,400,000	仕　掛　品	(3,376,000)
		配賦差異	(24,000)
	3,400,000		(3,400,000)

製造間接費—乙製造部門

諸　口	2,300,000	仕　掛　品	(3,304,000)
仕　掛　品	(1,030,000)	配賦差異	(26,000)
	(3,330,000)		(3,330,000)

仕　掛　品

前月繰越	(600,000)	製　品	(5,605,000)
材　料	(2,168,000)	仕　損　品	(437,000)
賃金・手当	(4,157,000)	製造間接費—乙製造部門	(1,030,000)
製造間接費—甲製造部門	(3,376,000)	損　益	(3,573,000)
製造間接費—乙製造部門	(3,304,000)	次月繰越	(2,960,000)
	(13,605,000)		(13,605,000)

(3)　製造間接費―乙製造部門の差異分析

予 算 差 異	（　6,000　）円	（ 借・(貸) ）
操業度差異	（　32,000　）円	（ (借)・貸 ）
総　差　異	（　26,000　）円	（ (借)・貸 ）

（注）（ 借・貸 ）は該当する方を○で囲むこと。

解答への道

1．指図書別原価計算表の作成（小計欄まで）

(1)　直接材料費

400円/kg〈予定消費価格〉×指図書別直接材料消費量

(2)　直接労務費

①　予定賃率の算定

$$予定賃率=\frac{賃金・手当年間予算}{予定総就業時間}$$

甲製造部門：$\frac{38,160千円}{63,600時間}$＝600円/時間　乙製造部門：$\frac{25,200千円}{50,400時間}$＝500円/時間

②　直接労務費の計算

甲製造部門：600円/時間〈予定賃率〉×甲製造部門の指図書別直接作業時間

乙製造部門：500円/時間〈予定賃率〉×乙製造部門の指図書別直接作業時間

(3)　製造間接費

①　予定配賦率の算定

$$予定配賦率=\frac{製造間接費年間予算}{年間基準操業度}$$

甲製造部門：$\frac{40,704千円}{50,880時間}$＝800円/時間（直接作業時間基準）

乙製造部門：$\frac{40,320千円}{57,600時間}$＝700円/時間（機械運転時間基準）

②　製造間接費の予定配賦

甲製造部門：800円/時間〈予定配賦率〉×甲製造部門の指図書別直接作業時間

乙製造部門：700円/時間〈予定配賦率〉×乙製造部門の指図書別機械運転時間

2．仕損費の計算および処理

(1)　No.101とNo.104…補修

仕損が発生し，補修によって良品に回復させた場合であるため，補修指図書No.104に集計された原価を仕損費とし，正常な仕損として処理する。その際，仕損費見積額を製造間接費予算に計上していない甲製造部門で発生した正常仕損であるため，直接経費処理（No.101に賦課）になる。

なお，仕損費勘定を使用していないため，仕損費の処理は製造指図書別原価計算表の振替えのみになる。

(2)　No.102とNo.105…全部仕損・代品製造

製造指図書の製品の全部が仕損となり，代品の製造を行った場合であるため，元の製造指図書No.102に集計された原価から仕損品評価額を控除した金額を仕損費とし，問題文中の「通常起こりえない作業上の事故により…」という文言から，異常な仕損として非原価処理する。

（仕　損　品）(＊)	397,000	（仕　掛　品）	3,970,000
（損　　　益）	3,573,000		

（＊）仕損品評価額：3,970,000円×10%＝397,000円

(3)　No.103とNo.106…一部仕損・代品製造

製造指図書の製品の一部が仕損となり，代品の製造を行った場合であるため，代品製造指図書No.106に集計された原価から仕損品評価額を控除した金額を仕損費とし，正常な仕損として処理する。その際，仕損費見積額を製造間接費予算に計上している乙製造部門で発生した正常仕損であるため，間接経費処理（乙製造部門に振替え）する。

（仕　損　品）(＊)	40,000	（仕　掛　品）	1,070,000
（製造間接費―乙製造部門）	1,030,000		

（＊）仕損品評価額：40,000円

3．製造間接費―乙製造部門の差異分析

製造間接費―乙製造部門の当月実際発生額は，問題資料5．の2,300,000円のほかに当月の間接経費処理した仕損費1,030,000円があり，合計3,330,000円となる。

総　差　異：700円/時間×4,720時間－3,330,000円＝(－)26,000円〔借方〕

予 算 差 異：300円/時間(＊1)×4,720時間+1,920,000円(＊2)－3,330,000円＝(+)6,000円〔貸方〕

（＊1）変動費率

（＊2）月間固定費予算額

操業度差異：400円/時間(＊3)×(4,720時間－4,800時間(＊4))＝(－)32,000円〔借方〕

（＊3）固定費率

（＊4）月間基準操業度

差異分析図を示すと，次のようになる。

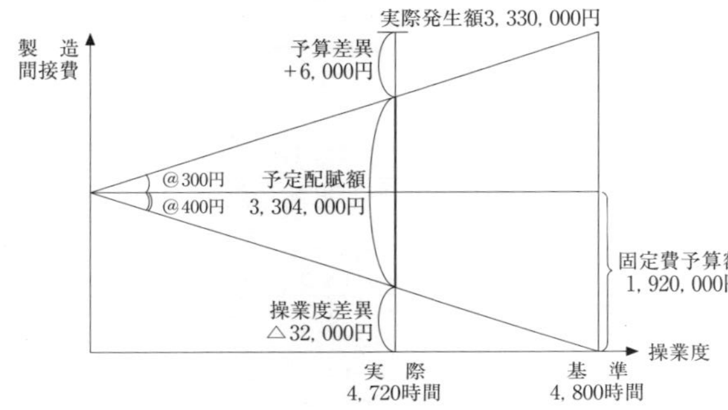

問題10-6

〔問１〕

指図書別原価計算表　(単位：円)

	#10	#10－1	#20	#20－1	#30	#30－1	計
直接材料費	120,000	140,000	200,000	――	470,000	60,000	990,000
直接労務費	96,000	128,000	288,000	96,000	256,000	96,000	960,000
製造間接費	800,000	1,100,000	2,500,000	850,000	2,150,000	800,000	8,200,000
合計	1,016,000	1,368,000	2,988,000	946,000	2,876,000	956,000	10,150,000
仕損品評価額	△20,000	――	――	――	――	△7,500	△27,500
仕損費	△996,000	――	946,000	△946,000	948,500	△948,500	△996,000
製造原価	0	1,368,000	3,934,000	0	3,824,500	0	9,126,500
備考	異常仕損費	仕掛中	完成	#20へ	完成	#30へ	

(注) マイナスの数値には金額の前に△を付すこと。

〔問２〕

操業度差異＝　20,000　円　(　不利　)

(注)(　　) 内には，有利もしくは不利を明示すること。

〔問３〕

仕掛品　(単位：円)

直接材料費	(990,000)	製品	(7,758,500)
直接労務費	(960,000)	仕損品	(27,500)
製造間接費	(8,200,000)	異常仕損費	(996,000)
		次月繰越	(1,368,000)
	(10,150,000)		(10,150,000)

解答への道

本問は，仕損が生じる場合の実際部門別個別原価計算であるが，製造間接費については２種類の主要設備を原価部門（＝原価集計単位）として設定していることに注意する必要がある。

〔問１〕指図書別原価計算表の作成

1．第２製造部予定配賦率の算定

製造指図書別の原価集計にあたり，あらかじめ製造間接費の予定配賦率を算定しておく必要がある。本問では製造部門が２つあるが，原価部門（＝原価集計単位）は主要設備に細分されて設定されており，製造部門自体ではないことに注意しなければならない。そのため，各指図書の製品に対して第１製造部の製造間接費を配賦する必要はない。

(1)　補助部門費予算の第２製造部への配賦

補助部門費は複数基準配賦法により各製造部門に配賦することから，変動費は当月消費予定量の割合を使用し，固定費は消費能力の割合を使用して配賦する。また，直接配賦法によっていることから，補助部門間の用役授受は考慮しなくてよい。

予算部門費配賦表　(単位：円)

	第１製造部		第２製造部－ＭＣ１		第２製造部－ＭＣ２		Ａ補助部門		Ｂ補助部門	
	変動費	固定費	変動費	固定費	変動費	固定費	変動費	固定費	変動費	固定費
部門費予算	(省略)	(省略)	1,545,000	1,335,000	1,945,000	1,610,000	820,000	630,000	850,000	990,000
Ａ補助部門費*1	(省略)	(省略)	205,000	245,000	205,000	105,000				
Ｂ補助部門費*2	(省略)	(省略)	200,000	220,000	250,000	385,000				
製造部門費予算	(省略)	(省略)	1,950,000	1,800,000	2,400,000	2,100,000				

(注) 第１製造部への配賦記入は省略している。

＊1　Ａ補助部門費

〈変動費〉

$$\text{ＭＣ１}：\frac{820,000\text{円}}{40\% + 20\% + 20\%} \times 20\% = 205,000\text{円}$$

$$\text{ＭＣ２}：\frac{820,000\text{円}}{40\% + 20\% + 20\%} \times 20\% = 205,000\text{円}$$

〈固定費〉

$$\text{ＭＣ１}：\frac{630,000\text{円}}{40\% + 35\% + 15\%} \times 35\% = 245,000\text{円}$$

$$\text{ＭＣ２}：\frac{630,000\text{円}}{40\% + 35\% + 15\%} \times 15\% = 105,000\text{円}$$

＊2　Ｂ補助部門費

〈変動費〉

$$\text{ＭＣ１}：\frac{850,000\text{円}}{40\% + 20\% + 25\%} \times 20\% = 200,000\text{円}$$

$$\text{ＭＣ２}：\frac{850,000\text{円}}{40\% + 20\% + 25\%} \times 25\% = 250,000\text{円}$$

〈固定費〉

$$\text{ＭＣ１}：\frac{990,000\text{円}}{35\% + 20\% + 35\%} \times 20\% = 220,000\text{円}$$

$$\text{ＭＣ２}：\frac{990,000\text{円}}{35\% + 20\% + 35\%} \times 35\% = 385,000\text{円}$$

(2)　月間の基準操業度の算定

本問においては実際的生産能力を基準操業度とした予算が設定されている。また，各主要設備が原価部門となっていることから，当該設備ごとに実際的生産能力を求める必要がある。なお，製造間接費予算（月額）と対応させるために，基準操業度も月間数値に修正することを忘れてはならない。

各主要設備の月間実際的生産能力：(12時間×303日－36時間)÷12か月＝300時間

年間3,600時間

(3)　第２製造部の予定配賦率

主要設備別に原価部門を設定しているため，予定配賦率は主要設備別に算定する。

ＭＣ１：

変動費率：1,950,000円÷300時間＝　@ 6,500円

固定費率：1,800,000円÷300時間＝　@ 6,000円

合計　@12,500円

ＭＣ２：

変動費率：2,400,000円÷300時間＝　@ 8,000円

固定費率：2,100,000円÷300時間＝　@ 7,000円

合計　@15,000円

2．指図書別原価計算表の作成

下掲の計算過程にあるように指図書別に原価を集計し，指図書別原価計算表を完成させる。

	#10	#10－1	#20	#20－1	#30	#30－1	計
直接材料費	120, 000	140, 000	200, 000	——	470, 000	60, 000	990, 000
直接労務費	96, 000	128, 000	288, 000	96, 000	256, 000	96, 000	960, 000
製造間接費	800, 000	1, 100, 000	2, 500, 000	850, 000	2, 150, 000	800, 000	8, 200, 000
合　計	1, 016, 000	1, 368, 000	2, 988, 000	946, 000	2, 876, 000	956, 000	10, 150, 000
仕損品評価額	△ 20, 000	——	——	——	——	△ 7, 500	△ 27, 500
仕　損　費	△996, 000	——	946, 000	△946, 000	948, 500	△948, 500	△996, 000
製 造 原 価	0	1, 368, 000	3, 934, 000	0	3, 824, 500	0	9, 126, 500
備　考	異常仕損費	仕掛中	完　成	#20へ	完　成	#30へ	

（#10）

全部が仕損となり，代品製造指図書#10－1を発行して代品を製造している。「この仕損には原価性がなく」との指示から，#10に集計された原価から評価額を差し引いた金額を異常仕損費として処理する。

直接材料費：　120, 000円（解答用紙に所与）
直接労務費：@1, 600円×(40時間＋20時間)　＝　96, 000円
製造間接費：@12, 500円×40時間＋@15, 000円×20時間　＝　800, 000円
合　計　1, 016, 000円
仕損品評価額：@100円×200個　＝　(−) 20, 000円
仕　損　費：　(−)996, 000円　…異常仕損費として処理
製 造 原 価：　0円

（#10－1）

直接材料費：　140, 000円（解答用紙に所与）
直接労務費：@1, 600円×(40時間＋40時間)　＝　128, 000円
製造間接費：@12, 500円×40時間＋@15, 000円×40時間　＝　1, 100, 000円
合　計　1, 368, 000円
仕損品評価額：　―
仕　損　費：　―
製 造 原 価：　1, 368, 000円

（#20）

補修指図書#20－1を発行して補修を行っているため，#20－1に集計された原価が仕損費となる。「この仕損は#20に固有の原因で生じた」ことから，（正常）仕損費は#20に賦課する。

直接材料費：　200, 000円（解答用紙に所与）
直接労務費：@1, 600円×(80時間＋100時間)　＝　288, 000円
製造間接費：@12, 500円×80時間＋@15, 000円×100時間　＝　2, 500, 000円
合　計　2, 988, 000円
仕損品評価額：　―
仕　損　費：　946, 000円　…#20－1より
製 造 原 価：　3, 934, 000円

（#20－1）

直接材料費：　―
直接労務費：@1, 600円×(20時間＋40時間)　＝　96, 000円
製造間接費：@12, 500円×20時間＋@15, 000円×40時間　＝　850, 000円
合　計　946, 000円
仕損品評価額：　―
仕　損　費：　(−)946, 000円　…#20へ賦課（正常仕損費）
製 造 原 価：　0円

（#30）

一部が仕損となり（500個のうち150個），代品製造指図書#30－1を発行して代品を製造しているため，#30－1に集計された原価から評価額を差し引いた金額が仕損費となる。「この仕損は#30に固有の原因で生じた」ことから，（正常）仕損費は#30に賦課する。

直接材料費：　470, 000円（解答用紙に所与）
直接労務費：@1, 600円×（100時間＋60時間）　＝　256, 000円
製造間接費：@12, 500円×100時間＋@15, 000円×60時間　＝　2, 150, 000円
合　計　2, 876, 000円
仕損品評価額：　―
仕　損　費：　948, 500円　…#30－1より
製 造 原 価：　3, 824, 500円

（#30－1）

直接材料費：　60, 000円（解答用紙に所与）
直接労務費：@1, 600円×(40時間＋20時間)　＝　96, 000円
製造間接費：@12, 500円×40時間＋@15, 000円×20時間　＝　800, 000円
合　計　956, 000円
仕損品評価額：@50円×150個　＝　(−)　7, 500円
仕　損　費：　(−)948, 500円　…#30へ賦課（正常仕損費）
製 造 原 価：　0円

〔問2〕操業度差異の計算

主要設備別に予定配賦していることから，主要設備別に操業度差異を計算する。

ＭＣ１：@6, 000円×(320時間－300時間)＝　(+)120, 000円（有利）
ＭＣ２：@7, 000円×(280時間－300時間)＝　(−)140, 000円（不利）
合　計　(−) 20, 000円（不利）

〔問3〕仕掛品勘定の記入

〔問1〕で作成した指図書別原価計算表をもとに，仕掛品勘定を記入すればよい。ただし，解答用紙の仕掛品勘定の相手科目欄より，総勘定元帳に仕損費勘定を設けていないことを読みとり，直接経費処理された正常仕損費（946, 000円，948, 500円）は記入されないことに注意する。

問題10-7

〔問１〕（単位：円）

材料	
1, 200, 000	（　560, 000）
（　37, 500）	

仕掛品	
（　560, 000）	（2, 090, 500）
300, 000	（　169, 500）
1, 400, 000	

正常仕損費＝（　132, 000　）円

製造間接費	
（　132, 000）	1, 400, 000

製品	
（2, 090, 500）	（　　）

〔問２〕（単位：円）

材料	
1, 200, 000	370, 000
（　33, 000）	

仕掛品	
370, 000	（1, 317, 000）
280, 000	（　33, 000）
（　700, 000）	

正常仕損費＝（　379, 500　）円

製造間接費	
（　　）	（　700, 000）

製品	
（1, 317, 000）	（　　）

（注）必ずしもすべての（　）内に金額を記入する必要はない。問題文に明示された条件に適切な記入を行うこと。

解答への道

問１　間接経費処理の場合

仕損は当該指図書に固有のものではないことから，正常仕損費は当工場で生産される他の製品にも負担させることになる。そのため，あらかじめ予定配賦率に正常仕損費分を織り込んでおく。

したがって，#20の製造間接費予定配賦額には正常仕損費の負担額が含まれるため，#20から計算した正常仕損費を#20に追加してはならない。当該正常仕損費は，（間接経費となる）仕損費の実際発生額として製造間接費勘定に振り替える。

(1)　直接材料費の推定

1, 400, 000円÷250％＝560, 000円
製造間接費

(2)　正常仕損費の分離計算

単位製造原価：(560, 000円＋300, 000円＋1, 400, 000円)÷20, 000個＝113円/個

仕損品原価：113円/個×1, 500個＝169, 500円

仕損品評価額：　25円/個×1, 500個＝　37, 500円〈材料勘定借方へ〉

正常仕損費：　132, 000円〈製造間接費勘定借方へ〉

(3)　完成品原価

113円/個×(20, 000個－1, 500個)＝2, 090, 500円〈製品勘定へ〉

計算結果にもとづいて勘定連絡を示すと次のようになる（単位：円）。

材料	
1, 200, 000	560, 000 → 仕掛品
37, 500 ← 仕掛品	

仕掛品	
560, 000	2, 090, 500 → 製品
300, 000	169, 500 → 材料・製造間接費
1, 400, 000 ← 製造間接費	

製造間接費	
132, 000	1, 400, 000

製品	
2, 090, 500	

問２　直接経費処理の場合

#30について生じた仕損は#30の製造に固有のものといえる。この場合の正常仕損費は#30に関わる良品に（直接経費として）負担させるため，完成品原価に含まれることとなる。

したがって，仕損品評価額のみを控除し材料勘定へ振り替えればよい。

(1)　製造間接費の配賦

280, 000円×250％＝700, 000円
直接労務費

(2)　正常仕損費

単位製造原価：(370, 000円＋280, 000円＋700, 000円)÷1, 800個＝750円/個

仕損品評価額：　60円/個×(1, 800個－1, 250個)＝33, 000円〈材料勘定借方へ〉

正常仕損費：(750円/個－60円/個)×(1, 800個－1, 250個)＝379, 500円〈完成品原価に加算〉

(3)　完成品原価

750円/個×1, 250個＋379, 500円＝1, 317, 000円〈製品勘定借方へ〉

または

(370, 000円＋280, 000円＋700, 000円)－33, 000円＝1, 317, 000円

計算結果にもとづいて勘定連絡を示すと次のようになる（単位：円）。

材料	
1, 200, 000	370, 000 → 仕掛品
33, 000 ← 仕掛品	

仕掛品	
370, 000	1, 317, 000 → 製品
280, 000	33, 000 → 材料
700, 000 ← 製造間接費	

製造間接費	
	700, 000

製品	
1, 317, 000	

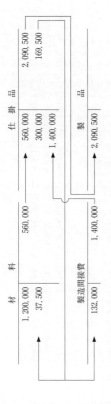

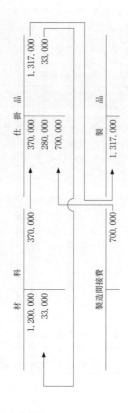

別冊②

解答用紙

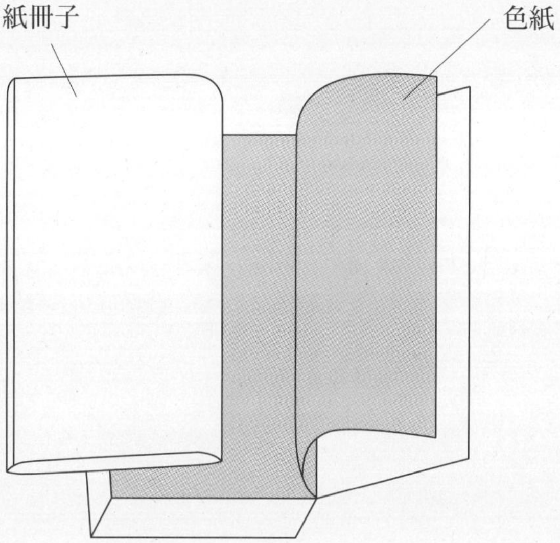

〈解答用紙ご利用時の注意〉

以下の「解答用紙」は，この色紙を残したままていねいに抜き取り，ご利用ください。

また，抜取りの際の損傷についてのお取替えはご遠慮願います。

問題1-1

① (　　　　　　　　　　　　　　)
② (　　　　　　　　　　　　　　)
③ (　　　　　　　　　　　　　　)
④ (　　　　　　　　　　　　　　)
⑤ (　　　　　　　　　　　　　　)

解答〈1〉ページ

問題1-2

(1) 〔　　　　　　　　　　　　　　〕
(2) 〔　　　　　　　　　　　　　　〕
(3) 〔　　　　　　　　　　　　　　〕
(4) 〔　　　　　　　　　　　　　　〕
(5) 〔　　　　　　　　　　　　　　〕
(6) 〔　　　　　　　　　　　　　　〕
(7) 〔　　　　　　　　　　　　　　〕
(8) 〔　　　　　　　　　　　　　　〕
(9) 〔　　　　　　　　　　　　　　〕
(10) 〔　　　　　　　　　　　　　　〕

解答〈1〉ページ

問題1-3

〔　　〕工場の運転資金として必要な銀行借入金に対する支払利息
〔　　〕工場の運動会において，授与する賞品の購入費用
〔　　〕製品にそのまま取り付ける部品の消費額
〔　　〕工場を建設する土地の購入代金
〔　　〕会社の役員に対して支払われる賞与金（引当金計上額）
〔　　〕本社備品の減価償却費
〔　　〕工員のための華道・茶道講師料
〔　　〕工場事務職員のパソコン研修費用
〔　　〕火災による製品の廃棄損
〔　　〕製品出荷運送費

解答〈2〉ページ

問題1-4

(1)〔　　　　　　　　　　〕
(2)〔　　　　　　　　　　〕
(3)〔　　　　　　　　　　〕
(4)〔　　　　　　　　　　〕
(5)〔　　　　　　　　　　〕
(6)〔　　　　　　　　　　〕
(7)〔　　　　　　　　　　〕
(8)〔　　　　　　　　　　〕
(9)〔　　　　　　　　　　〕
(10)〔　　　　　　　　　　〕

解答〈2〉ページ

問題2-1

(1) 勘定記入　　　　　　　　　　　　　　　　　　　　　　　　　　　(単位：円)

材料	
前期繰越	
買掛金	

製造間接費	

賃金	
諸口	未払賃金

仕掛品	
前期繰越	

経費	
諸口	

製品	
前期繰越	

(2) 製造原価明細書

製造原価明細書	(単位：円)
Ⅰ　直接材料費	(　　　)
Ⅱ　直接労務費	(　　　)
Ⅲ　製造間接費	(　　　)
(　　　　　)	(　　　)
期首仕掛品棚卸高	(　　　)
合計	(　　　)
期末仕掛品棚卸高	(　　　)
(　　　　　)	(　　　)

(3) 損益計算書

損 益 計 算 書　　(単位：円)

Ⅰ 売 上 高		(　　　)
Ⅱ 売 上 原 価		
1. 期首製品棚卸高	(　　　)	
2. (　　　)	(　　　)	
合　　計	(　　　)	
3. 期末製品棚卸高	(　　　)	(　　　)
売上総利益		(　　　)

解答〈3〉ページ

問題2-2

(注) 仕掛品勘定の〔　　〕内には相手勘定科目名または翌期繰越を記入しなさい。使用できる勘定科目名は，材料，賃金・手当，製造間接費，製品，売上原価，損益とする。なお，勘定は締め切ること。また損益計算書の〔　　〕内には適語を，(　　) 内には金額を記入しなさい。

仕　掛　品　　(単位：円)

前 期 繰 越	〔　　　〕
〔　　　〕	〔　　　〕
〔　　　〕	
〔　　　〕	

損 益 計 算 書　　(単位：円)

××社　　自×年×月×日　至×年×月×日

Ⅰ 売 上 高		(　　　)
Ⅱ 売 上 原 価		
1. 期首製品棚卸高	(　　　)	
2. 〔　　　〕	(　　　)	
合　　計	(　　　)	
3. 期末製品棚卸高	(　　　)	
差　　引	(　　　)	
4. 〔　　　〕	(　　　)	(　　　)
売上総利益		(　　　)
Ⅲ 販売費及び一般管理費		(　　　)
営 業 利 益		(　　　)
Ⅳ 営業外収益		(　　　)
Ⅴ 営業外費用		(　　　)
経 常 利 益		(　　　)

解答〈6〉ページ

問題2-3

損益計算書　(単位：円)

自×3年4月1日　至×4年3月31日

Ⅰ 売上高		(　　　)
Ⅱ 売上原価		
1．期首製品棚卸高	(　　　)	
2．(　　　)	(　　　)	
合計	(　　　)	
3．期末製品棚卸高	(　　　)	
差引	(　　　)	
4．原価差額	(　　　)	(　　　)
売上総利益		(　　　)

製造原価明細書　(単位：円)

自×3年4月1日　至×4年3月31日

Ⅰ 直接材料費		
1．期首材料棚卸高	700	
2．当期材料仕入高	20,300	
合計	21,000	
3．期末材料棚卸高	2,000	(　　　)
Ⅱ 直接労務費		(　　　)
Ⅲ 直接経費		(　　　)
Ⅳ 製造間接費		
1．材料	(　　　)	
2．賃金・手当	(　　　)	
3．電力料	(　　　)	
4．減価償却費	(　　　)	
5．修繕費	(　　　)	
6．その他	(　　　)	
合計	(　　　)	
(　　　)	(　　　)	
製造間接費配賦額		(　　　)
当期総製造費用		(　　　)
(　　　)		(　　　)
合計		(　　　)
(　　　)		(　　　)
(　　　)		(　　　)

解答〈8〉ページ

問題3-1

(1) 製造指図書別原価計算表

製造指図書別原価計算表（６月）　　（単位：円）

	No.105	No.201	No.202	No.203	合　計
月初仕掛品原価					
直接材料費					
直接労務費					
製造間接費					
合　計					
備　考					

(2) 諸勘定の記入　　（単位：円）

仕　掛　品

前月繰越		製品	
材料		次月繰越	
賃金・手当			
製造間接費			

製　品

仕掛品		売上原価	
		次月繰越	

解答〈11〉ページ

問題3-2

製造指図書別原価計算表（８月）　　(単位：円)

	No.201	No.202	No.203	合　　計
月初仕掛品原価				
直接材料費				
直接労務費				
製造間接費				
合　　計				
備　　考				

(単位：円)

仕　　掛　　品

前月繰越		製　　品	
材　　料		次月繰越	
賃金・手当			
製造間接費			

製　　品

前月繰越		売上原価	
仕　掛　品		次月繰越	

解答〈13〉ページ

問題4-1

甲材料 ______ 円/kg

乙材料 ______ 円/kg

丙材料 ______ 円/kg

解答〈15〉ページ

問題4-2

〔設問 1〕

______ 円

〔設問 2〕

______ 円

解答〈15〉ページ

問題4-3

（単位：円）

材　　料

買　掛　金		仕　掛　品	
材 料 副 費		次 月 繰 越	

材 料 副 費

諸　　口	34,500	材　　料	
		配 賦 差 異	

解答〈16〉ページ

問題4-4

〔設問1〕

（単位：円）

材　　料

買掛金	1,000,000	仕掛品	
引取費用		次月繰越	

引取費用

諸口	60,000	材料	

内部材料副費

諸口	49,200	仕掛品	
		次月繰越	
		配賦差異	

〔設問2〕

（単位：円）

材　　料

買掛金	1,000,000	仕掛品	
引取費用		次月繰越	

引取費用

諸口	60,000	材料	

内部材料副費

諸口	49,200	製造間接費	

解答〈17〉ページ

問題4-5

（単位：円）

材　　料

前　月　繰　越		〔　　　　〕	
〔　　　　〕		〔　　　　〕	

材料受入価格差異

〔　　　　〕			

（注）〔　　〕には適切な相手勘定科目名を記入しなさい。

解答〈19〉ページ

問題4-6

⑴　諸勘定の記入

（単位：円）

材　　料

前　月　繰　越	80,000	〔　　　　〕	
〔　　　　〕		〔　　　　〕	

材料受入価格差異

〔　　　　〕			

（注）〔　　〕には適切な相手勘定科目名を記入しなさい。

⑵　製造指図書別原価計算表（一部）

製造指図書別原価計算表

	№100	№101	№102	№103	№104	合　計
直接材料費（円）	（　　）	（　　）	（　　）	（　　）	（　　）	（　　）

解答〈20〉ページ

問題4-7

（単位：円）

材　　料

前月繰越	〔　　　　　〕
〔　　　　　〕	〔　　　　　〕
	〔　　　　　〕

材料消費価格差異

〔　　　　　〕	

（注）〔　　〕には適切な相手勘定科目名を記入しなさい。

解答〈21〉ページ

問題4-8

（単位：円）

材　　料

前月繰越	（　　　　）	仕掛品	（　　　　）
買掛金	（　　　　）	製造間接費	（　　　　）
現金	（　　　　）	材料消費価格差異	（　　　　）
		次月繰越	（　　　　）
	（　　　　）		（　　　　）

材料消費価格差異

材料	（　　　　）	

解答〈22〉ページ

問題4-9

〔設問１〕

製造指図書別原価計算表

	No.100	No.101	No.102	No.103	No.104	合　計
直接材料費（円）	（　　　）	（　　　）	（　　　）	（　　　）	（　　　）	（　　　）

〔設問２〕

月末材料棚卸高　（　　　　　　　　）円

材料消費価格差異　（　　　　　　　　）円〔　　　〕

（注）〔　　〕内は借方または貸方を記入すること。

解答〈23〉ページ

問題4-10

〔問１〕［　　　　　　　］円

〔問２〕［　　　　　　　］円

製品Ｘ［　　　　　　　］円　製品Ｙ［　　　　　　　］円

解答〈25〉ページ

問題4-11

（単位：円）

借方科目	金　　額	貸方科目	金　　額

解答〈26〉ページ

問題4-12

材料 (単位：円)

借方		貸方	
前月繰越		仕掛品	
買掛金		製造間接費	
		次月繰越	

解答〈26〉ページ

問題4-13

(単位：円)

材料

借方		貸方	
前月繰越	( )	仕掛品	( )
買掛金	( )	製造間接費	( )
〔 〕	( )	〔 〕	( )
		次月繰越	( )
	( )		( )

材料消費価格差異

借方		貸方	
〔 〕	( )	〔 〕	( )

(注)〔 〕には適切な相手勘定科目名を，( ) には金額をそれぞれ記入しなさい。なお，不要なカッコは空欄のままでよい。

解答〈27〉ページ

問題4-14

材料 (単位：円)

借方		貸方	
前月繰越	( )	仕掛品	( )
買掛金	( )	製造間接費	( )
		材料消費価格差異	( )
		棚卸減耗費	( )
		次月繰越	( )
	( )		( )

解答〈28〉ページ

問題5-1

（単位：円）

	借方科目	金　額	貸方科目	金　額
(1)				
(2)				
(3)				
(4)				

賃　　金　（単位：円）

諸　口			

解答〈29〉ページ

問題5-2

(注) 下記勘定の〔　　〕内には適切な相手勘定科目名を，（　　）内には金額（単位：円）を記入しなさい。なお不要なものには —— を記入すること。

賃金・手当

諸　　口	（　　）	〔　　〕	（　　）
〔　　〕	（　　）	〔　　〕	（　　）
		〔　　〕	（　　）
		〔　　〕	（　　）
	（　　）		（　　）

賃率差異

〔　　〕	（　　）	〔　　〕	（　　）

解答〈30〉ページ

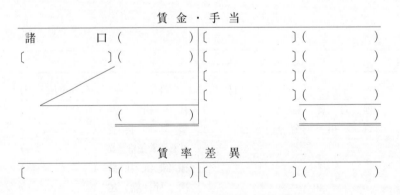

問題5-3

〔設問１〕

⑴ ＿＿＿＿＿＿ 円

⑵ ＿＿＿＿＿＿ 円

⑶ ＿＿＿＿＿＿ 円（　　　）

〔設問２〕

賃　　金　（単位：円）

諸　　口	未払賃金
未払賃金	仕　掛　品
	製造間接費
	賃率差異

解答〈31〉ページ

問題5-4

直接労務費：＿＿＿＿＿＿ 円

間接労務費：＿＿＿＿＿＿ 円

解答〈32〉ページ

問題5-5

(A)　製造指図書別製造原価要約表（一部）

（単位：千円）

	№101	№102	№103	№104	№105	合　計
（省　　略）						
直接労務費						
切削部						
組立部						
（省　　略）						

(B)　賃金・手当勘定

（注）下記勘定の〔　　〕内には適切な相手勘定科目名を，（　　）内には金額（単位：千円）を記入しなさい。なお不要なものには —— を記入すること。

賃　金・手　当

諸　　　　口	4,310	未払賃金・手当	（　　　　）
〔　　　　〕	（　　　　）	〔　　　　〕	（　　　　）
〔　　　　〕	（　　　　）	〔　　　　〕	（　　　　）
		〔　　　　〕	（　　　　）
	（　　　　）		（　　　　）

解答〈33〉ページ

問題5-6

賃金・手当　　　　（単位：円）

諸口	(　　　)	未払賃金・手当	(　　　)
未払賃金・手当	(　　　)	仕掛品	(　　　)
		製造間接費	(　　　)
		賃率差異	(　　　)
	(　　　)		(　　　)

解答〈35〉ページ

問題5-7

〔設問1〕［　　　　　　］千円/時間

〔設問2〕

直接労務費 ＝［　　　　　　］千円

間接労務費 ＝［　　　　　　］千円

解答〈36〉ページ

問題6-1

事務用消耗品費：		円
旅費交通費：		円
保管料：		円
電力料：		円
ガス代：		円
減価償却費：		円
修繕引当金繰入額：		円
保険料：		円
材料棚卸減耗費：		円
合計		円

解答〈38〉ページ

問題6-2

（単位：円）

	借方科目	金額	貸方科目	金額
(1)				
(2)				

解答〈39〉ページ

問題6-3

〈仕　訳〉　　　　　　　　　　　　　　　　　　　　　　　　　　　　　　　　（単位：円）

	借方科目	金　額	貸方科目	金　額
1				
2				

〈勘定記入〉

（注）□には適切な勘定科目名を記入しなさい。また勘定は締め切る必要はなく，相手勘定科目を記入する必要もない。

（単位：円）

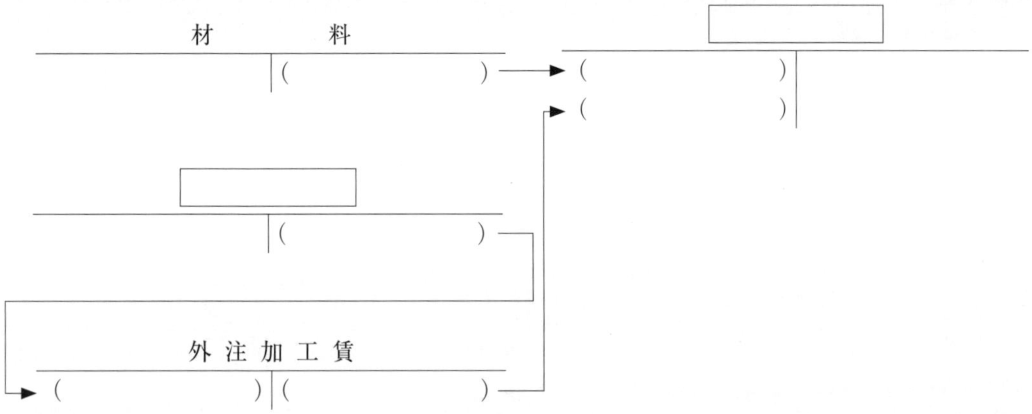

解答〈40〉ページ

問題6-4

〈仕　訳〉　　　　　　　　　　　　　　　　　　　　　　　　　　　　（単位：円）

	借方科目	金　額	貸方科目	金　額
1				
2				
3				

〈勘定記入〉

（注）□ には適切な勘定科目名を記入しなさい。また勘定は締め切る必要はなく，相手勘定科目を記入する必要もない。

（単位：円）

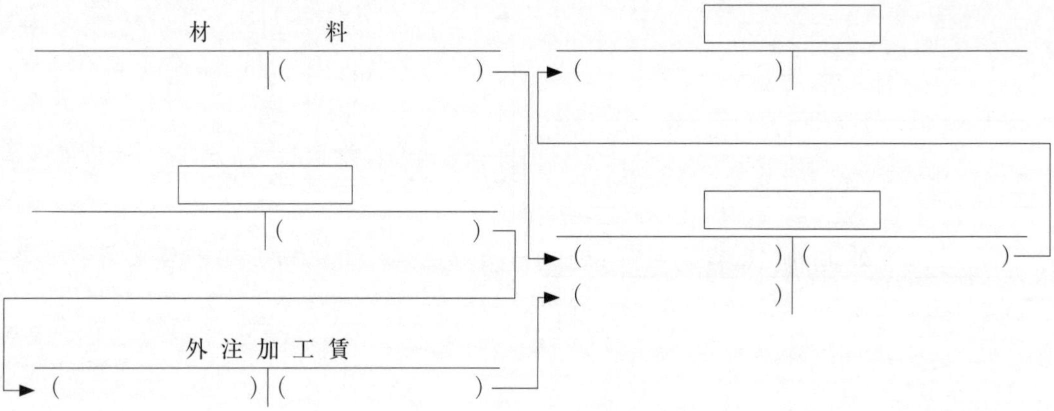

解答〈41〉ページ

問題6-5

（注）□には適切な勘定科目名を記入しなさい。また勘定は締め切る必要はなく，相手勘定科目を記入する必要もない。

（単位：円）

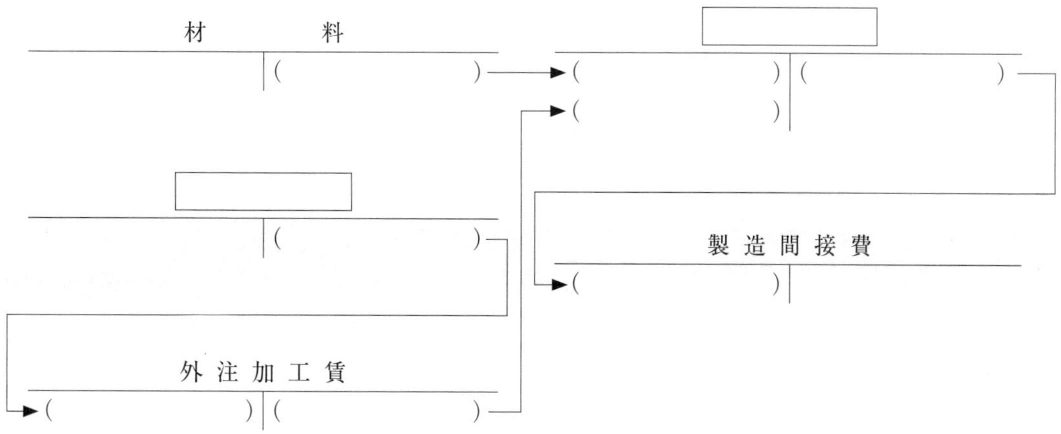

解答〈42〉ページ

問題6-6

製造間接費

間接材料費		円
間接労務費		円
間 接 経 費		円
合　計		円

解答〈43〉ページ

問題7-1

実際配賦率：　　　　　円/時間

製造指図書別製造原価計算表

（単位：円）

	№100	№101	№102	合　　計
直接材料費				
直接労務費				
製造間接費				
合　　計				

解答〈44〉ページ

問題7-2

〈仕　訳〉

（単位：円）

	借方科目	金　額	貸方科目	金　額
(1)				
(2)				
(3)				

〈勘定記入〉

製造間接費

〔　　　〕	(　　　)	〔　　　〕	(　　　)
〔　　　〕	(　　　)	〔　　　〕	(　　　)
〔　　　〕	(　　　)		
	(　　　)		(　　　)

(注) 上記勘定の〔　　〕内には適切な相手勘定科目名を，(　　) 内には金額（単位：円）を記入しなさい。

解答〈44〉ページ

問題7-3

〔問１〕

① [　　　　　　] 時間

② [　　　　　　] 時間

③ [　　　　　　] 時間

④ [　　　　　　] 時間

〔問２〕

① 実際的生産能力基準

予定配賦率 [　　　　　　] 円/時間

② 期待実際操業度基準

予定配賦率 [　　　　　　] 円/時間

解答〈45〉ページ

問題7-4

(1) 予定配賦率（　　　　　）円/時間

(2) 勘定記入

製 造 間 接 費

実 際 発 生 額	（　　　　　）	予 定 配 賦 額	（　　　　　）
総 差 異	（　　　　　）	総 差 異	（　　　　　）
	（　　　　　）		（　　　　　）

予 算 差 異

（　　　　　）	（　　　　　）

操 業 度 差 異

（　　　　　）	（　　　　　）

(注) 上記勘定の（　）内には金額（単位：円）を記入しなさい。なお，差異の勘定は，借方または貸方のいずれかに記入しなさい。不要な（　）には —— を記入すること。

解答〈46〉ページ

問題7-5

〔設問１〕

予定配賦率 ＿＿＿＿＿＿ 円/時間

予定配賦額 ＿＿＿＿＿＿ 円

配 賦 差 異

変動費予算差異 ＿＿＿＿＿＿ 円〔　　　差異〕

固定費予算差異 ＿＿＿＿＿＿ 円〔　　　差異〕

操 業 度 差 異 ＿＿＿＿＿＿ 円〔　　　差異〕

〔設問２〕

予算差異のうち，変動費については［　　］，固定費については［　　］の原因から発生したものと思われる。

解答〈47〉ページ

問題7-6

① 予定配賦率 ＿＿＿＿＿＿ 円/時間

② 予定配賦額 ＿＿＿＿＿＿ 円

③ 製造間接費配賦差異 ＿＿＿＿＿＿ 円〔　　　　〕

④ 予 算 差 異 ＿＿＿＿＿＿ 円〔　　　　〕

操業度差異 ＿＿＿＿＿＿ 円〔　　　　〕

解答〈48〉ページ

問題7-7

① 予定配賦率 ＿＿＿＿＿＿ 円/時間

② 予定配賦額 ＿＿＿＿＿＿ 円

③ 製造間接費配賦差異 ＿＿＿＿＿＿ 円〔　　　　〕

④ 予 算 差 異 ＿＿＿＿＿＿ 円〔　　　　〕

操業度差異 ＿＿＿＿＿＿ 円〔　　　　〕

解答〈49〉ページ

問題7-8

(A) 製造指図書別原価計算表

製造指図書別原価計算表　（単位：円）

	#200	#201	#202	#203	合　計
月初仕掛品原価					
直接材料費					
直接労務費					
製造間接費					
合　計					

(B) 原価計算関係諸勘定

（注）下記勘定の（　）内には金額（単位：円）を記入しなさい。差異の勘定は，借方または貸方のいずれかに記入すればよい。なお不要な（　）には —— を記入すること。

仕　掛　品

前月繰越	(　　)	製　品	(　　)
材　料	(　　)	翌月繰越	(　　)
賃金・手当	(　　)		
製造間接費	(　　)		
	(　　)		(　　)

製　造　間　接　費

諸　口	1, 548, 720	予定配賦額	(　　)
材　料	(　　)	総差異	(　　)
賃金・手当	(　　)		
総差異	(　　)		
	(　　)		(　　)

材料消費価格差異

(　　)	(　　)

賃　率　差　異

(　　)	(　　)

予　算　差　異

(　　)	(　　)

操　業　度　差　異

(　　)	(　　)

解答〈50〉ページ

問題7-9

(A) 製造指図書別製造原価要約表（20×0年10月）

製造指図書別製造原価要約表　　　　（単位：千円）

	№101	№102	№103	№104	№105	№106	合　計
9月末合計	2,700	—	—	—	—	—	2,700
直接材料費							
直接労務費							
製造間接費							
合　計							

(B) 原価計算関係諸勘定

(注)〔　〕には相手勘定科目名または翌月繰越を，（　）内には金額（単位：千円）を記入し，各勘定を締め切りなさい。使用できる勘定科目名は，買掛金，材料，賃金・手当，製造間接費および製品とする。

仕　掛　品

前月繰越	2,700	〔　〕	（　）
〔　〕	（　）	〔　〕	（　）
〔　〕	（　）		
〔　〕	（　）		
	（　）		（　）

材料受入価格差異

前月繰越	60	〔　〕	（　）
〔　〕	（　）		
	（　）		（　）

賃　率　差　異

〔　〕	（　）	前月繰越	30
		〔　〕	（　）
	（　）		（　）

製造間接費配賦差異

前月繰越	20	〔　〕	（　）
〔　〕	（　）		
	（　）		（　）

解答〈53〉ページ

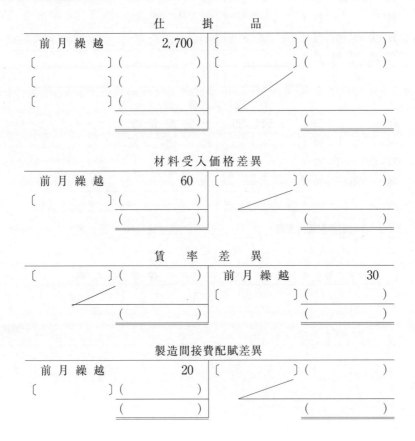

問題7-10

（注）下記の２勘定の〔　　〕内には相手勘定科目名を，（　　）内には金額を記入しなさい。また損益計算書の〔　　〕内には適当な名称を，（　　）内には金額を記入しなさい。

（単位：万円）

製造間接費

間接材料費	（　　）	〔　　〕	（　　）
間接労務費	（　　）	〔　　〕	（　　）
間接経費	（　　）		
	（　　）		（　　）

仕掛品

期首有高	（　　）	〔　　〕	（　　）
直接材料費	（　　）	〔　　〕	（　　）
直接労務費	（　　）	期末有高	（　　）
直接経費	（　　）		
製造間接費	（　　）		
	（　　）		（　　）

損益計算書

売上高		9,800
売上原価	（　　）	
〔　　〕	（　　）	
売上原価計	（　　）	（　　）
売上総利益		（　　）
販売費	（　　）	
一般管理費	（　　）	
販売費・一般管理費計	（　　）	（　　）
営業利益		（　　）
営業外収益		（　　）
営業外費用		（　　）
経常利益		（　　）
特別利益		（　　）
特別損失		（　　）
税引前当期純利益		（　　）

解答〈56〉ページ

問題7-11

(注) 下記の2勘定の〔　〕内には相手勘定科目名を，(　) 内には金額を記入しなさい。また損益計算書の〔　〕内には適当な名称を，(　) 内には金額を記入しなさい。

製造間接費　(単位：万円)

間接材料費	(　　)	〔　　〕	(　　)
間接労務費	(　　)	〔　　〕	(　　)
間接経費	(　　)		
	(　　)		(　　)

仕掛品　(単位：万円)

期首有高	(　　)	〔　　〕	(　　)
直接材料費	(　　)	期末有高	(　　)
直接労務費	(　　)		
直接経費	(　　)		
〔　　〕	(　　)		
	(　　)		(　　)

損益計算書　(単位：万円)

売上高		12,400
売上原価	(　　)	
〔　　〕	(　　)	
売上原価計	(　　)	(　　)
売上総利益		(　　)
販売費	(　　)	
一般管理費	(　　)	
販売費・一般管理費計	(　　)	(　　)
営業利益		(　　)
営業外収益		(　　)
営業外費用		(　　)
経常利益		(　　)

解答〈59〉ページ

問題8-1

（単位：円）

	借方科目	金額	貸方科目	金額
(1)				
(2)				
(3)				
(4)				

解答〈64〉ページ

問題8-2

部門費配賦表 （単位：円）

摘要	配賦基準	合計	製造部門		補助部門		
			甲部門	乙部門	動力部門	修繕部門	事務部門
部門個別費							
間接材料費							
間接労務費							
部門共通費							
間接労務費	従業員数						
建物減価償却費	床面積						
電力料	電力消費量						
部門費							

解答〈65〉ページ

問題8-3

部門費配賦表　(単位：円)

摘要	合計	製造部門		補助部門		
		切削部	組立部	動力部	修繕部	事務部
部門費	4,300,000	1,210,000	1,140,000	900,000	600,000	450,000
動力部費						
修繕部費						
事務部費						
製造部門費						

切削部　(単位：円)

製造間接費	1,210,000		
動力部			
修繕部			
事務部			

組立部　(単位：円)

製造間接費	1,140,000		
動力部			
修繕部			
事務部			

動力部　(単位：円)

製造間接費	900,000	切削部	
		組立部	

修繕部　(単位：円)

製造間接費	600,000	切削部	
		組立部	

事務部　(単位：円)

製造間接費	450,000	切削部	
		組立部	

解答〈66〉ページ

問題8-4

部　門　費　配　賦　表　　　　　　　　(単位：円)

摘　　要	合　　計	製　造　部　門		補　助　部　門		
		機械部	組立部	材料部	保全部	事務部
部　門　費	2,800,000	600,000	800,000	600,000	500,000	300,000
第 1 次配賦						
材料部費						
保全部費						
事務部費						
第 2 次配賦						
材料部費						
保全部費						
製造部門費						

解答〈67〉ページ

問題8-5

部門費配賦表　　　　(単位：円)

摘要	合計	製造部門		補助部門		
		切削部門	組立部門	動力部門	修繕部門	事務部門
部門個別費						
部門共通費						
部門費計						
動力部門費						
修繕部門費						
事務部門費						
製造部門費						

製造間接費—切削部門　　　　(単位：円)

部門個別費		
部門共通費		
動力部門費配賦額		
修繕部門費配賦額		
事務部門費配賦額		

製造間接費—組立部門　　　　(単位：円)

部門個別費		
部門共通費		
動力部門費配賦額		
修繕部門費配賦額		
事務部門費配賦額		

解答〈68〉ページ

問題8-6

〔問１〕　（単位：円）

	甲製造部	乙製造部	X補助部門	Y補助部門
部門費	21,000,000	17,600,000	9,000,000	8,500,000
X補助部門費				
Y補助部門費				
製造部門費				

製造部門に配賦されるY補助部門費の単価＝（　　　　　）円

〔問２〕

(1)　自家消費を考慮する場合　（単位：円）

	甲製造部	乙製造部	X補助部門	Y補助部門
部門費	21,000,000	17,600,000	9,000,000	8,500,000
X補助部門費			1,266,667	
Y補助部門費			2,400,000	
	——	——	（　12,666,667）	（　　　　　）
製造部門費			0	0

製造部門に配賦されるY補助部門費の単価＝（　　　　　）円

(2)　自家消費を無視する場合　（単位：円）

	甲製造部	乙製造部	X補助部門	Y補助部門
部門費	21,000,000	17,600,000	9,000,000	8,500,000
X補助部門費			——	
Y補助部門費				——
	——	——	（　　　　　）	（　　　　　）
製造部門費			0	0

製造部門に配賦されるY補助部門費の単価＝（　　　　　）円

解答〈71〉ページ

問題8-7

部門費配賦表　(単位：円)

摘要	合計	製造部門		補助部門		
		第1製造部	第2製造部			
部門個別費						
部門共通費						
部門費						
製造部門費						

第1製造部　(単位：円)

製造間接費			
工場事務部			
動力部			
修繕部			

第2製造部　(単位：円)

製造間接費			
工場事務部			
動力部			
修繕部			

修繕部　(単位：円)

製造間接費		第1製造部	
工場事務部		第2製造部	
動力部			

動力部　(単位：円)

製造間接費		第1製造部	
工場事務部		第2製造部	
		修繕部	

工場事務部　　　　　　　　(単位：円)

製造間接費	第1製造部
	第2製造部
	修繕部
	動力部

解答〈76〉ページ

問題8-8

〔問1〕　　　　　　　　　　　　(単位：万円)

	第1製作部	第2製作部
A補助部費配賦額		
B補助部費配賦額		

〔問2〕　　　　　　　　　　　　(単位：万円)

	第1製作部	第2製作部
A補助部費配賦額		
B補助部費配賦額		

解答〈78〉ページ

問題8-9

(A) 製造指図書別製造原価要約表（20×0年10月）

（単位：千円）

	#100	#101	#102	#103	#104	#105	#106	合　計
9月末合計	500	210	——	——	——	——	——	710
直接材料費								
直接労務費								
切削部								
組立部								
製造間接費								
切削部								
組立部								
合　　計								

(B) 原価計算関係勘定

（注）〔　　〕内には相手勘定科目名または翌月繰越を，（　　）内には金額（単位：千円）を記入し，各勘定を締め切りなさい。使用できる相手勘定科目は，材料，賃金・手当，製造間接費―切削部，製造間接費―組立部，仕掛品，製品および原価差異とする。また配賦差異を予算差異と操業度差異に分析し，『　　』内に借方または貸方を記入しなさい。

仕　掛　品

前　月　繰　越	710	〔　　〕	（　　）
〔　　〕	（　　）	〔　　〕	（　　）
〔　　〕	（　　）		
〔　　〕	（　　）		
〔　　〕	（　　）		
	（　　）		（　　）

賃　率　差　異

前　月　繰　越	40	〔　　〕	（　　）
〔　　〕	（　　）		
	（　　）		（　　）

製造間接費―切削部

諸　　勘　　定	（　　）	〔　　〕	（　　）
		〔　　〕	（　　）
	（　　）		（　　）

製造間接費―組立部

諸　勘　定	(　　　　)	〔　　　　〕	(　　　　)
		〔　　　　〕	(　　　　)
	(　　　　)		(　　　　)

切削部配賦差異　=（　　　　）『　　』
内訳：予算差異　=（　　　　）『　　』
　　　操業度差異 =（　　　　）『　　』
組立部配賦差異　=（　　　　）『　　』
内訳：予算差異　=（　　　　）『　　』
　　　操業度差異 =（　　　　）『　　』

解答〈80〉ページ

問題9-1

(1) 単一基準配賦法

動力部門　(単位：円)

実際発生額		実際配賦額	
変動費	468,000	切削部門	(　　)
固定費	702,000	組立部門	(　　)
	1,170,000		(　　)

(2) 複数基準配賦法

動力部門　(単位：円)

実際発生額		実際配賦額	
変動費	468,000	切削部門	(　　)
固定費	702,000	組立部門	(　　)
	1,170,000		(　　)

解答〈85〉ページ

問題9-2

動力部門　(単位：円)

実際発生額		予定配賦額	
変動費	468,000	切削部門	(　　)
固定費	702,000	組立部門	(　　)
		総差異	(　　)
	1,170,000		(　　)

動力部門の差異分析

総差異 = ［　　　］円〔　　〕
内訳：変動費予算差異 = ［　　　］円〔　　〕
固定費予算差異 = ［　　　］円〔　　〕
操業度差異 = ［　　　］円〔　　〕

(注) ［　　　］内には計算した差異の金額を，〔　　〕内には借方または貸方を記入すること。

解答〈86〉ページ

問題9-3

動　力　部　門　（単位：円）

実際発生額		予算許容額	
変動費	468,000	切削部門	(　　　)
固定費	702,000	組立部門	(　　　)
		総差異	(　　　)
	1,170,000		(　　　)

動力部門の差異分析

総　差　異　＝☐円〔　　〕

内訳：変動費予算差異＝☐円〔　　〕

固定費予算差異＝☐円〔　　〕

操業度差異＝☐円〔　　〕

（注）☐内には計算した差異の金額を，〔　　〕内には借方または貸方を記入すること。また，不要な欄には「――」を記入すること。

解答〈87〉ページ

問題9-4

〔設問１〕

切削部に対する実際配賦額＝　　　　　円

組立部に対する実際配賦額＝　　　　　円

〔設問２〕

切削部に対する実際配賦額＝　　　　　円

組立部に対する実際配賦額＝　　　　　円

〔設問３〕

動　力　部　(単位：円)

実 際 発 生 額		予 定 配 賦 額	
変　動　費	304, 000	切　削　部	(　　　)
固　定　費	336, 000	組　立　部	(　　　)
		総　差　異	(　　　)
	640, 000		(　　　)

動力部の差異分析

総　差　異　＝　　　　　円〔　　〕

内訳：変動費予算差異＝　　　　　円〔　　〕

固定費予算差異＝　　　　　円〔　　〕

操 業 度 差 異＝　　　　　円〔　　〕

(注)　　　　内には計算した差異の金額を，〔　　〕内には借方または貸方を記入すること。

〔設問４〕

動　力　部　(単位：円)

実 際 発 生 額		予 算 許 容 額	
変　動　費	304, 000	切　削　部	(　　　)
固　定　費	336, 000	組　立　部	(　　　)
		総　差　異	(　　　)
	640, 000		(　　　)

動力部の差異分析

総　差　異　＝　　　　　円〔　　〕

内訳：変動費予算差異＝　　　　　円〔　　〕

固定費予算差異＝　　　　　円〔　　〕

操 業 度 差 異＝　　　　　円〔　　〕

(注)　　　　内には計算した差異の金額を，〔　　〕内には借方または貸方を記入すること。また，不要な欄には「——」を記入すること。

解答〈89〉ページ

問題9-5

〔問１〕切削部に対する実際配賦額＝　　　　円

組立部に対する実際配賦額＝　　　　円

〔問２〕切削部に対する予定配賦額＝　　　　円

組立部に対する予定配賦額＝　　　　円

〔問３〕

動　力　部　　　(単位：円)

変動費実際発生額	7,205,940	切削部への配賦額	
固定費実際発生額	4,668,300	変動費	
配賦差異		固定費	
		組立部への配賦額	
		変動費	
		固定費	
	11,952,045		11,952,045

変動費予算差異		固定費予算差異		操業度差異	

(注) 計算した結果を　　　内に記入しなさい。ただし差異勘定の不要な空欄には —— 線を引くこと。

解答〈92〉ページ

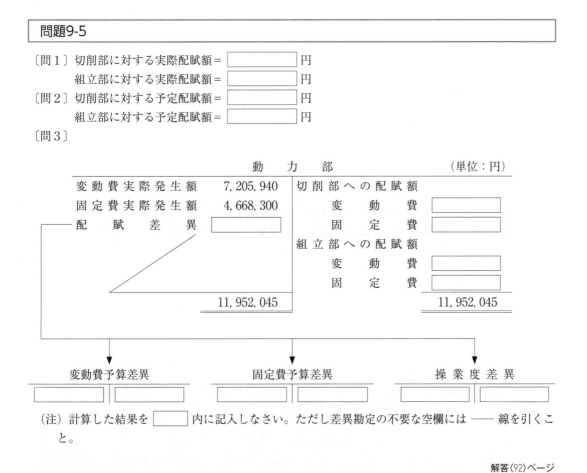

問題9-6

〔問１〕

10月の動力部費の１kwhあたり実際配賦率＝　　　　円

切削部に対する実際配賦額＝　　　　円

〔問２〕

（注）計算した結果を下記の　　　内に記入しなさい。ただし，差異勘定への記入は，借方または貸方のどちらかに記入すること。

動　力　部　（単位：円）

変動費実際発生額	2,210,000	切削部への予定配賦額	
固定費実際発生額	2,470,000	組立部への予定配賦額	
		総　差　異	
	4,680,000		4,680,000

動力部予算差異

動力部操業度差異

〔問３〕

(a)＝　　　　(b)＝　　　　(c)＝

組立部に対する動力部費配賦額：変動費配賦額＝　　　　円

固定費配賦額＝　　　　円

配賦額合計　＝　　　　円

解答〈94〉ページ

問題9-7

〔問１〕階梯式配賦法と複数基準配賦法による補助部門費の配賦結果（固定費と変動費の合計額）

(1) 加工部の実際部門費合計＝ ☐ 万円

(2) 組立部の実際部門費合計＝ ☐ 万円

〔問２〕連立方程式の相互配賦法と複数基準配賦法による補助部門費の配賦結果（固定費と変動費の合計額）

(1) 相互に配賦し終えた最終の補助部門費

動力部費＝ ☐ 万円

技術部費＝ ☐ 万円

(2) 実際部門費配賦表　（単位：万円）

費目	合計	製造部門						補助部門								
		加工部			組立部			技術部			動力部			管理部		
		F	V	合計	F	V	合計	F	V	合計	F	V	合計	F	V	合計
部門費合計	32,390	5,500	5,000	10,500	6,500	6,000	12,500	3,500	2,700	6,200	1,550	1,140	2,690	500	ー	500
管理部 F																
動力部 F																
V																
技術部 F																
V																
製造部門費	32,390															

（注）Ｆは固定費，Ｖは変動費を意味する。

〔問３〕①＝ ☐

②＝ ☐

③＝ ☐

④＝ ☐

解答〈97〉ページ

問題9-8

1．部門費配賦表の作成

予算部門費配賦表 (単位：円)

摘　要	製造部門				補助部門	
	切削部門		組立部門		動力部門	
	変動費	固定費	変動費	固定費	変動費	固定費
部　門　費	2, 136, 000	2, 580, 000	1, 602, 000	2, 420, 000	462, 000	700, 000
動力部門費						
製造部門費						

実際部門費配賦表 (単位：円)

摘　要	製造部門				補助部門	
	切削部門		組立部門		動力部門	
	変動費	固定費	変動費	固定費	変動費	固定費
部　門　費	2, 176, 500	2, 590, 000	1, 590, 500	2, 435, 000	468, 000	702, 000
動力部門費						
製造部門費						

2．勘定記入と差異分析

切　削　部　門 (単位：円)

実際1次集計費		仕掛品への予定配賦額	
動力部門費配賦額		総　差　異	

「切削部門」勘定の総差異の分析

総　差　異　＝　　　　円〔　　〕
内訳：変動費予算差異＝　　　　円〔　　〕
固定費予算差異＝　　　　円〔　　〕
操業度差異＝　　　　円〔　　〕

組　立　部　門 (単位：円)

実際1次集計費		仕掛品への予定配賦額	
動力部門費配賦額		総　差　異	

「組立部門」勘定の総差異の分析

総　差　異　＝　　　　円〔　　〕
内訳：変動費予算差異＝　　　　円〔　　〕
固定費予算差異＝　　　　円〔　　〕
操業度差異＝　　　　円〔　　〕

動力部門		(単位：円)
実際1次集計費	切削部門への配賦額	
	組立部門への配賦額	
	総差異	

「動力部門」勘定の総差異の分析

総　差　異　=　□ 円〔　　〕

内訳：変動費予算差異 = □ 円〔　　〕

　　　固定費予算差異 = □ 円〔　　〕

　　　操業度差異 = □ 円〔　　〕

(注) □ 内には計算した差異の金額を，〔　　〕内には借方または貸方を記入すること。また，不要な欄には「――」を記入すること。

解答〈100〉ページ

問題9-9

〔設問1〕

(ア)＿＿＿＿差異　　(イ)＿＿＿＿差異

〔設問2〕

(1) 予定配賦率：＿＿＿＿円/MH，予定配賦額：＿＿＿＿＿＿円

(2)

	切削部門	動力部門
変動費予算差異	円	円
固定費予算差異	円	円
操業度差異	円	円

〔設問3〕

(1) 予定配賦率：＿＿＿＿円/MH，予定配賦額：＿＿＿＿＿＿円

(2)

	切削部門	動力部門
変動費予算差異	円	円
固定費予算差異	円	円
操業度差異	円	円

〔設問4〕

(1) 予定配賦率：＿＿＿＿円/MH，予定配賦額：＿＿＿＿＿＿円

(2)

	切削部門	動力部門
変動費予算差異	円	円
固定費予算差異	円	円
操業度差異	円	円

解答〈105〉ページ

問題9-10

〔問１〕

切削部＝　　　　円/時　　　組立部＝　　　　円/時

〔問２〕（単位：円）

動　力　部

製間	（　　　）	切削	（　　　）
事務	（　　　）	組立	（　　　）
差異	（　　　）	用水	（　　　）
	（　　　）		（　　　）

切　削　部

製間	（　　　）	仕掛	（　　　）
事務	（　　　）	差異	（　　　）
動力	（　　　）		
用水	（　　　）		
	（　　　）		（　　　）

（注）「製間」は製造間接費,「切削」は切削部,「組立」は組立部,「動力」は動力部,「用水」は用水部,「事務」は事務部,「仕掛」は仕掛品,「差異」は原価差異の勘定を表す。

〔問３〕（単位：円）

	切　削　部	組　立　部	動　力　部	用　水　部	事　務　部
変動費予算差異					
固定費予算差異					
操　業　度　差　異					

（注）不利差異の場合は金額の前に「△」を付しなさい。不要な欄には「―」を記入しなさい。

解答〈112〉ページ

問題9-11

〔問１〕

切削部の予定配賦率＝（　　　　）円/時

仕上部の予定配賦率＝（　　　　）円/時

〔問２〕

製造間接費―切削部　　　　（単位：万円）

固定費	5,000	予定配賦額	
変動費	4,100	総差異	
事務部費配賦額			
電力部費配賦額			

製造間接費―仕上部　　　　（単位：万円）

固定費	5,080	予定配賦額	
変動費	3,400	総差異	
事務部費配賦額			
電力部費配賦額			

仕掛品―製造間接費　　　　（単位：万円）

製造間接費―切削部		完成品原価	
製造間接費―仕上部		月末仕掛品原価	

〔問３〕「製造間接費―切削部」勘定の総差異の分析

総差異　　＝（　　）万円〔　　〕

内訳：予算差異＝（　　）万円〔　　〕

　　操業度差異＝（　　）万円〔　　〕

（注）（　）の中には差異の金額を，〔　〕の中には借方または貸方の文字を記入しなさい。

解答〈119〉ページ

問題9-12

〔問1〕

当年度月次予算部門別配賦表　（単位：万円）

費目	合計	製造部門						補助部門								
		機械部			組立部											
		V	F	合計	V	F	合計	V	F	合計	V	F	合計	V	F	合計
部門費合計	42,400	8,848	10,320	19,168	5,052	12,830	17,882									
製造部門費	42,400															

（注）Vは変動費，Fは固定費を意味する。

〔問2〕下記の（　）内に金額を記入しなさい。

動力部月次変動予算許容額＝変動費率（　　）円/kwh×動力実際供給量

＋固定費（　　　　）円

〔問3〕当月の原価計算関係諸勘定（単位：万円）

（注1）（　）内に金額を記入しなさい。

（注2）（自）は自部門費，（事），（保），（動）は各補助部門からの配賦額を意味する。

事　務　部

F	500	F	500

保　全　部

（自）V	（　　）	V	（　　）
F	（　　）	F	（　　）
（事）F	（　　）	総差異	（　　）
	（　　）		（　　）

機　械　部

（自）V	（　　）		
F	（　　）		
（事）F	（　　）		
（保）V	（　　）		
F	（　　）		
（動）V	（　　）		
F	（　　）		
	（　　）		

動力部

(自)V	(　　　)	V	(　　　)
F	(　　　)	F	(　　　)
(事)F	(　　　)	総差異	(　　　)
(保)V	(　　　)		
F	(　　　)		
	(　　　)		(　　　)

組立部

(自)V	(　　　)	
F	(　　　)	
(事)F	(　　　)	
(保)V	(　　　)	
F	(　　　)	
(動)V	(　　　)	
F	(　　　)	
	(　　　)	

〔問４〕動力部費差異分析

(注) 下記の（　　）内には金額を，〔　　〕内には借方または貸方を，『　　』には差異の名称を記入しなさい。

総差異＝（　　　　）万円〔　　　〕

＝変動費『　　　　』差異（　　　）万円〔　　　〕

＋固定費『　　　　』差異（　　　）万円〔　　　〕

解答〈122〉ページ

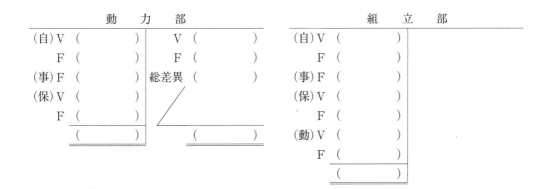

問題9-13

〔問１〕

予算部門費配賦表　　　　(単位：万円)

摘　　要	第１製造部		第２製造部		動力部		修繕部		事務部	
	変動費	固定費	変動費	固定費	変動費	固定費	変動費	固定費	変動費	固定費
１次集計費	2,100	1,745	2,060	1,255	1,800	960	2,040	1,440	——	600
動力部費					(　　)	(　　)			——	——
修繕部費							(　　)	(　　)	——	——
事務部費	——		——		——		——		——	(　　)
製造部費予算額					0	0	0	0	——	0

正常配賦率　第１製造部 ［　　　　円/時間］　第２製造部 ［　　　　円/時間］

〔問２〕

(1) 原価計算関係諸勘定の記入　　　　(単位：万円)

修繕部費

製造間接費	(　　　)	第1製造部費	(　　　)
動力部費	(　　　)	第2製造部費	(　　　)
事務部費	(　　　)	動力部費	(　　　)
		原価差異	(　　　)
	(　　　)		(　　　)

第２製造部費

製造間接費	(　　　)	仕掛品	(　　　)
動力部費	(　　　)		
修繕部費	(　　　)		
事務部費	(　　　)		
原価差異	(　　　)		
	(　　　)		(　　　)

(2) 第１製造部と動力部の差異分析

(注)〔　　〕内には借方・貸方のいずれかの文字を記入すること。なお，差異が生じない場合，金額記入欄および〔　　〕内には —— を記入すること。

	予算差異	操業度差異
第１製造部	万円〔　　〕	万円〔　　〕
動力部	万円〔　　〕	万円〔　　〕

解答〈126〉ページ

問題10-1

〔設問1〕

仕　掛　品　（単位：円）

前月繰越		製品	
直接材料費		仕損品	
直接労務費		次月繰越	
製造間接費			

〔設問2〕

仕　掛　品　（単位：円）

前月繰越		製品	
直接材料費		仕損品	
直接労務費		仕損費	
製造間接費		次月繰越	
仕損費			

解答〈132〉ページ

問題10-2

仕　掛　品　（単位：円）

前月繰越		製品	
直接材料費		仕損品	
直接労務費		組立部費	
切削部費		損益	
組立部費		次月繰越	

解答〈134〉ページ

問題10-3

(A)　製造指図書別原価計算表　　　　(単位：円)

項　　目	#10	#11	#12	#13	#14	#15	合　計
前月繰越	44,200	——	——	——	——	——	44,200
直接材料費							
直接労務費							
製造間接費							
小　　計							
作業屑評価額							
正常仕損費							
異常仕損費							
合　　計							
備　　考							

(B)　原価計算関係諸勘定　　　　(単位：円)

材　料

前月繰越	24,000	仕掛品	
現　　金		製造間接費	
買掛金		次月繰越	

賃金・手当

諸　　口		仕掛品	
		製造間接費	

製造間接費

未払金		仕掛品	
材　　料		配賦差異	
賃金・手当			

仕掛品

前月繰越	44,200	製　　品	
材　　料		作業屑	
賃金・手当		損　　益	
製造間接費		次月繰越	

解答〈135〉ページ

問題10-4

製造指図書別製造原価要約表 （単位：円）

	No.101	No.101-2	No.102	No.102-2	No.103	No.103-2	合　計
前月繰越	20,000	——	——	——	——	——	20,000
直接材料費	——	32,000	40,000	40,000	48,000	——	160,000
直接労務費							
組立部							
仕上部							
製造間接費							
組立部							
仕上部							
計							
作業屑評価額							
仕損品評価額							
仕損費							
合　計							
備　考							

仕　掛　品 （単位：円）

前月繰越	20,000	製品	（　　）
材料	160,000	作業屑	（　　）
賃金・手当	（　　）	仕損品	（　　）
製造間接費―組立部	（　　）	仕損費	（　　）
製造間接費―仕上部	（　　）	翌月繰越	（　　）
仕損費	（　　）		
	（　　）		（　　）

仕　損　費 （単位：円）

仕掛品	（　　）	仕掛品	（　　）
		製造間接費－仕上部	（　　）
		損益	（　　）
	（　　）		（　　）

解答〈137〉ページ

問題10-5

(1) 指図書別原価計算表 (単位：円)

	№101	№102	№103	№104	№105	№106
前月繰越						
直接材料費						
直接労務費						
甲製造部門						
乙製造部門						
製造間接費						
甲製造部門						
乙製造部門						
小計						
仕損品評価額						
仕損費						
合計						
備考						

(2) 原価計算関係諸勘定 (単位：円)

製造間接費―甲製造部門

諸口	3,400,000	仕掛品	(　　)
		配賦差異	(　　)
	3,400,000		(　　)

製造間接費―乙製造部門

諸口	2,300,000	仕掛品	(　　)
仕掛品	(　　)	配賦差異	(　　)
	(　　)		(　　)

仕掛品

前月繰越	(　　)	製品	(　　)
材料	(　　)	仕損品	(　　)
賃金・手当	(　　)	製造間接費―乙製造部門	(　　)
製造間接費―甲製造部門	(　　)	損益	(　　)
製造間接費―乙製造部門	(　　)	次月繰越	(　　)
	(　　)		(　　)

(3) 製造間接費―乙製造部門の差異分析

予算差異 (　　　　)円 (借・貸)

操業度差異 (　　　　)円 (借・貸)

総差異 (　　　　)円 (借・貸)

(注) (借・貸) は該当する方を○で囲むこと。

解答〈140〉ページ

問題10-6

〔問1〕

指図書別原価計算表　　　　（単位：円）

	#10	#10－1	#20	#20－1	#30	#30－1	計
直接材料費	120,000	140,000	200,000	――	470,000	60,000	990,000
直接労務費							
製造間接費							
合　　計							
仕損品評価額							
仕　損　費							
製造原価							
備　　考							

（注）マイナスの数値には金額の前に△を付すこと。

〔問2〕

操業度差異＝　　　円（　　）

（注）（　　）内には，有利もしくは不利を明示すること。

〔問3〕

仕　掛　品　　　　（単位：円）

直接材料費	（　　　）	製　　品	（　　　）
直接労務費	（　　　）	仕　損　品	（　　　）
製造間接費	（　　　）	異常仕損費	（　　　）
		次月繰越	（　　　）
	（　　　）		（　　　）

解答〈143〉ページ

問題10-7

〔問１〕（単位：円）

材　料

1,200,000	(　　　　)
(　　　　)	

仕　掛　品

(　　　　)	(　　　　)
300,000	(　　　　)
1,400,000	

正常仕損費＝（　　　　）円

製造間接費

(　　　　)	1,400,000

製　品

(　　　　)	(　　　　)

〔問２〕（単位：円）

材　料

1,200,000	370,000
(　　　　)	

仕　掛　品

370,000	(　　　　)
280,000	(　　　　)
(　　　　)	

正常仕損費＝（　　　　）円

製造間接費

(　　　　)	(　　　　)

製　品

(　　　　)	(　　　　)

（注）必ずしもすべての（　　）内に金額を記入する必要はない。問題文に明示された条件に適切な記入を行うこと。

解答〈147〉ページ

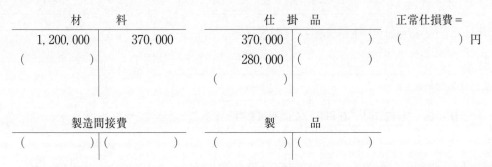